D1643099

L'HOMME DES TAVERNES

MICHE LAUDAIS

L'HOMME DES TAVERNES

Beauchemin

ISBN: 0-7750-0467-7

Dépôt légal; 4ᵉ trimestre — septembre 1977
Bibliothèque nationale du Québec

Tous droits de traduction et d'adaptation, en totalité ou en partie, réservés pour tous les
pays. La reproduction d'un extrait quelconque de ce livrès, par quelque procédé que ce soit,
tant électronique que mécanique en particulier par photocopie et par microfilm, est interdite
sans l'autorisation écrite des auteurs et de l'éditeur.

© Librairie Beauchemin Limitée — 1977

« À mon épouse, qui a su traverser
avec moi ces moments difficiles. »

I

Ça a commencé comment au juste? Vous savez, vous avez des sortes d'envie tout à coup; vous vous demandez d'où ça vient ou qu'est-ce que ça veut dire que ça vous arrive. Vous réfléchissez, vous raisonnez, mais vous savez que ce n'est que pour excuser le fait que vous allez suivre vos impulsions de toute façon. Toujours est-il qu'après des mois de réflexion, j'eus l'idée d'avoir mon propre commerce. Pas n'importe lequel évidemment; un commerce facile à suivre, qui occasionne peu de soucis, qui a fait vivre honorablement de nombreuses familles, leurs enfants et leurs petits-enfants, qui en a fait rêver plusieurs et qui a procuré la sécurité à bien d'autres; en un mot le commerce idéal dont tout homme peut rêver dans sa vie: une taverne. Combien j'en ai rencontré qui, en allant prendre une bière à l'occasion, se sont arrêtés un instant ou plus pour envier le fortuné propriétaire de cet heureux établissement. Combien m'ont confié que s'ils pouvaient mettre la main sur un certain montant d'argent, ils n'hésiteraient pas une minute à l'investir dans un endroit sans souci: la taverne.

L'idée m'est donc venue, une idée qui vous assiège, vous tenaille, vous coupe l'appétit et le sommeil jusqu'au moment où vous la poussez jusqu'au bout. Imaginez! Devenir propriétaire d'une taverne. Vous n'avez même pas besoin d'être là. La bière rentre. La bière sort. Un simple contrôle. Pas de problèmes. Et quant au revenu, ça peut être drôlement intéressant. Fantastique comme idée! Tout ce qui manque, c'est l'argent. Mais avec toutes les banques, les caisses, les sociétés de prêts, comme disait l'autre, c'est les fonds qui manquent le moins. Vous n'avez pas un sou, à part certaines garanties que vous apporte un travail jugé honorable et sécuritaire, et vous vous retrouvez soudainement catapulté homme d'affaires, propriétaire d'une taverne. Évidemment, on le devient progressivement; il n'est pas question de quitter son emploi. Je continue à travailler, je confie le commerce à mes employés et j'y vais chaque jour pour voir si tout va bien. Si un jour, tout allait si bien que... Au début, évidemment, il serait préférable d'être là le plus souvent possible, question de s'habituer au fonctionnement et de suivre les employés.

Mais au fait, comment je l'ai découvert ce fameux commerce? Ah! oui, je me souviens. Je me suis mis à suivre les annonces dans les journaux. Puis j'ai relevé celles qui étaient aptes à m'intéresser, je les ai découpées et je me suis mis en contact avec des gens extrêmement affables,

les agents d'immeubles, qui se sont fait un plaisir de me faire visiter différents endroits et de m'en vanter les mérites. J'ai ensuite fait une sélection des endroits à ma portée et à l'aide d'un agent particulièrement serviable, j'ai enfin choisi un endroit plus adéquat. Puis ce fut la période des visites. Il faut quand même suivre l'endroit de près pendant un certain temps. J'allais donc rendre une visite à l'établissement de mon choix de temps à autre, passer un quart d'heure ici, une demi-heure là. L'endroit me paraissait satisfaisant. Évidemment, j'en avais visité bien d'autres auparavant. Tous ne répondaient pas à mes conditions mais celui-ci me semblait bien fonctionner. Bien sûr, c'était peut-être un peu tranquille mais la période n'était pas particulièrement active. Comme me l'expliquait l'agent, le taux de chômage était élevé et il y avait beaucoup de gens en vacances. De toute façon, les chiffres étaient là et je ne pouvais me tromper: les quotas sont fournis par les brasseries et indiquent exactement le montant des achats qui ont été faits mensuellement. Impossible de se tromper. Évidemment, ce n'était pas un palace. Mais avec les finances dont je pouvais disposer, pas question d'un endroit de luxe. C'était un coin assez pauvre, une taverne de travailleurs. Mais ces gens-là sont simples et ont souvent plus à apporter que bien d'autres qui se vautrent dans le luxe. Je ne voyais aucun inconvénient à être en contact avec ces gens et j'y voyais même une expérience enrichissante. Si plus tard, les affaires allaient bien, je pourrais quand même apporter certaines transformations. Vint donc le moment de parler affaires. Il fallut faire des concessions de part et d'autre, mais avec de la bonne volonté, on parvient toujours à s'entendre. Le tout dure évidemment quelques semaines puisqu'on doit chacun se donner le temps de réfléchir pour mieux impressionner l'autre, mais on parvint enfin à une entente à ma plus grande satisfaction. Lorsque je fus placé en contact avec le propriétaire, je fus surpris de constater que c'était une femme, car la plus grande partie des négociations s'était faite par l'intermédiaire de l'agent. Elle n'était pas âgée mais semblait être une femme d'affaires avertie. Il ne restait qu'à attendre le transfert du permis à mon nom par la Société des Alcools.

Ce fut une période d'attente très longue. On doit étudier attentivement votre dossier. On ne peut se permettre de distribuer des permis à n'importe qui. Vous imaginez un instant si certaines personnes indésirables venaient à s'infiltrer dans ce domaine! Pendant cette longue période, ma femme et moi, on échafaudait des plans, on avait des idées de rénovation, on faisait des calculs. Ce fut une période de tension considérable. Si le permis pouvait venir nous délivrer de cette tension insoutenable. J'appelais régulièrement à la Société, mais je n'avais pas de nouvelles. On devait procéder à une enquête extrêmement approfondie sur mon compte. De toute façon, je ne pouvais rien y faire; il me fallait patienter. On m'avait parlé de gens qui réussissaient à accélérer les procédures de façon détournée mais je ne pouvais prêter foi à ces affirmations et de toute façon, je ne connaissais personne. J'étais donc décidé à attendre patiemment.

Enfin, un jour, la grande nouvelle arriva. La Société m'accordait mon permis. Evidemment, je n'avais pas d'antécédents judiciaires, mais on n'est jamais trop prudent! J'étais quand même nerveux. S'il avait fallu rater tout ça après toutes les démarches entreprises; c'eut été la grande déception. Aussi, ce fut la journée des grands rêves. Vous savez, ces moments où vous vous asseyez avec quelqu'un qui vous comprend et où vous entrevoyez votre avenir jusqu'à l'infini. Je voulais être plus qu'un tavernier. Je voulais avoir des contacts avec ces gens, ce type de relations humaines qui fait que vous pouvez comprendre l'autre en peu de mots sans lui poser de questions. Ces gens-là devaient chercher un certain contact et j'étais prêt à le leur donner. C'est le défi qui rend la vie si terrible et si intéressante parfois: le fait de rencontrer des gens que vous ne connaissez pas et d'être capable de communiquer avec eux en peu de temps, plus qu'avec des gens avec qui vous êtes censé vivre quotidiennement. J'avais hâte de commencer. Il me semblait que j'avais quelque chose à offrir. De plus, nous pourrions peut-être réussir matériellement et ce côté-là n'était quand même pas négligeable. Certaines gens ont la prétention d'affirmer que ce n'est pas ce qu'ils recherchent mais au fond d'eux-mêmes, cette préoccupation existe probablement: j'étais de ceux-là. J'avais une famille et je voulais améliorer leur sort. Pas que je n'étais pas satisfait! Mais on peut toujours faire mieux! On essayait de prévoir, mon épouse et moi, ce qu'on pourrait réaliser dans les années à venir et les projets ne manquaient pas. C'était une expérience qui m'emballait et, étant jeunes, je crois que c'était quand même le temps de tenter des expériences qui pourraient nous enrichir, qu'elles réussissent ou non. Nous avions tout à apprendre de la vie et la meilleure façon de le faire était de se plonger dans l'action. Cette nuit-là en fut une d'échanges prolongés où, dès que l'un se retournait, l'autre avait quelque chose d'autre à lui dire et où les silences étaient remplis de soupirs et de mots en suspens. Ce fut un moment de relation intense et d'amitié profonde où chacun sentait que l'autre allait réussir parce qu'il serait derrière lui à tout moment et qu'il lui apporterait tout l'appui qu'il fallait pour réussir une telle entreprise. Quel moment délicieux que celui où vous comprenez tout ce qui se trouve à l'intérieur de l'autre par l'intermédiaire d'un simple toucher, où les paroles deviennent superflues. Ces moments devraient pouvoir se fixer pour l'éternité.

Le lendemain était un grand jour: la prise de possession de la taverne. Je me rappelle, c'était un dimanche. Il fallait aller faire l'inventaire. Parce que, quand vous achetez un commerce, évidemment la marchandise doit être calculée à part; n'importe qui sait ça! Je me suis donc rendu ce jour-là à ma taverne avec la propriétaire: c'est-à-dire qu'elle ne pouvait venir et qu'elle m'avait envoyé son gérant d'affaires pour qu'on puisse régler toute la question de l'inventaire. Il s'excusa poliment de l'absence de sa patronne. C'était un type plutôt froid et j'aurais préféré faire affaire avec elle. Avec quel orgueil je me suis fait remettre les clefs.

En ouvrant la porte, une odeur forte nous saisit. Au premier coup d'oeil, j'aperçus à l'intérieur un fouillis assez complet: des papiers, des victuailles, de la bière sur le plancher, des bouteilles vides sur les tables. J'y avais déjà été plusieurs fois, mais jamais la pièce ne m'avait paru si vaste et si laide et jamais cette odeur âcre ne m'avait frappé comme aujourd'hui. Le plafond me semblait beaucoup plus haut que je ne l'avais remarqué. C'était très sombre: bien sûr la porte et la fenêtre arrière étaient barricadées contrairement à ce que j'avais vu. La lumière était plus jaune. Et puis cette senteur de fumée et ce calme! Il me sembla alors qu'il pourrait entrer plus de gens que je n'en avais prévu. Il faisait chaud, beaucoup trop chaud. J'eus envie d'ouvrir une fenêtre, mais il n'y en avait pas qui s'ouvrait.

Le grand bonhomme rompit l'affreux silence en disant:
— Tiens, il y a eu un party hier soir et le laveur de planchers n'est pas venu faire le ménage. Mettons-nous au travail.

Nous avons donc entrepris de déblayer quelque peu le terrain. J'étais habitué au ménage de la maison mais je n'avais jamais rien fait de tel. J'espérais bien ne pas avoir à le faire trop souvent. Puis il fallut s'installer à l'inventaire. C'était là ma première expérience.
— 50 caisses de grosses Molson, 35 caisses de petites, 8 caisses de grosses Labatt; il faudra penser à renouveler votre stock, 12 caisses de petites. La Labatt se vend bien dans ce coin-ci: le représentant est un bon gars. Je vous donnerai sa carte en haut tout à l'heure. Il y a toujours avantage à bien s'arranger avec ces gens-là. 22 grosses O'Keefe. 24 petites. Vous écrivez tout ça? 45 grosses Dow, 41 petites. C'est quand même de valeur ce qui leur est arrivé. Il y avait de gros buveurs de Dow ici. 3 caisses de Coke: ce n'est pas ça qui se vend le plus mais il faut en garder. 2 Seven up. Il y a 4 vadrouilles dans la boîte ici. 12 néons blancs: je les ai changés, j'aimais mieux les néons jaunes. Si vous fouillez en-dessous des vadrouilles, vous allez trouver le tiroir-caisse. C'est là qu'il est le plus en sécurité, au beau milieu de la place; il y a $100.00 dedans. Mettez-le toujours là. Le coffre-fort est défoncé. On va aller dans le frigidaire compter les barils. 4 barils pleins plus un tiers de baril. Vous allez vous habituer vite à juger du contenu d'un baril pour votre inventaire de chaque jour. On va compter les caisses vides, ça va aller vite. Faites attention que les caisses vides soient pleines, vous me comprenez? Comptez les grosses, je vais compter les petites.

J'avais peine à suivre mais j'étais là avec mon papier:

— J'ai 148 grosses.

— 173 petites.

— On va regarder l'huile avant de monter. Il reste un demi-réservoir. Vous surveillerez que les employés ne laissent pas le chauffage à 30° parce que ça va vous coûter cher. Faites attention en montant, il y a une marche de déclouée. Pour les chips, le fromage, les langues et le reste, ne prenez pas n'importe qui. Il y a des compagnies qui ne reprennent pas le fromage moisi. Je vais compter les pots pendant que vous ferez l'inventaire des unités dans le frigidaire. Faites l'inventaire à chaque fois qu'un employé est prêt à partir si vous voulez balancer dans vos affaires; puis faites faire l'inventaire par les employés aussi.

Il y a 3 pots de langues dans le vinaigre. Les prix sont tous sur une carte quelque part là-bas. 2 pots de saucisses plus un demi. 5 pots de gros cornichons vinaigrés. Il y a du vinaigre qui a été renversé de celui-là. Les cornichons sont moisis. Je ne vous les compterai pas. Il reste quelques smoked-meat et submarine mais on n'a plus le four parce qu'on n'en vendait pas assez. Les gars ici viennent boire. Ils ne sont pas tellement intéressés à manger. C'est juste s'ils mangent chez eux. Une boîte de fromage. De temps à autre, vous pourrez leur acheter des peanuts ou des choses comme ça, c'est bon pour les faire boire. Combien d'unités dans le frigidaire?

— 85 grosses. 134 petites.

— Surveillez bien les tablettes au fond, parce que les employés mettent des bouteilles juste au bord des fois. C'est pas trop bon pour l'inventaire. Les bouteilles que vous voyez par terre, ce sont des bouteilles qu'on retourne à la compagnie. C'est de la bière qui est censée ne pas être bonne mais, en fait, ce sont des fonds de bouteilles qu'on ramasse. Vous allez voir. Il y en a qui disputent mais d'autres qui ne disent pas un mot. Quand vous servez votre bière en fût, servez-vous du plat que vous voyez en-dessous. Il y a de la bière qui coule et il ne faut pas la perdre. À la fin de la journée, vous en ramassez une couple de plats. Ça fait ça de plus. On appelle ça de la «soupe». Mais il ne faut pas que les clients vous voient parce que ça irait mal. C'est pas une taverne de millionnaires ici. Mais ils ont leur orgueil. De toute façon, il ne faut pas que vous vous laissiez emmerder par eux. Vous êtes le patron. C'est vous qui décidez. Vous n'avez pas à les écouter. Quand il y en a un qui vous fatigue, vous n'avez même pas à vous déplacer: vous n'avez qu'à demander au waiter de le mettre dehors, et vite. N'endurez pas d'emmerdeur public. Vous êtes ici pour vendre de la bière, rien d'autre. Vous n'êtes surtout pas un confesseur. Ce sont tous des bons à rien. S'ils ne boivent pas, dehors et puis allez vous amuser ailleurs. Ils ont toutes sortes de problèmes, mais il ne faut pas se mettre à les croire. Pour se tenir ici, il faut être malade mais pas physiquement, vous comprenez. De toute façon, vous allez apprendre rapidement. Mais ne vous laissez pas embarquer par eux autres, jamais. Ce sont des ivrognes et des ratés. Il ne faut jamais avoir pitié d'eux ou vous êtes fini. Restez en arrière de votre comptoir et puis quand il y en a un qui vous écoeure, dites-lui: «Ferme ta gueule ou sors. On n'a pas besoin de toi, ici.» C'est la seule façon de fonctionner.

— Il va falloir que vous appeliez la compagnie pour l'insecticide et le poison à rats. L'an passé, avant que je les appelle, les rats montaient sur les frigidaires et venaient gruger les sacs de chips. Aussi, n'oubliez pas de renouveler votre contrat pour le téléphone, la machine à cigarettes et la location du séchoir à mains dans la toilette. Faites donc partir l'éventail, ça sent mauvais ici. Le bouton est sous le comptoir près de l'évier. Vous viendrez, je vais vous montrer le fonctionnement de la caisse enregistreuse. Attendez, je vais y aller pour l'éventail. Tiens, il va falloir le faire réparer.

— Vous voyez, vous poinçonnez ici pour les grosses, ici pour les petites, ici pour le tabac et les divers. Surveillez pour que les employés poinçonnent bien au bon endroit et gardez toujours les coupons de caisse que vous faites signer par l'employé. Tout ce qui est poinçonné est enregistré ici et ne peut s'effacer. Vous êtes le seul à posséder la clef et vous pouvez contrôler pour votre inventaire de fin du mois. Aussitôt qu'il manque quelque chose, vous faites payer votre employé. De toute façon, si vous avez des questions, vous savez où vous pouvez me rejoindre, c'est-à-dire vous contactez le notaire et il vous dira où me rejoindre. Il va falloir se mettre à table pour faire nos comptes, le temps avance.

Nous avons alors calculé le tout ensemble, sans oublier la proportion des taxes que j'avais à lui payer. Le tout s'élevait à $1,635.28. C'était un peu plus que ce que j'avais figuré. Puis sans trop m'en apercevoir, je me retrouvai seul, mais très seul.

J'étais assis à table et j'essayais de retrouver ce qu'il m'avait dit. Mais il y en avait trop à avaler. Et puis il y avait la fatigue des derniers temps. Je retrouverais tout ça un peu plus tard. Je ne savais plus trop quel sentiment m'habitait maintenant. Était-ce l'émotion de me retrouver seul dans ma propriété, l'anxiété devant ce qui m'attendait, l'incertitude devant tant de choses à apprendre ou la grande joie de celui qui voit ses efforts aboutir et qui ne sait trop s'il va sauter ou pleurer. J'avais envie de prendre une bière. J'étais là, client solitaire, sans personnel pour me servir. Je me sentais mal à l'aise. J'étais comme celui qui entre dans un endroit public et que tout le monde regarde. Je m'aperçus que la noirceur était venue et qu'elle m'entourait. Je me levai discrètement, j'allumai une lumière, je pris un verre et je m'approchai du robinet pour me servir une bière en fût.

J'avais l'impression que les gens à l'extérieur m'épiaient. Que fait un homme seul dans une taverne le dimanche soir? Je saisis le robinet mais tout ce que je recueillis fut un verre de mousse. J'essayai encore. Un autre verre de mousse. Je finis par ramasser avec acharnement environ deux onces de bière que je dégustai avec une ferveur intense. Quel délice! Je pouvais dire avec fierté que c'était vraiment la bière de chez nous, ma bière. Je vidai la mousse des autres verres dans le plat à soupe. Tiens, je commençais déjà à retrouver les conseils de mon type. Il était disparu bien vite, il me semble.

Quand je vis que je n'obtenais pas un meilleur succès avec la bière en fût, je décidai de déboucher une bouteille. Je m'assis quelques instants et je laissai vaguer mes pensées pendant quelques moments. Je ne sais combien de temps je fus ainsi seul avec moi-même; il m'est impossible de le préciser, mais ce dont je me souviens, c'est des pensées qui se mirent tout à coup à remonter à la surface. D'où venaient-elles tout à coup, je ne saurais le préciser; c'étaient des événements que j'avais oubliés depuis longtemps, il me semblait; et pourtant tout à coup, tout ceci semblait se dérouler devant moi avec une telle clarté et une telle précision que je croyais revivre chaque détail que j'avais cru avoir oublié depuis longtemps. Quelle était donc cette force qui pouvait ainsi comme par magie tout faire revivre devant mes yeux? Je retrouvais des moments de mon enfance que j'avais cru à jamais effacés.

J'avais alors sept ans. C'est peut-être un des premiers événements continus dont je puisse me rappeler maintenant. On m'avait expliqué que je devais quitter la maison pour aller dans un endroit où je pourrais jouer avec un grand nombre d'enfants à toutes sortes de jeux que je ne connaissais pas encore. J'étais fils de parents bien cotés mais le travail excessif ne leur permettait pas de pouvoir s'occuper de moi comme ils l'auraient voulu. Il fallait donc que quelqu'un d'autre puisse prendre soin de mon éducation; on avait donc décidé de me placer dans un pensionnat. J'en entendis parler pendant l'été pour la première fois. C'était un endroit immense, une espèce de grand château avec des tas de gens pour s'occuper de vous, pour vous montrer beaucoup de choses nouvelles dont vous n'aviez jamais entendu parler, avec des jeux, toutes sortes de jeux, qui vous faisaient tourner, tourbillonner, sauter en l'air, dans un paysage enchanteur avec des arbres, beaucoup d'arbres, des forêts dans lesquelles vous pouviez faire des excursions, bâtir des cabanes pour vous abriter, des montagnes que vous pouviez franchir après des heures et des heures de marche, des grottes où vous pouviez vous réfugier s'il y avait des tempêtes, des ruisseaux et des rivières que vous pouviez franchir en construisant votre radeau fait de vos propres mains, des champs immenses que vous traversiez pour revenir enfin, épuisé, vous reposer dans ce domaine qui saurait vous accueillir avec tant de chaleur.

J'étais fils unique et j'avais l'impression de m'être peut-être ennuyé un peu chez moi jusqu'alors, de sorte que j'avais passablement hâte de connaître cette nouvelle vie. Le reste de l'été me sembla trop long et j'aurais voulu me retrouver là-bas tout de suite. Les baignades avaient pour moi maintenant peu d'intérêt comparées à ce que j'allais connaître bientôt. Tous mes jeux me semblaient tellement fades quand je pensais à ceux que j'allais découvrir avant longtemps. Ma vie prenait maintenant une nouvelle tournure; on m'avait tellement parlé de cet endroit que j'allais connaître, qu'il me semblait déjà l'avoir vu, y avoir vécu, tellement j'y avais rêvé.

Enfin, après des jours d'attente et des soirées de rêve, le grand moment survint, ce grand jour où je devais me retrouver à cet endroit pour la première fois! Je me souviens encore de ce que je ressentis lorsque je l'aperçus au tournant du chemin. La route m'avait paru longue. Ce fut comme un pincement. C'était une bâtisse austère, toute grise, toute carrée, beaucoup plus petite que ce que j'avais imaginé. Il n'y avait pas de tours, pas d'arches, pas de ponts, rien de ce que j'avais vu auparavant, lorsque j'y avais tellement pensé. Je ne reconnaissais aucun des coins auxquels j'avais rêvé. Il n'y avait que quelques arbres et la seule colline que je pouvais voir n'était qu'une butte. À l'intérieur, il y avait du monde, beaucoup de monde, et un va-et-vient inquiétant. Je n'avais jamais cru qu'il y aurait autant d'enfants. J'avais voulu avoir des compagnons mais je ne pouvais m'imaginer qu'ils seraient si nombreux et ils n'étaient pas tous de mon âge. La plupart étaient plus grands que moi. Puis tout à coup, sans trop m'en apercevoir, mes parents disparurent et je me sentis perdu. Je fus pris de panique. Je ne savais plus où aller. J'appris très vite à me mettre en rang avec les autres et à ne pas dire un mot. Un sentiment effroyable m'envahissait. J'avais cru avoir quelqu'un pour m'aider, pour me guider, mais maintenant le seul qui me guidait était celui qui me précédait dans les rangs. Ce fut l'heure du coucher et je me retrouvai seul. Et tout à coup, j'eus envie de me sauver, de me mettre à courir. Je ne reconnaissais rien de tout ce qu'on m'avait dit. Je ne pouvais me retrouver. J'avais la gorge serrée. J'étouffais, j'avais peine à respirer. Et je sentis de grosses larmes couler sur mes joues; puis je mis ma couverture par-dessus ma tête. J'aurais voulu retrouver ce que je venais de quitter. J'eus tout à coup effroyablement besoin d'une présence, de quelqu'un qui m'aurait pris, m'aurait serré, m'aurait dit que ce n'était qu'un mauvais rêve et que c'était fini. Mais ce mauvais rêve ne devait se terminer que plus tard, ou ne s'est-il jamais terminé?

Je finis ma bière et je constatai qu'il était déjà très tard, déjà trop tard. Je fis un dernier tour de mon domaine et après avoir tout éteint, j'allai accrocher dans la vitrine l'affiche que j'avais préparée avec art depuis longtemps. J'attendis que personne ne passe pour suspendre l'écriteau visible des deux côtés et j'admirai: «Chez Mike».

Je pensai tout à coup à l'enseigne lumineuse. Après avoir essayé différents boutons, allumant tour à tour la toilette et la cave, je me précipitai à l'extérieur pour pouvoir lire enfin ce que j'avais attendu depuis des semaines de voir briller à ma porte et qui serait à moi, bien à moi. Je traversai la rue en courant et je pus enfin lire avec étonnement... T__ERNE.

II

J'avais beaucoup à dire à mon épouse en rentrant à la maison. Mais comment réussir à extérioriser des sentiments dont vous n'êtes pas totalement maître? Comment réussir à exprimer à quelqu'un d'autre ce que vous ne saisissez pas entièrement vous-même? Je me demande ce dont j'avais l'air? Heureux d'avoir enfin acquis ce que je désirais depuis longtemps; déçu du décor que je venais de connaître; fatigué par les événements des derniers temps; perplexe devant tout ce que j'avais à apprendre! Je ne sais trop! C'était peut-être un peu de tout ça. Quand vous avez trop de choses à exprimer, vous vous retrouvez quelquefois complètement silencieux. Une chose était certaine. Je me devais d'être là régulièrement au début, pour voir à la bonne marche de l'affaire. Je décidai donc de me coucher tôt afin d'être en bonne condition le lendemain. J'essayai d'échanger quelques propos avec ma femme sur les derniers événements mais je n'avais pas l'impression de rendre ma conversation intéressante.

Le sommeil était lent à venir. Depuis quelque temps, je parvenais à m'endormir avec difficulté. J'avais trop de plans en tête. Tout se bousculait: la journée du lendemain, la semaine, les années à venir... Si je réussissais, au sens où l'entendent la plupart des gens, c'est-à-dire, si je faisais de l'argent, qu'est-ce qu'il adviendrait par la suite? Tout à coup, je devins ruisselant de sueurs. Une idée qui ne m'avait pas tellement frappé jusqu'à présent me traversait l'esprit. Une idée qui tout à coup vous paralyse. Vous vous sentez comme dans ces situations de rêves où vous êtes accroché par une branche au bord d'une falaise. Vous ne pouvez bouger ou c'est la catastrophe. J'essayai de la repousser mais elle était toujours là, telle un percepteur d'impôts qui vous guette. Si le commerce n'allait pas fonctionner! Si l'argent ne rentrait pas! J'avais tout investi là-dedans, tout l'argent que je n'avais pas. Je risquais très bien de frustrer ma famille pour des années à venir. Comment en étais-je arrivé à commettre une pareille imprudence? Ce qui m'avait semblé de l'audace avant, m'apparaissait maintenant être de la témérité. On m'avait dit: «Un client, ça se gagne; on peut aller le chercher.» Bien sûr, mais si après tout, il ne vient pas. Si j'avais été plus jeune ou plus naïf, je me serais réconforté en récitant une prière et en confiant mes difficultés à Dieu. Mais j'ai l'impression qu'on lui en a tellement confié qu'il ne sait plus où donner de la tête, le pauvre. Moi-même, dans mon enfance, je lui ai demandé maintes fois des tours de force. Il arrivait même qu'il était capable de les accomplir. C'est dans cet esprit que ma femme m'apprit qu'il était l'heure de me lever. J'étais très nerveux. J'allais avoir mon premier contact avec ma clientèle.

Lorsque j'arrivai, il était 7 heures 50. Il y avait déjà quelqu'un à la porte. C'était un type âgé, les cheveux gris, le visage rouge et congestionné. Il me regarda d'un air étonné lorsque j'ouvris la porte. Puis il me dit avec un accent:

— Qu'est-ce qui se passe?

— Je suis le nouveau propriétaire. Mon nom est Mike.

— Je savais pas que la place était vendue. O.K. Mike. I'm glad. Je vas te dire une chose tout de suite. C'est que les waiters, ils ouvrent pas toujours la place à 8 heures. Des fois, ils sont 10 minutes en retard. Je sais, parce que moi je suis toujours ici à 8 heures. Il va falloir que tu les avertisses. Si t'as besoin de moi pour des petites commissions, t'as juste à me le dire, je suis toujours ici. Mon nom est Thomas, mais on m'appelle Tom ici. Ouvre-moi donc la télévision au 8.

— O.K. Tom. On va bien s'arranger.

Pendant ce temps, le waiter arriva. J'étais à l'arrière du bar. Il me regarda avec surprise. Je m'avançai.

— Je suis le nouveau propriétaire. Mon nom est Mike Laudais.

— Ils auraient peut-être pu nous avertir que la place était vendue. On savait bien qu'il y avait quelque chose qui se passait, mais on savait pas quoi exactement. Ils avaient peut-être peur qu'on parte avec la caisse. Moi, je suis Roberto. Il y a pas mal de ménage à faire. Il va falloir que vous trouviez un nouveau laveur de planchers. Celui qu'on avait avant a sacré son camp. Il buvait des bouteilles de bière, puis il remettait les bouchons dessus et les plaçait dans le frigidaire. Ça vous aidait pas pour balancer. On pourrait prendre Tom ici, mais il y a pas tellement moyen de lui faire confiance. On va essayer de trouver quelqu'un d'autre. Il y aura pas tellement de clients aujourd'hui. Lundi, c'est un jour mort. Les gars ont pris un coup en fin de semaine et puis ils commencent à récupérer. De toute façon, j'aime autant pas les voir. Ils ont la gueule de bois et puis ils vous ennuient avec leurs histoires de fin de semaine. C'est pas tellement intéressant de les entendre brailler. Moi, j'ai d'autres choses à faire que ça. À présent, ils le savent et puis ils cherchent plus tellement à m'accrocher en passant, mais quand je suis arrivé ici, on aurait dit qu'ils me prenaient pour un confident ou un confesseur ou peut-être un «con» tout court. À présent, quand ils commencent à parler, je leur dis simplement «O.K.» Je la connais celle-là. Tu me l'as déjà conté dix fois. Faut pas les blesser parce que c'est des pauvres types au fond, mais il faut essayer de se défiler. S'ils insistent trop, on leur dit qu'ils vont devoir sortir et ordinairement ça les calme. Ils veulent surtout pas aller se ramasser en face, parce qu'en face c'est pas la même sorte de clientèle qu'ici. Mais il y en a une couple que j'ai pas l'intention d'endurer tellement longtemps: ils commencent à me taper sur les nerfs. L'ancien propriétaire, c'est-à-dire le gérant de la propriétaire si vous voulez, il les sortait lui-même. Vous avez vu comment il était bâti: il avait pas de difficulté. Moi je suis pas peureux mais je suis pas tellement intéressé à me battre avec eux autres. Ordinairement, ils comprennent juste en leur parlant un peu fort. C'est pas des mauvais gars: mais moi, ça m'écoeure de les voir prendre un coup parce que je prends jamais un verre et puis je peux pas comprendre ce qu'ils trouvent d'intéressant là-dedans. De toute façon, faut essayer de les endurer: on n'a pas tellement le choix.

Je remarquai qu'il lui manquait deux doigts à la main droite. Le gars avait l'air sympathique. Dans la quarantaine, pas très grand, mais solide. J'avais l'impression de pouvoir bien m'arranger avec lui.

— Il va falloir changer vos arrangements pour la bière en fût. Il y en a qui sont difficiles ici. Ils prennent pas n'importe quoi. Quand est-ce que vous rencontrez les brasseries?

Il ne m'était pas venu à l'idée que j'aurais à rencontrer les types des brasseries. Il m'avait toujours semblé que si quelqu'un demandait une bière, il fallait l'avoir en stock. Je me demandais qu'est-ce que j'avais à faire avec les gars des brasseries. Mais je lui dis à tout hasard:

— Je dois les rencontrer cette semaine.

— Avez-vous l'intention d'être ici à plein temps?

— Non. Je continue à travailler, mais je vais venir régulièrement chaque jour.

— Ça veut donc dire qu'il va falloir continuer à être barman et garçon de table! Je vous dis que ça fait de la course. À moins que vous ayez l'intention d'engager un barman?

— Je vais attendre de voir comment ça fonctionne avant. On verra par la suite.

— De toute façon, on jouait de plus en plus les deux rôles parce que le gars de la proprio, il s'occupait plus tellement de la place. Je pense qu'il était plus intéressé ou bien elle le laissait tomber. On le voyait presque plus et puis quand il était là, il nous criait dans les oreilles. Alors on aimait autant pas le voir. Y a bien des choses à réparer vous savez. La laveuse à verres marche pas bien. L'élément chauffe pas. Les verres ne sont pas stérilisés. Je sais bien que pour les gens du bout, ça change pas grand chose. Des microbes, ils en ont plein la gueule. Un peu plus, un peu moins! Vous avez vu l'enseigne lumineuse? C'est vrai que les gars du bout, ils ont pas besoin d'une enseigne pour trouver la place. Mais on pourrait attirer quelques passants si elle fonctionnait convenablement. Et puis il y a l'éventail qui marche pas depuis deux mois. La propriétaire disait toujours qu'elle était pour le faire réparer mais je comprends maintenant pourquoi elle le faisait pas. De toute façon, c'est pas elle qui menait le commerce. Elle venait presque pas. C'est son maquereau qui s'occupait de l'affaire. Lui, il avait des maudites bonnes connections. Vous avez vu sa Cadillac? De toute façon, moi je m'en sacre. Il pouvait faire ce qu'il voulait en autant que j'aie ma paye à la fin de la semaine. Est-ce que le syndicat vous a dit qu'on était censé avoir une augmentation?

— Ils vont certainement entrer en contact avec moi. J'aimerais que vous me fassiez une liste de ce qui serait urgent qu'on mette en ordre. Je vais m'occuper de cela cette semaine.

Tom frappait sur la table.

— Celui-là, il peut toujours attendre. Il nous donne jamais une cent à nous autres, les waiters. À la fin de la journée, ça lui permet de prendre trois ou quatre bières de plus.

Tom frappait toujours et me fit signe d'aller le voir.

— Si les waiters sont pas capables de me servir ici, je vas aller boire en face. Ça fait vingt ans que je viens ici et j'ai le droit d'être servi.

Je dis alors à Roberto d'aller lui donner deux bières. Il le fit avec empressement.

— Il peut bien dire qu'il va aller boire en face! Il oserait jamais y aller. Il aurait bien trop peur des gars qui se trouvent là. S'il fallait qu'on lui dise d'y aller, il serait mal pris. Il est pas maltraité ici. Il a sa place réservée devant la télévision et puis, on le traite en gentleman, bien mieux que ce qu'il vaut, en fait. C'est le genre de gars qui est bon pour la maison mais qui vaut pas grand chose pour le garçon. Dans le fond, c'est un pauvre type. Il est ici tous les matins à 8 heures et puis c'est lui qui ferme la boutique.

— Mais qu'est-ce qu'il fait pour vivre, ou pour boire plutôt?

— Il a sa pension des vétérans et puis il fait des petits ouvrages ici et là. Il part une heure ou deux de temps à autre. Il gagne un peu d'argent qu'il dépense ici.

Entre temps, trois clients étaient entrés. Chacun d'eux fit avec ses doigts le signe de la victoire. Je me demandais à quel parti ils apparte-naient mais Roberto s'empressa d'apporter à chacun deux bières en fût. Il échangea quelques mots avec eux et ils regardèrent de mon côté. Quand je vis qu'ils parlaient de moi, je me dirigeai vers eux pour me présenter. C'était trois anglais, mais ils parlaient assez bien le français: Charly, Brad et Bob. Je compris que Charly était le contremaître des deux autres et qu'ils étaient dans leur pause-café du matin.

— On vient toujours prendre notre «café» ici le matin, dit Charly en faisant un clin d'oeil aux deux autres. Apporte donc une bière à tout le monde, patron, puis prends-en une pour toi.

Je me dirigeai derrière le bar et j'essayai de verser une bière en fût mais sans plus de succès que je n'avais eu la première fois. J'étais mal à l'aise. J'appelai Roberto qui regarda avec un sourire les trois verres de mousse que j'avais versés.

— Je vais vous montrer tout à l'heure comment faire. Je pensais que les autres vous avaient montré.

Il alla servir les trois verres et Charly me cria:
— À ta santé, patron. Où est ton verre?

Roberto se dépêcha de dire:
— C'est moi qui vas le servir.

Quand il fut près de moi, il me dit discrètement:
— Vous êtes mieux de lever votre verre à leur santé, pour la forme. Comme ça, ils ont l'impression que vous êtes avec eux.

Ce que je fis et je pris une gorgée. Je ne déteste pas une bonne bière mais je n'avais guère l'habitude d'en prendre une à 10 heures le matin. Je la mis donc de côté. Il y avait quelques clients qui entraient. Les trois Anglais me saluèrent et sortirent. Avant que les clients ne commandent, Roberto me dit:
— Une grosse 50, une grosse'Mol puis deux verres.

Je lui donnai la 50, la Molson, mais il servit les deux verres. En revenant, il me dit:
— Vous devez vous habituer à connaître ce que les bons clients prennent sans qu'ils vous le disent. Ça leur donne de l'importance.

L'un des verres était pour Tom. Un des clients lui envoyait ça.
— Ce vieux maudit-là, ça fait assez longtemps qu'il est assis là, que tout le monde le connaît. Tout le monde lui envoie un coup, de temps en temps, mais lui, il en paye jamais aux autres. C'est un vieux verrat. Il m'a déjà conté des choses qui lui étaient arrivées pendant qu'il était à la guerre. Une fois, il me contait qu'il s'était fait surprendre par une patrouille ennemie avec son détachement. Ils se sont fait tirer dessus. La plupart des gars avec lui ont été tués ou blessés. Lui, était semi-conscient par terre. Puis les Japonais ou les Allemands, je me rappelle plus trop, sont tombés sur eux et se sont mis à les transpercer au hasard, à la baïonnette. Le vieux Tom a fait le mort mais il m'a dit qu'il oublierait jamais quand le gars à côté de lui s'est fait passer ça à travers le corps. Il dit que le sang pissait sur lui. Il pensait jamais qu'un gars avait autant de sang que ça dans le corps, puis que ça sortait à une pression comme ça.

Roberto esquissa un salut aux gars qui sortaient. C'était vraiment tranquille. Tom regardait un jeu-questionnaire à la télévision. Il continua:
— Ça a l'air qu'il est resté un sacré bout de temps étendu à faire le mort. Il faisait noir et puis les soldats ennemis frappaient un peu n'importe où. Il dit qu'il a jamais entendu des cris et puis des râles comme ça dans sa vie.

Quand il m'a conté ça, je pense qu'il se revoyait encore là-bas. Il était peut-être pas mal saoul aussi. Mais c'est quand il l'est pas qu'on se demande s'il est normal.

Il y avait un client qui cognait sur la table avec son trente sous. Je vis Roberto aller au frigidaire et sortir un verre de «soupe» puis faire semblant de verser un verre au robinet. Le client était satisfait.

— Quand le massacre a été fini, il s'est traîné parmi les cadavres. Il semblerait qu'il y en a qui étaient pas beaux à voir même si la noirceur était assez profonde. Il les tâtait pour trouver s'il y en avait encore de vivants. Apparemment il y en a à qui il manquait des morceaux. Quand ils l'ont retrouvé, il était à un bon bout de là. Il était plus capable de parler. Ils l'ont hospitalisé et il a appris qu'il était le seul survivant. Lui, il dit qu'il s'est rétabli rapidement, mais moi je pense que c'est depuis ce temps-là que la toiture lui coule un peu. Une autre fois...excusez.

Tom appelait Roberto pour que celui-ci change la télévision de poste.

— Ce vieux maudit-là, il faut le servir toute la journée, puis il nous donne jamais un sou. Je comprends bien que sa femme l'ait laissé. Quand il est rentré de la guerre, ça a l'air qu'elle n'était plus là. J'ai jamais su ce qui s'était passé, s'il l'avait cherchée ou quoi. Moi je pense qu'il a été s'écraser dans une taverne et puis depuis ce temps-là qu'il est là. On m'a dit que c'était un vrai bon mécanicien, mais depuis qu'il est revenu de la guerre, il tremble comme une feuille. Tiens, regardez-le tenir son verre; il le prend à deux mains pour ne pas l'échapper. On dirait qu'il tient encore un morceau de nez ou d'oreille comme il a touché le soir du massacre. Excusez.

— Une IPA tablette.

Je n'avais aucune idée de ce qu'était une IPA tablette. Je n'avais aucune idée non plus que je côtoierais un jour des gars comme Tom. Je savais qu'ils existaient quelque part, mais pas dans mon monde à moi. Et puis, je me retrouvais avec un homme comme ça devant moi. De temps à autre, j'allais m'asseoir avec Tom, par la suite.

Je me demandais ce que je pouvais lui apporter au juste à part le verre de bière que je plaçais devant lui. Il me raconta peu à peu l'histoire que Roberto m'avait déjà racontée et d'autres bien sûr, mais la plupart du temps, il ne disait pas un mot et il continuait même à regarder la télévision. Au début, j'avais pensé que je le dérangeais et j'avais été sur le point de me lever mais il m'avait simplement pris par le bras et dit:

— No, no. Stay, Mike. Encore quelques minutes. Reste un peu.

Ça m'avait étonné d'abord: il n'avait rien à me dire. Puis peu à peu je compris qu'il n'avait besoin que d'une présence. Quand il me parlait, c'était beaucoup plus un monologue: il ne me regardait même pas.

Il n'était pas habitué à échanger avec les gens. Les gars de la taverne connaissaient son histoire et préféraient lui payer une bière plutôt que de l'écouter. À aucun moment, il ne m'a ennuyé; il se répétait, bien sûr, mais qui n'a pas ses petites manies. Je le quittais toujours avec un certain remords car je savais combien il allait se retrouver seul par la suite. Je plaçais ordinairement ma main sur son épaule en trouvant une excuse et il esquissait un petit salut. On aurait dit qu'il s'apercevait à peine que je n'étais plus là. Mais je savais qu'au fond, il aurait désiré que je demeure à ses côtés beaucoup plus longtemps.

Je me souviens du jour où un nouveau client avait pris sa place pendant qu'il était à la salle de toilette. En revenant, Tom était furieux. Je m'étais dirigé tout de suite vers le client pour lui demander poliment de changer de place et il m'avait répondu: « S'il faut réserver sa place ici, on va aller boire ailleurs. » Tom m'avait simplement dit: « Thank you, Mike, » mais je pense que ça voulait dire beaucoup dans son esprit. Ça voulait dire surtout que je lui avais donné un traitement spécial, que je l'avais considéré comme quelqu'un de particulier, comme un homme plutôt que comme un simple client.

Un homme comme ça, c'est quoi? Est-ce que ça s'appelle encore un homme? Je ne pouvais m'empêcher de penser que « ce vieux maudit » aurait pu être un proche à moi, quelqu'un que j'aurais pu déjà aimer. Que pouvait-on faire pour lui? Qui pouvait faire quelque chose pour lui? Moi, avec ma maudite marchandise à vendre, peut-être!

*   *   *

Je ne savais pourquoi il me revenait à l'esprit depuis quelque temps des événements auxquels je n'avais jamais pensé. Je les voyais surgir tout à coup à des moments inattendus. C'était comme un éclair qui jaillissait, un film qui se déroulait devant mes yeux à partir d'un événement qui semblait pourtant banal et qui, tout à coup, prenait de l'ampleur et venait se rattacher à un fait que j'avais cru perdu pour toujours. Ça ne m'était jamais arrivé auparavant ou, en tout cas, pas pour que je puisse m'en rappeler de façon aussi nette.

Lorsque je m'étais réveillé le lendemain de mon entrée au pensionnat, j'étais encore couvert par-dessus la tête. J'avais peur de regarder autour de moi. Puis peu à peu je pris connaissance de la vie qui bougeait autour de moi. Ce fut la découverte des petits gars qui m'entouraient. J'avais cru qu'on serait tous ensemble, qu'on serait tous amis, qu'on ne ferait qu'un seul groupe. Et pourtant la première chose que je constatai, c'est qu'on était tous isolés. On marchait au signal et chacun faisait son affaire. Seulement, moi je ne savais pas ce que j'avais à faire et je me sentais perdu. Je me rendis bientôt compte au contact des autres qu'on ne faisait pas qu'un groupe, qu'on était pas tous des amis. Il y avait bien sûr des petits groupes qui se formaient mais dans lesquels les intrus n'étaient pas les bienvenus. Je connus alors dans ces premiers temps un sentiment d'isolement qui devait m'habiter pendant longtemps. Je n'avais que sept ans et quelque chose me manquait, mais surtout quelqu'un. Pour pénétrer le cercle fermé des clans, il fallait avoir fait ses preuves et j'étais beaucoup trop jeune et timide pour avoir fait les miennes. Je n'étais pas seul dans ce cas, bien sûr, mais plusieurs personnes isolées n'ont jamais formé un groupe. Le soir, je me retrouvais seul comme je l'avais été toute la journée et je pleurais, en songeant à tout ce que j'avais perdu et à tout ce que j'aurais voulu retrouver. Ce furent alors mes premières nuits d'insomnie qui ne devaient pas me quitter pour longtemps. Il y avait des gars de toutes les sortes: des grands qui essayaient de vous intimider parce qu'ils étaient des anciens et qu'ils avaient tous les droits, des gars qui étaient avec eux souvent parce qu'ils avaient peur, d'autres qui étaient contre eux parce qu'ils étaient forts, des neutres et des faibles qui n'appartenaient à aucun groupe mais qui pouvaient se faire engloutir par n'importe lequel parce qu'ils ne pouvaient se défendre.

Il y avait un petit gars que j'avais remarqué dès le début. Il était retiré, ne se mêlait à personne. Il m'avait frappé par son air triste et son aspect solitaire. Comme il ne se mêlait pas au groupe et qu'il n'appartenait à aucun clan, il devint bien vite l'objet des moqueries de la plupart d'entre eux. On l'appelait « les os » parce qu'il était plutôt maigre et qu'il ne pratiquait aucun sport. C'était mon voisin au dortoir et le soir lorsqu'il se déshabillait, il prenait toujours soin d'être bien couvert de sa robe de chambre, ce qui avait le don de faire rire les plus vieux qui disaient qu'il n'était probablement pas encore « formé » et qu'il ne savait pas encore s'il était pour faire un homme ou une femme. Or un soir, comme il se déshabillait, sa robe de chambre glissa de ses épaules et je pus apercevoir avec frayeur, l'espace d'un instant, une immense cicatrice qui lui sillonnait toute la poitrine. Lorsque son regard croisa le mien, il était chargé d'inquiétude et c'est, je crois, à cet instant même, que je venais de trouver mon premier ami.

III

Je dus m'absenter. J'avais à m'occuper de nombreuses choses. Mais je partais avec un goût amer dans la bouche qui n'était pas celui de la bière. Les heures passaient très vite et je n'avais pas tellement le temps de manger; je n'en avais surtout pas le goût.

Je retournai pour 16 heures, car c'était l'heure où le deuxième garçon arrivait. Il fut très surpris de la situation mais était content de connaître un changement. Il était surtout inquiet de savoir s'il garderait son emploi. N'étant pas du métier, j'aurais été très embêté de trouver quelqu'un d'autre. Il était jeune, même pas trente ans, petit, propre et bien mis. Il m'apparut tout de suite comme étant assez populaire auprès des clients qui l'appelaient Freddy ou Fred.

Il y avait beaucoup plus de clients maintenant à l'intérieur. C'était l'heure où les gars du bout finissent de travailler et viennent faire un arrêt avant de retourner à la maison. La plupart me regardaient avec étonnement, n'étant pas au courant du changement de proprio. Il faut dire aussi que voir un tavernier de moins de trente ans n'est pas coutume. Le mot circule vite, et bientôt, le temps de faire l'inventaire à la cave, mon nom était connu de tous. Quelques-uns demeuraient anonymes, d'autres venaient me saluer. J'appris à connaître des figures que je devais revoir souvent. Suivant le conseil de Roberto, j'appris aussi à me rappeler ce que chacun buvait. Les waiters devaient aussi m'entraîner à servir la bière en fût. Au début, ce ne fut pas un succès. J'attendais qu'il n'y ait pas trop de clients. Je servais des bières avec des collets énormes. L'un des gars me dit:
— Eh, Mike, tu sers des bières de curé, avec des collets romains.
Il trouvait ça drôle, mais il demandait quand même à le faire remplir.

À un certain moment, un vieux entre. Je vais au frigidaire pour prendre un verre de «soupe». Évidemment, je n'étais pas très habile. Le vieux me voit faire et hurle en sortant:
— Moi, boire les restes des autres, je suis pas intéressé.
Je vois mon waiter qui se précipite, parle avec lui un peu à voix basse et le ramène à sa table. Il vient chercher le verre de bière et le lui donne. Le vieux lève le verre à ma santé avec un sourire et le vide d'un trait. Je ne comprends plus rien mais je lui souris et j'attends.

Fred viens me voir et mine de rien, me dit:
— Je lui ai dit qu'étant un bon client, on lui gardait son verre au

frigidaire afin qu'il soit plus froid. Il m'a regardé avec hésitation et je lui ai dit que des clients comme lui, on devait les traiter avec plus d'attention. Il a avalé ça. Tiens, il en veut une autre. Prenez-la encore dans le frigidaire, mais cette fois-là, avec un peu plus de discrétion. Je crois que vous devriez faire voir le frigidaire ou le robinet parce qu'on a plus de «soupe» que jamais. Le robinet dégoutte ou la bière est trop chaude.

Le vieux me salua encore une fois, goba son verre en vitesse et partit en me saluant amicalement. Je savais maintenant qu'il avait gagné ma pleine confiance. Fred me dit:

— Quand est-ce qu'on fait l'ouverture officielle?

Je ne savais pas trop ce qu'était une ouverture officielle de taverne, ni s'il fallait en faire une, alors je dis:

— Il faut que je rencontre les gars des brasseries avant. Mais ça va venir assez vite.

— Avez-vous l'intention de faire des changements? C'est une vieille boutique ici. Ça ferait du bien si on rénovait un peu. Ça attirerait des clients. Il y en a plusieurs qui s'en vont en face parce que c'est sale ici. Les toilettes marchent même pas. Le siège de toilette est arraché. Quand les gars sont tôlés, ils tombent dans le bol puis ils sortent de là en beau maudit. Et puis il y en a un brillant qui avait du ciment dans ses poches et qui a décidé de le jeter dans l'urinoir. Depuis ce temps-là, il y en a qui sortent de là les bottines trempes puis qui sont pas tellement contents. Même si on dit en riant au gars qu'il est mal circoncis, il trouve pas toujours ça drôle. Je pense à ça; avez-vous trouvé un laveur de planchers?

— Je n'ai pensé à personne en particulier. Connais-tu quelqu'un qui pourrait faire l'affaire?

— Il y a « bébé » qui est assis dans le coin à droite. Il ferait du bon travail et puis c'est pas un biberon. Si vous voulez, je peux lui en parler. Vous vous arrangerez avec lui pour le salaire.

— Ça va.

Il alla rejoindre « bébé » et un instant après, celui-ci était à mes côtés.

— Quand est-ce que vous voulez que je commence?

— Ce soir.

— Il va falloir que vous me donniez la clef. Je suis un gars fiable et puis je prends pas un coup.

J'allai faire faire une clef et j'en profitai pour contacter les représentants des brasseries afin de prendre rendez-vous. Je devais les rencontrer au courant de la semaine.

Quand je retournai, je rencontrai plusieurs nouveaux clients. Il y avait Christian et Roch, deux jeunes costauds qui buvaient de la grosse. Fred me dit:

— Ça, c'est deux bons clients. Ils rentrent ici après l'ouvrage et puis ils sortent à la fermeture. Ils ont pas l'âge d'être ici mais de toute façon, ils ont leur carte d'identité en règle.

Pas loin d'eux, il y avait deux cols bleus dont j'oublie les noms. Ils parlaient politique et actualité, puis ils s'engueulaient sans arrêt sans jamais s'écouter.

— Si ça va mal dans le monde, ça dépend des politiciens. Ils exagèrent à nos dépens.

— C'est les syndicats qui nous mettent dans le pétrin, mon vieux. On n'a pas besoin d'eux autres.

— La politique, c'est une maudite affaire. Moi, je voudrais pas tremper là-dedans.

— Ils te font croire que tu vas gagner plus, puis tu sors toujours perdant.

— Ils nous font toujours croire qu'ils vont tout changer, puis c'est toujours pareil.

— Eux autres, ils se foutent bien qu'on fasse la grève; de toute façon, ils sont payés, eux autres.

— Tu changes de parti. Tu t'imagines que tu viens d'améliorer tes affaires. Puis la première chose que tu sais, le type pour qui t'as voté change de parti lui aussi. Alors tu te retrouves dans le même parti qu'avant.

— Quand tu fais du bon travail, t'as pas besoin de syndicat pour t'aider.

— La politique, ça protège les gros. Les gars comme nous autres, on se fait toujours ramasser puis on est toujours pris pour payer. Si tu fais un peu plus d'argent, tu le donnes au gouvernement, puis le gouvernement, c'est qui tu penses? Hein, c'est qui? C'est toujours les politiciens.

— Moi, si j'étais à la place du gouvernement, les syndicats, je les abolirais. On te demande même pas ton avis: t'es obligé d'en faire partie. Tu reçois ta paye, puis il te manque $5 pour payer ton syndicat.

— Moi, aux dernières élections, sais-tu ce que j'ai fait? Tu veux le savoir, hein? Eh bien, j'ai craché sur mon bulletin de vote et je l'ai mis dans la boîte. Oui, mon vieux. C'est dur hein? Mais ils vont le savoir que ça m'écoeure.

— Les premiers des syndicats, de toute façon, tu les retrouves ensuite dans la politique. Ils s'engueulaient avec les politiciens avant, puis tout à coup, ils se retrouvent ensemble.

— T'auras beau dire n'importe quoi, tant qu'on changera pas tout ça, ça va continuer de la même façon. Ça t'écoeure pas de penser que tu vas toujours rester comme ça? Les politiciens, c'est des gars qui parlent et qui écoutent jamais, m'entends-tu? C'est rien d'autre que ça.

— Le gouvernement, il a juste à passer une loi pour abolir les syndicats, puis on en entendra plus parler. Ça rendrait service à tout le monde. On passerait pas notre temps à faire des assemblées puis des grèves, puis des affaires comme ça. Mais pour moi, le gouvernement, il a peur des syndicats, mon vieux!

Évidemment, Tom était dans son coin avec un verre devant lui. Il regardait la télévision.

J'eus l'occasion de rencontrer Vincent qui avait une voix de caverne et puis Arthur, le robineux du coin. Il avait un nez à rendre Rudolf jaloux, un paletot qui lui avait été donné et dans lequel il se cherchait; il se traînait les pieds comme il traînait sa vie. Mais il avait un de ces regards, d'une tristesse…vous savez ce regard qu'ont les clowns dans les cirques. Il venait toujours prendre sa bière au comptoir pour ne pas donner de pourboire, ce qui faisait bien sûr que les waiters le détestaient. Ce qui me surprit c'est quand il m'adressa la parole. Il parlait un langage qui ne cadrait pas dans cette peau comme s'il avait joué un personnage. Il était d'une politesse impeccable. Je fis de lui, par la suite, mon homme de confiance, c'est-à-dire qu'il allait à la banque pour faire de la monnaie ou faire d'autres courses qui nous rendaient service. En retour, on lui donnait une bière qu'il prenait au comptoir, en parlant. Il me dit:

— Je suis très heureux de voir que nous avons un nouveau propriétaire sympathique. Vous êtes très jeune et si je peux me permettre de vous le dire, vous ne cadrez pas du tout dans ce décor. On m'a dit que vous étiez professeur.

— Qui vous a dit ça?

— Tout se sait ici. J'étais professeur moi aussi…

Il ne me regardait pas mais quelque chose me disait que c'était la vérité et non une chimère comme les gars des tavernes s'en inventent tant. J'appris plus tard et en différentes sessions en causant avec lui, c'est-à-dire en l'écoutant et ne le questionnant pas, qu'il avait été congédié à cause d'un malheureux incident. Il enseignait dans un quartier pauvre. Un jour dans un geste d'impatience, il avait giflé un étudiant. Celui-ci s'était juré de se venger. Un soir, il l'avait attendu avec deux fiers-à-bras et ils lui avaient administré une correction. Mais le voyou avait pris soin de déchirer ses vêtements et de se faire quelques ecchymoses. Rendu chez lui, il porta plainte contre le professeur comme quoi celui-ci l'avait battu et cita même ses deux amis comme témoins. L'enquête ne fut pas longue car on ne voulait pas de scandale dans l'enseignement alors, et on le remercia de ses services. Avec son dossier, il ne put se trouver d'emploi et sombra dans le découragement, ne recevant d'appui de personne, pas même de son épouse qui le quitta bientôt. Il n'avait jamais essayé de trouver un emploi permanent par la suite. Il se contentait de rendre des services aux gens qui lui donnaient un peu d'argent et il venait le dépenser chez nous à mesure.

Il n'était pas bête, Arthur. J'eus l'occasion d'échanger avec lui à maintes reprises. Il venait inlassablement me trouver directement au bar. Il ne buvait pas en grande quantité mais régulièrement. Il avait tout abandonné et il ne lui restait plus aucune forme d'ambition. Je voyais en l'écoutant que ce qui l'avait surtout découragé, c'était l'attitude des gens autour de lui qui n'avaient pas voulu l'écouter et lui donner une chance. On voyait lorsqu'il parlait, que ça avait été un type bien. Il m'avait été sympathique dès le début. Il avait besoin de parler à quelqu'un et j'étais prêt à l'écouter lorsqu'il voudrait bien venir me trouver.

Qu'il m'ait dit la vérité ou non, et je le croyais vraiment, je ne pouvais m'empêcher de songer à ce gaspillage d'énergie humaine, à ce potentiel inutile. Je me rappelais maintenant très bien du petit gars à côté de moi au dortoir. Il s'appelait Luc. Il avait l'air frêle et plutôt maladif. Je sentis tout de suite que nous étions de la même race: nous n'avions même pas à nous parler pour le savoir. Le soir, dès que les lumières s'éteignaient, je l'entendais sangloter et je me couvrais par-dessus la tête pour ne pas l'entendre ou peut-être aussi pour essayer d'étouffer mes propres sanglots. Peu à peu, on se retrouva ensemble, mais on ne parlait presque pas. On se contentait de marcher pendant les récréations. Progressivement, il eut confiance en moi et me parla de lui. Ses parents étaient à l'aise et son père avait beaucoup à voyager à cause de ses affaires. Il me parlait plus de Sophie, la servante, que de son père et de sa mère, et je compris bien vite qu'il ne voyait presque jamais son père et sa mère qui étaient beaucoup trop occupés pour prendre soin de lui. Il me parlait de Sophie avec beaucoup d'affection et, au début, j'avais même cru qu'il s'agissait de sa mère à la façon dont il m'en parlait. Il avait peu à dire de ses parents car je crois qu'il les connaissait à peine. Bien sûr, il avait tout ce dont il avait besoin: il m'arrivait même de l'envier lorsqu'il me parlait de ses jouets. Sauf qu'il aurait eu besoin de tout autre chose que de jouets. Lorsque je lui parlais de ma maison, de mes parents, il me regardait avec envie et me posait des questions sur eux, surtout sur mon père. Et lorsque je lui parlais de ma mère, lui me parlait alors de Sophie. Puis on continuait souvent à marcher en silence.

Puis vint le jour où il sentit le besoin de me parler de cette terrible cicatrice que j'avais aperçue, l'espace d'un éclair, sur toute sa poitrine et qui pourtant m'avait tellement frappé qu'il me semblait en revoir tous les détails. J'avais eu souvent envie de le questionner à ce sujet mais à chaque fois, j'avais ressenti une sorte de malaise et j'en avais été incapable. Lui était conscient que je l'avais vu, mais je crois qu'il était plutôt mal à l'aise. Pourtant lorsqu'il m'en parla, tout arriva tellement naturellement, sauf que je me souviens qu'il s'arrêta de marcher pour s'asseoir sur une grosse roche, qui était un des « rochers »dont on m'avait parlé.

— C'était une fin de semaine. Mes parents étaient partis comme d'habitude. J'étais avec Sophie et on s'était bien amusés. Sophie, elle trouvait toujours toutes sortes de jeux nouveaux. Elle était sur le point de me préparer mon mets favori, le spaghetti. Elle en profitait pendant que mes parents n'étaient pas là car eux disaient que le spaghetti, c'était bon seulement pour les enfants des pays pauvres, pas pour nous autres. Pendant que Sophie était au téléphone, j'écoutais le son de l'eau qui bouillait, prête à recevoir les délicieux spaghetti. J'en pris deux morceaux pour les mettre dans l'eau et les voir tourbillonner; j'aimais voir le mouvement des aliments qui cuisent. J'approchai ma chaise pour mieux observer et la dernière chose dont je me souvienne alors, c'est d'avoir perdu pied et d'avoir ressenti une affreuse douleur à la poitrine.

Lorsque je me réveillai, j'étais à l'hôpital et mes parents étaient près de moi. J'aurais voulu voir Sophie mais elle n'était pas là et je ne devais jamais la revoir. C'est à elle que je pense le soir quand je me couche.

Quand je suis revenu à la maison, mon père m'a dit que ce dont j'avais besoin pour récupérer, c'était de l'air de la campagne, et c'est pour ça qu'il m'a placé ici.

Tom frappait sur la table et Fred se dirigea vers lui. Les deux parlèrent un peu fort et je vis Tom sortir précipitamment. Il avait l'air furieux.

— Qu'est-ce qu'il a?

— Il voulait que je change la télévision de poste. Il y a pas juste lui ici. Les autres clients regardent le film, puis c'est un bon film de guerre. De toute façon, il sera pas parti pour longtemps. Il y a personne qui veut le voir ailleurs. Nous autres ici, on le sert aux petits oignons, on prend soin de lui, puis monsieur n'est pas content.

Arthur était toujours au comptoir près de moi, même si Fred lui disait de temps à autre d'aller s'asseoir. Je voyais qu'il voulait me parler. Il ne devait pas avoir l'occasion d'échanger tellement souvent et je crois qu'il me fit confiance immédiatement. De mon côté, je n'avais pas tellement envie de pousser la conversation beaucoup plus loin ce soir-là. J'en étais à mes débuts dans ce domaine et je me sentais complètement vidé. Fred me dit un peu plus tard:

— Vous devriez pas laisser les clients vous embêter au comptoir. Ils ont pas d'affaire à parler avec le patron. Envoyez-les tout de suite à leur place. Il faut que vous les placiez à votre main tout de suite en partant. Le client, c'est un gars qui vient boire ou téter sa bière ici. Il a pas d'affaire à vous raconter sa vie et puis à nous écoeurer. Moi, je m'arrange bien avec eux autres, mais il faut pas qu'ils commencent à me chanter des romances parce que je me trouve de l'ouvrage, c'est pas long. L'ancien patron, ou le gars de la patronne si vous voulez, je vous garantis qu'il les endurait pas longtemps. Il disait: « Viens-tu pour boire ou pour conter ta vie? Moi, ici, je vends de la bière, puis si tu veux te confesser, c'est au coin de la rue. »

Les gars lui aimaient pas la face, mais il se faisait pas déranger. Si, vous vous mettez à les écouter, ils vont vous monter un paquet de bateaux parce que ces gars-là, ça a l'imagination qui travaille. D'ailleurs, bien souvent, c'est la seule chose qui travaille. Vous étiez pas dans cette ligne-là vous avant?

— Non. Je n'ai jamais été là-dedans.

—Ça paraît. Je veux dire vous avez l'air d'un type, comment je pourrais dire, bien trop poli. Eux autres, il faut leur parler raide, puis les envoyer au diable. Vous allez vous habituer après un bout de temps. Moi, je travaillais dans un club en bas de la ville avant. En passant, si jamais vous avez du trouble, puis que vous avez besoin de petits messieurs pour vous régler ça, vous avez juste à me faire signe, j'ai des bons amis là-dedans. Au début, j'étais comme vous, j'étais un peu gêné. Mais quand j'ai vu que les fatigants, ils se ramassaient tout d'un coup sur le bord du trottoir, ça m'a dégêné pas mal. Ça fait du bien quand on se sent appuyé, vous savez; excusez, il va falloir annoncer la dernière tournée.

— O.K. les gars, « Last call », dernière tournée. Si vous voulez remonter votre bromo, c'est le temps. On fait un spécial de fin de veillée, profitez-en.

— C'est quoi ton spécial, Freddy?, qu'un gars crie.

— C'est pas le patron qui va servir la bière, c'est moi. Comme ça vous allez en avoir un peu plus pour le même prix.

— Ah! je pensais que le patron payait la bière à tout le monde!

— Attendez les gars, on va avoir l'ouverture, ça sera pas long. Vous allez avoir l'occasion d'en prendre une puis une autre à la santé du patron.

Ça me faisait pas mal curieux de me faire appeler « patron ». Ça ne m'était jamais arrivé dans ma vie. J'avais toujours pensé qu'on devait se sentir important quand les gens nous disaient ça. Mais je me rendis compte que ça me mettait plutôt mal à l'aise et même que ça m'agaçait.

Je ne m'étais jamais arrêté à penser qu'il y avait des gens qui restaient dans une taverne jusqu'à minuit le soir. Si j'y avais pensé, je me serais d'ailleurs demandé ce qu'ils pouvaient faire là. Et pourtant il était minuit et moi aussi j'étais là. Je me sentais perdu, dans un autre monde, parmi des inconnus, avec une barrière entre eux et moi. C'était peut-être aussi ce qu'ils ressentaient, eux.

C'était l'heure de partir. Le laveur de planchers plaçait les chaises sur les tables. Fred faisait l'inventaire. Fred avait raison. Tom n'avait pas été parti très longtemps. Environ une heure après son départ, il était revenu à sa place, la tête basse, sans regarder personne et il s'était commandé un verre. Je me demandais bien où il pouvait aller à ce moment-là, comme je me demandais bien ce qu'il pouvait faire lorsqu'il rentrait chez lui.

Il ne restait maintenant que lui et un autre qui s'était endormi sur sa chaise. Quel dommage d'aller le réveiller. Il était peut-être à passer le plus beau moment de sa vie. Tom s'offrit à donner un coup de main avant de partir. Je le saluai et il partit avec regret. Fred me dit:

— Celui-là, si on l'écoutait, on pourrait lui donner n'importe quel ouvrage, à condition qu'il passe la nuit ici. C'est sa maison ici. Il doit avoir les fesses enflées à force d'être assis sur sa maudite chaise. Pour moi, il est assez habitué d'être assis qu'il doit dormir assis devant un verre, chez lui. Salut, patron. Je pense qu'on devrait bien s'arranger ensemble. Moi, de toute façon, je m'arrange bien avec tout le monde, à condition qu'un gars se mette pas à me conter sa vie. Est-ce que vous rentrez de bonne heure, demain matin? Vous pourrez rester à vous reposer et entrer plus tard: j'ai l'habitude d'être seul pour servir.

— Merci, Fred, mais j'aime autant être ici pour ouvrir à 8 heures. Bonsoir.

Dehors l'annonce brillait encore en disant « T__ __ERNE ». Je l'éteignis et toute trace de vie disparut en même temps. Comme c'était triste d'être seul dans une taverne le soir.

IV

La semaine se passa ainsi entre différentes courses et l'apprentissage du métier. Chaque jour, je connaissais de nouveaux clients et de nouveaux soucis. Il y avait les clients spécialisés du jeudi, du vendredi ou du samedi, il y avait ceux qui faisaient la navette entre chez nous et les deux autres tavernes du coin, puis il y avait aussi les « vieux fidèles» qui avaient adopté la place ou qui étaient rejetés ailleurs. Car les établissements ont des listes noires: ça peut être des tapageurs qui dérangent les autres clients, des gars qui ont emprunté de l'argent et ne l'ont pas remis, d'autres qui tètent leur bière un peu trop longtemps ou des types dont le garçon de table n'aime pas la gueule et il se trouve une raison pour les « foutre » dehors. Ces gars-là aboutissaient ordinairement chez nous: car lorsque je suis arrivé, j'ai supprimé la liste noire « chez Mike ». Chacun a eu sa chance. Mes waiters me faisaient pourtant des suggestions très souvent. « Celui-là, il va falloir le « barrer », c'est bon à rien comme client; ça envoie les autres ailleurs. » — « Lui, je sais pas pourquoi vous vous entêtez à l'endurer. Il y a jamais personne qui l'a laissé entrer ici. On n'a pas d'affaire à lui donner de chance. » — « En tout cas, si j'avais été à votre place, la première fois qu'il est entré, je l'aurais sorti. En plus de ça, ces gars-là veulent absolument vous parler: vous passez votre temps à vous faire déranger. Vous avez d'autres choses à faire que d'écouter leurs discours qui riment à rien. » — « Moi, en tout cas, lui quand vous voudrez le sortir, vous pourrez compter sur moi; je ne demande pas mieux. » — « Lui, la prochaine fois qu'il vient vous parler, je le mets dehors: il est même pas capable de me donner un sou de pourboire. » — « Vous devriez faire un nettoyage ici puis recommencer à neuf. C'est le temps pendant que vous êtes nouveau: après ça il sera trop tard, votre réputation sera déjà faite. »

Ils avaient peut-être raison, mais je ne pouvais me résoudre à faire chasser un type qui était rejeté de partout. Je ne me souviens pas d'avoir mis moi-même un client sur la liste noire du temps que j'étais là. Bien sûr, quand je n'y étais pas, les waiters en profitaient pour « barrer » certains indésirables. Je l'apprenais tôt ou tard, mais je ne pouvais pas dire grand chose car pendant la journée c'est quand même eux qui menaient l'affaire; je n'étais là que le soir et le samedi. Bien souvent ils se servaient de mon nom pour renvoyer un gars. Quand le client entrait, ils lui disaient:

— Le patron veut plus te voir la face ici. Il est plus capable de te sentir. Va traîner ta peau ailleurs.

J'en connais qui ont dû me maudire pendant ce temps-là, avec un pareil accueil. Surtout que, des fois, j'avais parlé amicalement avec le type la veille; il se demandait qu'est-ce qui me prenait tout à coup. Et puis, la plupart du temps, il n'avait pas d'autre place à aller.

J'avais contacté un plombier pour venir réparer les urinoirs. Comme j'avais décidé d'être là le plus souvent possible la première semaine, je me trouvais sur place quand il arriva. Après avoir examiné la situation, il me dit:

— Il va falloir casser le ciment avec une barre de fer. Je sais pas ce qui va arriver. Puis la plupart des urinoirs sont bloqués. C'est pas possible de vous faire un estimé parce que la tuyauterie est pas jeune: on sait pas si elle va tenir le coup.

— O.K., allez-y. De toute façon, ça ne peut rester comme ça. Vous regarderez la flotte en même temps dans le réservoir au-dessus des urinoirs. Je ne sais pas ce qui se passe mais de temps en temps le réservoir déborde: il y a déjà une couple de clients qui ont pris une douche. Ça faisait peut-être un maudit bout de temps qu'ils n'en avaient pas pris une, entre nous autres, mais ils ne viennent pas ici pour ça.

Pendant que les plombiers se mirent au travail, je servis quelques clients. Je commençais à servir des verres qui auraient été acceptés dans une taverne respectable, mais chez nous, les clients en voulaient toujours plus. Il aurait fallu qu'on leur remplisse leur verre jusqu'au bord et puis il ne fallait pas avoir le malheur d'en renverser sur la table parce que ça grognait. Ils ne voulaient pas perdre une goutte du précieux liquide. Je me tirais passablement bien d'affaire. Et puis on aurait dit que lorsque c'était moi qui servais, les clients se montraient moins exigeants. Ils comprenaient peut-être que j'étais nouveau et que je devais faire mon apprentissage.

L'ancienne patronne avait encouragé deux compagnies en même temps dans la bière en fût. Pour le moment, n'ayant pas rencontré les représentants des brasseries, je continuais le même système. Un bon matin qu'un camion était à décharger sa marchandise par le soupirail de la cave, un client que je ne connaissais pas trop entre par la porte arrière, ce qui était une coutume pour un très grand nombre d'entre eux. Il me fait signe de lui porter une bière ou plutôt comme les clients disaient pour désigner la bière en fût, « un » bière. Il la reçoit, en prend une gorgée, puis une autre et me dit à haute voix:

— Cette maudite bière-là, j'en veux pas. C'est pas buvable.
Mon waiter se dirige vers lui et lui explique que nous gardons deux sortes de bière pour satisfaire les clients. J'avais effectivement deux robinets pour la bière en fût mais l'un d'eux était hors d'usage. Je prends donc un verre

plein, je fais mine de le remplir à l'autre robinet et je le donne au waiter. Le client prend une gorgée, me regarde et dit:

— Ça au moins, c'est de la bière. Je comprends pas qu'il y ait des gens qui boivent d'autres choses que ça.

Un autre client satisfait, d'illusions bien sûr. Mais chaque fois qu'il revenait, je devais surveiller le robinet dont je me servais car lui le surveillait attentivement. J'espérais que chaque client n'aurait pas ainsi son petit caprice car je risquais d'avoir des problèmes à me rappeler de chacun. Je commençais tout de même à connaître ce que les habitués prenaient et dès que le client entrait, il était servi sans avoir à demander quoi que ce soit. Pour plusieurs, il était quand même assez rare que quelqu'un leur porte attention.

Charly, Brad et Bob entrèrent. Je pouvais savoir exactement quelle heure il était par leur entrée. Ils venaient tous les jours prendre leur « pause-café » à 10 heures. Ils enfilaient deux bières et puis repartaient aussitôt. Quelquefois, ils étaient plus assoiffés et ils en calaient une troisième. Le soir, ils n'étaient pas toujours aussi réguliers. Ils se présentaient à des moments indéterminés mais lorsqu'ils étaient là tous les trois, il fallait que je tienne ma verrerie à la portée de la main parce qu'ils avaient tous les trois le coude rapide. C'étaient trois bons types qui avaient l'air de bien s'entendre.

J'entendais le plombier qui cognait, puis tout à coup, tout ce que j'entendis, c'est celui qui était dans la cave qui sacrait comme un diable; la tuyauterie avait cédé. Il m'expliqua la situation et je compris très vite que c'étaient les recettes d'une bonne période qui allaient prendre le bord du drain. Je n'avais tout de même pas le choix.

— On va aller travailler en bas sur les tuyaux. Avertissez les clients d'aller à l'urinoir de droite.

À ce moment, je fus demandé au téléphone. C'était encore l'un de ces vendeurs qui avait un produit supérieur à un prix inférieur. Il me demandait simplement d'essayer quelques boîtes de ses cigares à un prix d'introduction. J'étais à discuter avec lui, quand j'entends en vitesse des pas dans l'escalier et je vois mon plombier apparaître; il sortait des sacres complètement inconnus de mon répertoire. Il me regarde et se plante au milieu de la place.

— Où il est l'écoeurant qui vient de me pisser dans la face?

Personne ne bouge mais il y en a quelques-uns qui regardent du côté de Tom. Le gars se dirige vers Tom qui ne comprend rien de ce qui se passe; il l'accroche par le chandail pendant que Tom bredouille quelques mots en anglais. Je me dirige vers lui avec mon waiter avant qu'il ne lui fasse un mauvais parti mais je ne peux empêcher le gars de se vider le coeur:

— Vous, les maudits anglais, vous avez pas eu assez de nous chier sur la tête depuis des années, à présent vous allez vous mettre à nous pisser dans la face. Ça se passera pas comme ça. Vieux maudit. Je vas te souder une valve à la place de la tige. Tu vas voir que tu vas te contrôler.

J'essayai de le calmer car je savais bien que Tom n'était pas plus responsable de ça que du reste de sa vie. Je l'entendis dire au gars à la table d'à côté: « These fellows have no manners with respectable people. »

J'avais un rendez-vous avec mes gars des brasseries cette semaine-là. Vous vous devez de les rencontrer car ils peuvent vous faire des arrangements intéressants. À mon premier contact, je rencontrai deux types de la même brasserie en même temps: il y avait le représentant de la bière en fût et le gérant du crédit. Ils m'avaient invité à dîner dans un restaurant plus que bien. Lorsque je me présentai, je vis qu'ils étaient surpris. Ils ne s'attendaient pas à voir apparaître un jeune de mon âge: c'est quand même rare dans le métier. Ils m'offrirent un apéro puis un autre:
— Il n'y a pas à vous gêner, vous savez; la compagnie est capable de payer.
Puis pendant le repas, ce fut le vin suivi de digestifs. On parla d'arrangements, on parla aussi bien sûr, de l'aide dont j'aurais besoin lors de l'ouverture officielle. La brasserie ne pouvait rien spécifier, mais ils étaient prêts à se montrer très coopératifs. Après quelques verres de vin, l'un d'eux me demanda:
— Qu'est-ce qui vous a amené à vous lancer dans un tel commerce?
Je ne savais trop que répondre car la réponse n'était pas si évidente à mes yeux. Pourquoi se lance-t-on dans quelque aventure que ce soit? Alors je répondis vaguement:
— Vous savez, il y a longtemps que j'entends parler des gens qui veulent partir ce genre d'affaires. Ils en rêvent toute leur vie mais personne d'entre eux ne l'a jamais réalisé. Moi aussi, j'avais envie de le faire, mais j'ai décidé que je réaliserais mon idée.
— C'est un commerce qui est dur. Il y a un certain nombre de choses qu'il faut que vous sachiez au point de départ. L'une d'elles, c'est que vous allez là pour faire une piastre, puis le gars de l'autre bord du bar, vous ne voulez rien savoir de lui. Ils vont vous prendre pour leur femme, leur curé, leur docteur ou bien autre chose; mais posez-vous des valves après les oreilles pour ne pas vous laisser attraper. On est là pour servir de la bière pas pour servir de confesseur. Vous êtes jeune, vous avez l'air intelligent, je ne voudrais pas vous voir laisser votre peau là-dedans. En tout cas, vous connaissez le nom de notre entreprise, c'est le meilleur nom qui soit. Fiez-vous à nous pour les arrangements. La semaine prochaine, vous recevrez ce qu'il faut pour l'ouverture.

C'est ainsi que je les quittai et je ne devais plus jamais les revoir. C'est curieux comme des gens peuvent partager votre intimité un moment dans votre vie puis disparaître et continuer leur vie sans jamais laisser de trace.

À la taverne, j'apprenais à connaître la routine de chaque jour. Il ne me restait qu'à rencontrer les représentants de l'autre brasserie avant de décider de la date de l'ouverture officielle. Les clients et les waiters m'en parlaient sans cesse. Pour eux, c'était un événement important, il semblait. Il y avait longtemps qu'ils n'avaient connu une ouverture officielle dans le coin. La taverne avait été entre les mêmes mains pendant longtemps, c'est-à-dire qu'elle avait appartenu au mari de la propriétaire qui avait quitté cette dernière en lui laissant le commerce, mais elle n'avait pas fait une ouverture pour fêter ça. Et puis le type qui était là avant moi, n'avait guère l'habitude de payer des tournées aux clients de sorte qu'ils attendaient avec impatience le moment de boire à peu de frais.

— Eh! Mike, combien il contient de barils, ton frigidaire? Tu pourrais peut-être en mettre deux rangées l'une par-dessus l'autre pour être sûr de ne pas en manquer.

L'autre brasserie n'envoya qu'un représentant me rencontrer. C'était un homme d'un certain âge, qui avait une vaste expérience dans le domaine de la vente de la bière et de sa consommation aussi. Je fus reçu en prince. Il m'invita à prendre ce qu'il y avait de plus cher sur le menu. « On a des comptes de dépenses et il faut les justifier. » Je n'étais guère habitué à manger et à boire aux dépens des autres mais j'ai l'impression que c'est une habitude qui s'acquiert vite. Je pensais en même temps aux sommes folles qui sont dépensées par les compagnies pour recevoir des clients sous le couvert de la publicité. Je devenais maintenant une goutte d'eau de plus dans le système: ça fait drôle de parler de goutte d'eau dans mon domaine. On parla d'arrangements évidemment mais ce fut très bref et très clair. Je savais exactement à quoi m'en tenir contrairement à l'autre brasserie. Mais il me parla surtout de lui.

— J'arrive d'une croisière dans le Sud avec ma femme. Vous savez, après quarante ans de service, je pense qu'on peut se permettre ce petit luxe. J'ai passé par toutes les étapes à la brasserie. J'ai travaillé à l'intérieur, ensuite j'ai été livreur. Dans ce temps-là, on n'était pas syndiqués, on n'avait pas à faire un nombre déterminé de places par jour. Aujourd'hui, les gars des camions sont gâtés. Ils font, soit les tavernes, soit les épiceries. Nous autres, on partait le matin de bonne heure puis on roulait toute la journée. Quand le camion était vide, on retournait le remplir et on continuait. À peu près à chaque place qu'on faisait, le patron nous offrait une tournée. On travaillait fort à descendre les barils: ils étaient deux fois plus gros qu'aujourd'hui et puis chacun y mettait la main. Quand il faisait chaud, ça nous faisait du bien: ça nous désaltérait. Puis quand il faisait froid, ça nous donnait un certain courage pour retourner dehors. On ne traînait pas longtemps à la même place. C'est rare qu'on sentait l'effet du jus: je pense qu'on l'éliminait à mesure. Mais à certains moments, surtout dans le temps des fêtes, je n'aurais pas voulu compter combien on en avait pris au bout de la journée. Surtout qu'il y avait des patrons qui se gardaient des petits dix onces en arrière du bar, puis ils nous en versaient un peu dans la bière. Si vous n'êtes pas pressé, on va se commander un petit café espagnol. Moi je ne bois presque plus, mais ce sera pour vous accompagner.

J'hésitai quelque peu mais il avait déjà commandé. On avait déjà pris plusieurs apéritifs et amplement de vin, mais c'était quand même la première journée que je me permettais de relaxer depuis longtemps. Le garçon de table vint nous servir son petit spectacle en préparant son café espagnol; au prix qu'il le vendait, il pouvait se permettre d'ajouter son petit numéro. Il y en a pour qui le goût est proportionnel aux fantaisies qu'on ajoute; ce n'est pas mon cas, même si je dois avouer que le café était excellent. Il faut dire que c'était ma première expérience et que je ne savais même pas distinguer un café irlandais d'un café espagnol. Le bonhomme me trouvait sympathique ou bien l'alcool faisait son petit effet, en tout cas, il continua:

— Après, je suis devenu représentant dans les tavernes. Je devais me promener d'un endroit à l'autre pour faire la promotion de notre produit. J'avais alors affaire aux clients. C'est une race maudite. Ils cachent la bière qu'ils boivent qui n'est pas notre sorte, puis ils disent que notre bière est la meilleure, qu'ils n'ont jamais bu d'autre chose que ça, que leur père buvait ça depuis des années. Puis quand vous leur avez payé une tournée, pour vous remercier, ils viennent s'asseoir à votre table pour vous conter leur vie. Ils sentent le diable, ils sont sales, bien souvent ils ne goûtent même plus la bière que vous leur payez tellement ils sont saouls; ils vous tapent dans le dos ou bien vous donnent la main, des fois quand ils vous parlent, ils vous éclaboussent de leur salive, puis vous ne pouvez pas leur dire qu'ils vous écoeurent même s'ils renversent un verre sur vous, parce qu'il faut que vous vendiez votre marchandise. Il faut toujours que vous ayez le sourire; le grand salut en entrant puis en sortant. Puis vous savez qu'une fois parti, le gars va reprendre sa bière qu'il a cachée sur sa chaise à côté de lui. Dans ce temps-là, je prenais pas mal de bière pour accompagner les clients d'une taverne à l'autre. Je pense que je les ai détestés les uns après les autres. Vous passez d'une place à l'autre et ça ne peut pas être plus semblable. Les mêmes sales gueules, les mêmes mensonges. Les gars veulent absolument vous parler comme pour s'excuser d'être ce qu'ils sont, et surtout pour réussir à décrocher une autre bière gratuite. Ils appellent ça une promotion, ce qu'ils m'avaient donné alors; bien souvent, j'aurais voulu faire n'importe quoi, à part ça. J'aurais préféré balayer la rue plutôt que de rencontrer ces maudits ivrognes qui n'avaient que des sottises à me raconter. Comme j'aurais voulu retourner à mon camion quelquefois et ne plus jamais les entendre.

Quand je sortais, j'étais tellement dégoûté, que je ne voulais plus prendre la même chose qu'eux autres; alors j'ai commencé à traîner mon gin avec moi. De toute façon, il fallait bien que je constate que mon métier, c'était de boire pour faire boire les autres. La première chose que j'ai sue, je prenais vingt-quatre bières par jour, puis un vingt-six onces de gin par-dessus ça. La brasserie était très satisfaite de mes services; j'ai eu une autre promotion. À présent, je suis en charge de la bière en fût et je ne rencontre que les propriétaires. Ce que je fais à présent, c'est le grand luxe. C'est moi qui parle maintenant, je n'ai plus à écouter les autres. Mais je ne peux oublier ce temps-là. Maintenant, j'ai affaire à des gens sensés, des gens qui ont réussi. Ils savent qu'on se rencontre par affaires et qu'on ne se reverra probablement jamais. Ils ne sont pas intéressés à me raconter leur vie. Ça m'a permis de couper pas mal sur la boisson. Je pense qu'il était temps parce que je commençais à avoir des problèmes de tuyauterie.

Quand je constatais ce qu'il consommait encore, j'en demeurais estomaqué. Et c'était sa vie quotidienne. En me quittant, il me murmura:
— Écoute, mon gars, moi, je m'en fous, je me retire dans deux mois; mais si tu es capable de faire d'autres choses que ça, lâche tout ça là au plus sacrant avant qu'il ne soit trop tard et que tu ne deviennes comme moi.

Il me rappelait certains éducateurs qu'on avait appris à connaître tranquillement, bien que dès les premiers instants on pouvait savoir avec lesquels on pourrait s'entendre et aussi ceux à qui on s'acharnerait à jouer des tours. Il y en avait qui n'enduraient rien, ne laissaient rien passer sans imposer une sanction quelconque. Ils venaient en classe nous donner notre enseignement, puis à la récréation, on les voyait comme surveillants dispensant des ordres ici et là. « Vous n'avez pas le droit d'aller de ce côté. » « Si je vous prends à faire ça encore, vous aurez une heure de retenue après la classe. » « Je vous défends de jouer à un jeu aussi stupide. » « Allez, circulez, ne dérangez pas le surveillant. J'ai d'autres choses à faire qu'à vous écouter. » « Girouard, allez m'attendre à la porte d'entrée, mon petit ami. Je vais vous apprendre à être poli. Tenez-vous debout et que je ne vous prenne pas à bouger d'une semelle. » En classe, c'était le même système. « Laudais, qu'est-ce que vous êtes en train d'écrire. Je n'ai pas demandé de prendre votre crayon. Quand on prend son crayon, c'est parce que je le dis. » « Desautels, qu'est-ce que vous avez à dire? Il va falloir que vous compreniez une chose, messieurs. Il n'y a qu'une personne qui parle ici et c'est moi. Vous, vous n'avez qu'à vous tenir et à écouter, c'est tout. Vous ne parlerez que quand on vous adressera la parole personnellement; j'espère que c'est compris pour toujours. Desautels, allez m'attendre à la porte.»

Ces gens-là contribuaient à nous rendre la vie misérable et je crois qu'on ne songeait tous qu'à une chose; leur rendre la vie la plus difficile possible tout en essayant de ne pas se faire prendre.

Un jour que l'un d'eux surveillait le dortoir, un grand de cinquième avait tendu une corde, attachée aux pattes de deux lits, de chaque côté de l'allée. Lorsque le surveillant arriva là, il culbuta par terre au milieu des rires étouffés et des regards complices qui l'épiaient. Comme il ne pouvait trouver le coupable, il décida de sévir contre les gars aux lits desquels la corde était attachée. C'était bien sûr, deux petits gars de deuxième année, qui n'avaient rien à voir avec l'incident. Ceci ne servait qu'à nous aigrir, à rendre notre séjour encore plus pénible, et à accentuer la distance qui existait déjà entre nous.

Bien sûr, ils n'étaient pas tous ainsi. Il y en avait qui étaient beaucoup plus près de nous et qui comprenaient même, je crois, notre solitude et notre besoin de chaleur. Ceux-là savaient partager nos jeux, nos difficultés à l'ouvrage, mais hélas, ils étaient bien peu nombreux. Je me souviens de l'un ou de l'une devrais-je dire, en particulier. Elle s'appelait Lise, et je crois qu'elle avait pris mon petit copain et moi sous sa protection, car elle ne perdait pas une chance de nous glisser une sucrerie ou encore mieux un mot d'encouragement. C'est elle qui, un soir que la couverture de mon petit ami était soulevée par un chagrin immense, s'était approchée de lui et avait simplement appuyé la tête de Luc contre sa poitrine. C'était le premier geste de chaleur que je sentais près de moi depuis des semaines et je crois que j'en fus un peu jaloux, même si j'en ressentais une émotion très profonde.

V

La routine commençait à être établie. Les premiers jours, j'étais resté là toute la journée, à part quelques moments où j'avais eu à faire des courses. Par la suite, j'allais à mon travail régulier. J'étais professeur de philosophie, dans un grand collège. Mes heures irrégulières d'enseignement me permettaient de pouvoir m'occuper du commerce, bien qu'à partir de maintenant, il ne me restait plus aucun moment de loisir. Vers l'heure du midi, j'allais voir ce qui se passait au commerce. Comme nous ne servions pas de repas, l'heure du midi n'était pas un moment très achalandé, mais je voulais quand même suivre mes affaires de près. Je retournais à mon travail l'après-midi et je revenais à la taverne vers 17 heures chaque soir. Au début, j'y demeurais jusqu'à l'heure de fermeture, soit minuit, mais je m'aperçus après quelque temps de ce régime, que je ne pourrais durer longtemps à ce train-là. Je quittais donc quand je voyais que tout fonctionnait normalement. Le samedi, je passais toute la journée là et le dimanche, je devais y retourner afin de faire l'inventaire et mettre de l'ordre dans mes papiers. Je commençais à constater que je négligeais sérieusement ma famille. Mes enfants, dont je m'étais toujours occupé consciencieusement, trouvaient qu'ils ne me voyaient plus. De plus, envahi par la fatigue des longues heures de travail et déprimé par l'atmosphère dans laquelle je me retrouvais sans cesse, j'étais devenu irritable et taciturne. Je parlais peu et je me sentais responsable d'avoir placé ma famille dans une telle situation. J'essayais de ne pas parler à mon épouse de ce qui se passait là-bas, mais je la voyais inquiète: elle aurait voulu m'aider mais elle pouvait peu pour moi comme je pouvais peu pour ces pauvres gens que je servais. Je trouvais difficilement le sommeil. J'avais de plus des obligations énormes à rencontrer et l'argent ne rentrait pas comme il aurait dû entrer: on disait que c'était une période difficile. J'échafaudais dans mon demi-sommeil des plans que je voyais s'effondrer à mon réveil. Notre famille qui avait toujours été unie était en train de se diviser. Était-ce là le prix qu'on devait payer pour tenter d'améliorer son sort? Est-ce que pour gagner des sous, il fallait abandonner ce qui nous avait pris des années à bâtir ensemble? Je me repliais sur moi-même. D'ailleurs, je n'avais pas mis au courant les gens qui travaillaient avec moi, de mon aventure téméraire. Mais, plusieurs se demandaient ce qu'il advenait de moi, auparavant gai et optimiste. Ma façon de voir les choses s'était profondément transformée. J'avais toujours pensé que la sécurité engendre la médiocrité, l'apathie. J'avais voulu explorer l'inconnu; c'était peut-être risqué mais j'avais toujours cru en mes chances de succès. Mais qu'est-ce qui m'arrivait? Est-ce que je m'enlisais? Je ne pouvais certes espérer transformer ces hommes, mais eux étaient plus forts car ils étaient en train de me transformer. J'avais pris au départ comme politique de ne pas prendre un verre le temps que j'étais là. Mais il me prenait des envies quelquefois de me saouler la gueule comme eux. Est-ce que le milieu engendre la déchéance? Est-ce que ces gens-là avaient une chance de remonter à la surface? Pourquoi me sentais-je si impuissant et si faible quand j'étais parmi eux. Et pourtant, je n'étais nullement indifférent à leurs difficultés. Elles me touchaient profondément. J'aurais voulu m'en foutre, les envoyer promener comme tout le monde avait fait mais j'en étais incapable. Il me semblait que je pouvais faire différemment des autres. Il me semblait que tout en me préoccupant de mes affaires, je pouvais demeurer un homme tel que je l'avais toujours été, et que je pouvais me préoccuper de ceux qui m'entouraient. Est-ce que parce qu'on devient patron, on doit dominer ou écraser les autres? Est-ce qu'à partir de ce moment, les autres nous deviennent inférieurs? En tout cas, ce n'était pas ma conception à moi. Moi, je voulais échanger. Je voulais apprendre d'eux. Ils avaient certainement quelque chose à m'apprendre même s'ils ne possédaient pas mes connaissances. Ils avaient besoin de moi et peut-être que moi aussi, je pourrais avoir besoin d'eux. Je me souvenais de mes cours de zoologie où l'on disait que tous les animaux ont un rôle à jouer dans la nature. Il devait en être de même des hommes, mais du moins fallait-il leur laisser la chance de s'exprimer.

C'est tout cela qui me remontait à l'esprit et m'ébranlait lorsque je me retrouvais seul. Était-ce un signe de faiblesse de caractère, ou le fort est-il celui qui peut planer au-dessus de tout cela sans s'en préoccuper? Je ne pouvais répondre. Avais-je le droit de prendre à coeur les maux de certaines gens, des inconnus, des passants dans ma vie, pour en faire souffrir d'autres qui étaient plus près de moi? Les soucis financiers s'oublient vite mais les cicatrices causées à des êtres laissés seuls ne s'effacent-elles jamais? Peut-être étais-je de la même race que ces gens, au fond. Que pouvait-on avoir en commun? Au premier abord, bien peu de choses; c'était un milieu que je n'avais jamais connu. Mais l'identité des êtres dépasse largement les limites du cadre social. Ils avaient connu des tourments. J'avais peut-être connu les mêmes: le sentiment de l'abandon des êtres qui vous sont chers, la solitude à l'intérieur d'un groupe auquel on n'appartient pas, l'incommunicabilité des gens qui ne vous écoutent pas, la recherche de l'être qui saura vous comprendre, la déception de l'être qui n'a pas su vous comprendre...

Je leur ressemblais peut-être tellement que je ne pouvais plus les voir quelquefois. Nous ne voulons pas reconnaître les défauts de nos enfants parce que ce sont les nôtres. Quand j'étais à la taverne, j'aurais voulu me retrouver n'importe où ailleurs, mais quand j'étais ailleurs mon esprit retournait avec eux. Le mot souffrance morale pour moi, prenait son plein sens maintenant. C'était un monde que je n'avais jamais connu qui s'ouvrait devant moi. Je m'étais toujours réfugié confortablement dans mon monde à moi, sans soupçonner ou sans vouloir savoir que des gens comme ceux-là existaient. Et pourtant, il n'y avait peut-être pas tant de distance entre nos deux mondes. Dans le mien aussi, la misère existait mais sous une autre apparence. Eux n'avaient pas peur de l'afficher partout cette misère, dans leurs vêtements, dans leur tenue, dans leur langage, tandis que les autres essayaient de la camoufler et de la dissimuler sous le mensonge et la fausseté. Ces gens-là étaient authentiques tandis que ceux que j'avais connus avant étaient d'authentiques menteurs. Savez-vous ce que c'est que d'avoir mal aux tripes à chercher une solution qui ne vient pas et qui n'existe peut-être même pas?

De jour en jour, les questions se bousculaient de même que les événements. J'avais maintenant décidé de la date d'ouverture officielle que j'avais fixée au 15 novembre, c'est-à-dire dans huit jours. Les brasseries commençaient à me signifier leur encouragement. L'une d'elles m'envoya même une gerbe de fleurs: ç'eut été plus de circonstance pour un enterrement. Les clients m'en parlaient à chaque jour, de l'ouverture, bien sûr...

— Mike, t'as besoin d'avoir une bonne réserve de barils ce soir-là, parce qu'on est après se préparer toute une soif pour cette occasion.

J'avais l'intention de servir au bar ce soir-là et peut-être de demander un garçon de plus. Lorsque j'en parlai à Roberto, il me dit:

— Votre place, ce soir-là, c'est parmi les clients, ils veulent vous connaître. Il y en a des nouveaux qui vont venir. Il faut réussir à les accrocher pour qu'ils reviennent. Vous faites la promotion. Je peux vous trouver un barman si vous voulez.

Je trouvais que son idée avait du sens. Il fallait que les clients apprennent à me connaître pour qu'ils reviennent. Il me présenta donc un barman de ses amis qui, selon les apparences extérieures, pouvait faire l'affaire, et je l'engageai pour ce soir-là. Il fallait que je m'occupe des choses à grignoter pour le lunch de la soirée.

— Oubliez pas de faire faire des affiches pour la publicité. Ça prend aussi des prix de présence pendant la veillée. Les gars veulent pas payer mais ils veulent pas retourner chez eux les mains vides: ça aide à justifier leur entrée à la maison.

Je me chargeai donc d'acheter des cigarettes, des cigares, des bouteilles de vin et d'autres choses qui pouvaient être directement pratiques aux gars du bout. Roberto avait apporté des draps, des chemises encore emballées et deux bouteilles de « p'tit blanc ». J'étais content de voir qu'il apportait sa contribution.

Cinq jours avant l'ouverture, je rentre un midi et Roberto me dit:

— Il y a deux détectives qui sont venus ce matin. Ils voulaient vous parler. Ils voulaient mettre le cadenas sur la porte parce que vos affaires étaient pas en règle. J'ai parlé avec eux pour leur dire quelle sorte de gars vous étiez; puis ils ont dit qu'ils attendraient une couple de jours. Ils ont laissé leur numéro et demandent que vous rappeliez. Tenez.

Je me demandais bien ce que ces gens-là pouvaient me vouloir. Il me semblait que tout était en règle chez nous. Je m'empressai donc de communiquer avec le numéro qui m'avait été laissé. Je n'en sus pas plus long. Il fallait que je me présente au bureau en personne et c'était urgent. Lorsque j'arrivai, je constatai que je n'étais pas seul. Quand je me nommai et essayai d'avoir une explication, on me dit: « Allez vous asseoir et attendez. Vous voyez bien que vous n'êtes pas seul ici. » Mon tour n'arrivait pas vite. Quand j'entrai enfin dans le bureau, je fus accueilli chaleureusement en ces termes: « Nom - Prénom - Age - Occupation. » Je voulais savoir ce qui m'arrivait. On me répondit: « On a des formalités à remplir. Le reste viendra après. » Puis ce fut la formalité des empreintes digitales. Peut-être étais-je coupable de quelque crime inconnu, comme dans mon enfance, je m'accusais de péchés que je ne connaissais pas. Puis je retournai m'asseoir et attendre qu'on m'expédie à un autre bureau. Lorsque je mentionnai mon nom, un employé occupé à terminer dans son journal la lecture d'un article assez intéressant pour lui faire oublier le reste du monde, me répondit: « Votre dossier n'est pas encore arrivé. »

Quand, enfin, je pus rencontrer quelqu'un de responsable qui réussit à m'expliquer en quoi consistait mon délit, je sus que j'avais omis de remplir une formule concernant, je crois, la taxe de vente. Évidemment, je ne pouvais l'avoir remplie puisque c'était la première fois que j'en entendais parler. J'avais pourtant eu affaire à des hommes de loi et à des personnes responsables avant d'arriver à cette étape. Pas un ne m'avait mentionné quoi que ce soit. C'était certainement un oubli!

— Vous savez. Vous devez connaître la loi et ses implications. Nous voulons bien faire confiance à votre bonne foi mais vous avez commis une offense.

Je voulais bien me repentir et avoir le ferme-propos de ne plus recommencer, mais je voulais surtout que tout soit réglé. Enfin, on me laissa partir. J'examinai mes doigts encore noirs; j'espérais qu'on n'avait pas commis trop d'oublis de la sorte.

Lorsque je retournai, évidemment, Roberto avait hâte de savoir ce qui s'était passé, si on allait fermer la place. Je lui répondis:

— Formalité de routine. Rien de spécial. Tout est réglé.

On était à la veille de l'ouverture. Fred me dit:

— Il faudrait penser à faire réparer la porte avant. Elle se referme plus seule. Quand elle reste ouverte, les clients se plaignent qu'il fait froid. Quant à moi, ils peuvent bien geler tant qu'ils voudront mais c'est pas très bon pour votre compte de chauffage. Est-ce que tout le reste est prêt pour l'ouverture?

— Oui, je pense bien que j'ai pensé à tout, Fred. Si tu penses à quelque chose, écris-le sur un bout de papier.

— Ce soir-là, laissez-nous faire et occupez-vous des clients. Ça sera le temps de les écouter. Je pourrai vous indiquer lesquels ça vaut la peine d'écouter. Il y en a qui viennent seulement pour avoir la bière gratuitement; il faudrait pas perdre votre temps avec eux. Ces gars-là, on les reverra jamais. Mais il y en a d'autres qu'on pourrait aller chercher; il faudra les supporter même si ça nous écoeure. Ça vaut la peine si c'est un gars qui vient boire chez vous à tous les soirs. Une fois qu'il sera un client régulier, vous pourrez lui dire de fermer sa gueule. L'ouverture, c'est important: c'est le temps de fraterniser avec les gars. Ayez pas peur de leur en offrir de la bière: nous autres, on sera capable de la fournir.

Tom était toujours dans son coin. Il était particulièrement joyeux. On avait accroché les affiches, annonçant la date d'ouverture, les prix à gagner et le reste. Tout était prêt pour le grand jour. Quant à moi, j'avais pris une décision. J'avais réfléchi longuement, j'avais discuté avec mon épouse et nous en étions venus à une décision commune: je ne pouvais plus continuer ce genre de vie. Ma santé physique et morale était en jeu et, plus sérieux encore, la santé de mon foyer. Mes enfants me voyaient rarement et lorsqu'ils me voyaient je n'étais plus celui qu'ils avaient connu. Je devais déjà constater l'échec de mon entreprise. Inutile de vouloir persévérer dans une voie qui n'est pas la vôtre. J'avais vu suffisamment souvent des gens condamnés à endurer pour le reste de leur vie, une situation dans laquelle ils s'étaient embarqués, bien souvent malgré eux en ayant perdu toute ambition, tout espoir. Ces gens-là étaient devenus des légumes qui poussent au soleil mais qui ont perdu toute trace de ce qui caractérise l'homme; et le plus grand malheur, c'est que souvent ils avaient affaire à mener d'autres hommes. Je me voyais entraîné et je ne voulais pas me laisser faire: il fallait que je me secoue, et vite. J'avais voulu améliorer le sort de ma famille et j'étais en train de la dissocier par le vide que je créais chaque jour. J'avais voulu apporter quelque chose de moi-même aux hommes que je côtoyais et c'étaient eux qui m'arrachaient mes illusions, chaque jour. C'était peut-être abandonner très vite et manquer de persévérance, mais instinctivement, j'avais senti dès les premiers instants que ce n'était pas ma place et qu'il fallait que j'en sorte avant qu'il ne soit trop tard, blessé peut-être mais plus riche de l'expérience des autres et de la mienne.

Ma décision était prise. Le jour de l'ouverture officielle, la taverne était à vendre. Je ne voulais en faire part à personne. J'entends d'ici les clients qui m'auraient dit:

— Eh, Mike, on fête l'ouverture ou la fermeture? T'as pas été capable de nous endurer longtemps...
Je tenais à garder la plus grande discrétion à ce sujet.

Le soir de l'ouverture, les clients commencèrent à affluer de bonne heure. Il y en avait plusieurs qui auraient aimé qu'on serve de la bière gratuitement dès l'après-midi. Mais je savais que j'aurais eu tellement de gars saouls rendu au soir que ça aurait pris l'escouade anti-émeute pour réussir à les asseoir.

Je n'avais jamais vu autant de gars inconnus. Il en venait de partout. Je circulais parmi les clients et chacun voulait me parler. De temps à autre, je devais m'asseoir avec un groupe et leur payer une tournée.

— Mike, toi, t'es un maudit bon gars. Des tout-nus comme nous autres, tu comprends ça. T'es bien plus haut que nous autres, puis tu viens t'asseoir quand même. Le gars avant toi, il nous traitait à coups de pied dans le cul; j'veux dire, il voulait rien savoir de nous autres. Nous autres, on a décidé d'aller boire ailleurs. À soir, on s'est dit, on va aller faire un tour. J'suis content de rencontrer un bon gars comme toi. Nous payes-tu une autre bière, Mike? Je peux te dire une chose, c'est qu'à partir de maintenant, notre place est ici, puis pas ailleurs. Je te garantis que ta place, elle va remonter, ça sera pas une traînerie. Tu sais, nous autres, on était des bonnes tasses. Le vendredi soir, quand on s'assoyait ici, la laveuse de vaisselle avait de la misère à fournir. Puis une fois, parce qu'il y en avait un du groupe qui parlait trop fort, il s'est fait dire: « Toi, le maigre, ferme ta gueule puis bois. » Mais moi, je pense qu'un bon client, il a le droit de se laisser aller un peu une fois de temps en temps. On a assez de se faire fermer la gueule où on travaille puis bien souvent à la maison, si on s'en vient ici, c'est justement pour pas que ça soit pareil. On a pris nos claques, puis on s'est en allés ailleurs. En fermant la porte, on a crié au grand cave: « Mange de la marde. » Lui, il s'en maudissait bien, la place était même pas à lui. On est content de revenir ici, à soir. C'est un événement, il faut fêter ça. Envoie-nous donc une bonne bière, Mike.

— O.K. les gars. Excusez, il faut que j'aille voir les autres, puis m'occuper du tirage. J'espère vous revoir bientôt.

— T'as pas besoin d'avoir peur, tu vas nous voir souvent, Mike. T'es un bon gars. Bonne chance. Je sais que tu vas aimer ça ici. Tu t'arranges bien avec les clients. À ta santé.

Quand les gars achetaient de la bière, on leur donnait un billet pour le tirage. À intervalles réguliers, on faisait tirer une tournée de bière, une bouteille de vin, des cigares. Aussitôt qu'il y avait des nouveaux

clients qui entraient, on leur envoyait une tournée. Je reconnaissais beaucoup de clients réguliers. Tous essayaient de me mettre le grapin dessus
parce qu'ils savaient qu'alors je leur paierais une tournée.

J'avais invité aussi quelques-uns de mes amis qui étaient au
courant de ma situation. Ça leur faisait extrêmement drôle de me voir
plongé dans ce contexte. Mais ce qu'ils ne savaient pas, c'est comment
moi, je me sentais. J'essayais d'être poli et d'écouter les balivernes de
chacun mais je savais fort bien que dans la plupart des cas, c'étaient des
discours d'ivrognes. Tous les nouveaux clients me juraient qu'à partir de
maintenant, il n'y aurait plus d'autre place pour eux.
— Mike, paye une tournée, puis on va te dire des choses.
Je les écoutais mais le même maudit sermon, je l'ai entendu, je ne sais
combien de fois dans la veillée. Mes amis me disaient:
— Assis-toi quelques instants. Arrête de courir. Tu vas te faire mourir.

Tom n'avait jamais eu autant de bière devant lui. Tout le monde
le connaissait, anciens et nouveaux. Chacun voulait lui payer une bière. Il
avait délaissé l'appareil de télévision pour échanger avec des amis. Les
waiters étaient très occupés. Roberto n'avait pas fait tirer ses objets et
pourtant je constatai qu'ils n'étaient plus là. Plusieurs prenaient aussi une
bouchée parmi les choses qu'on avait distribuées aux tables mais je crois
qu'il y en avait autant par terre que dans les estomacs.

Vincent chantait à plein pouvoir. Le grand David se promenait
d'une table à l'autre. Charly, Brad et Bob étaient ensemble. Je n'ai jamais
vu autant de bière placée devant trois gars. Je pensais qu'il y en avait assez
pour fournir tout le monde de la taverne et pourtant après un certain temps,
il ne leur restait plus rien et ils me réclamaient encore. Un moment donné,
Brad se retrouva tout seul et il commença à me parler de sa femme et à me
montrer une photo de sa petite fille avec laquelle elle avait foutu le camp.
Mais il était passablement éméché et, de toute façon, ce n'était pas le temps
d'entreprendre des conversations très profondes avec tout le vacarme qu'il
y avait à l'intérieur. Ça chantait, ça hurlait, ça braillait: les gars étaient
debout partout et les waiters avaient peine à fournir, que la tournée soit
payante ou gratuite.

C'est là que je rencontrai Marc: les gars l'appelaient Ti bumm. Il
était avec son ami, une espèce de gorille dépourvu de toute trace sensible
d'intelligence. Le plus petit avait l'air traqué, le regard sournois. Un client
dit à Ti bumm en le voyant:
— T'es barré partout. Dis-moi pas que tu vas te trouver une place chez
Mike.
Je n'eus pas l'occasion de lui parler tellement à part quelques formalités,
car il était très renfermé et n'avait pas l'air de vouloir parler. Le gros était

plus joyeux mais n'avait rien de sensé à dire. Les deux ne se mêlèrent pas au groupe et les autres n'avaient pas l'air intéressé à les voir se joindre à eux.

La plupart des clients s'amusaient ou du moins le laissaient voir. Il n'y avait que Gaspard dans son coin qui avait l'air taciturne et songeur. Et pourtant, j'avais remarqué qu'il ne buvait pas tellement. Lorsque je lui offris un autre verre il me dit:

—Mike, il faut que je rentre. J'en ai déjà assez.

Et je constatai qu'il avait de la difficulté à parler. Il me laissa perplexe. Je l'avais déjà vu, mais il était toujours retiré et triste. Il échangeait peu.

Arthur était là qui me donnait son bout de monologue à intervalles réguliers. J'aurais voulu pouvoir lui consacrer plus de temps mais on me tirait dessus de part et d'autre. Il faisait pitié, le pauvre. Presque personne ne voulait de lui: il avait peut-être trop à dire, ça embêtait les gens.

Christian et Roch étaient là depuis très tôt. Ils avaient consommé une quantité incroyable de grosses. A un certain moment, je crus qu'ils étaient pour se chicaner mais le tout resta au niveau des mots. D'ailleurs il n'y eut aucun accrochage ce soir-là. C'était un soir de gaieté pour presque tous. Il n'y eut que des voix élevées, ce qui était tout à fait normal. On se dépêchait de leur envoyer une tournée et les gars finissaient ordinairement en se disant:

— Toi, t'es un maudit bon gars, un maudit bon gars.

J'eus à aller à la toilette durant la veillée. Il y avait un type qui était étendu par terre, saoul mort. Il avait encore son dix onces à la main, puis il se roulait dans sa vomissure. Je ne l'avais jamais vu. Je finis par comprendre qu'il disait:

— Emmenez-moi le maudit cochon qui m'a vendu ça.

J'essayai de le nettoyer un peu avec un autre client, puis de lui envoyer de l'eau à la figure pour le ramener. Un type qui vint à la toilette me dit qu'il ne restait pas loin. Alors on réussit à le mettre sur pied et à le conduire à l'extérieur. Il dut certainement faire une entrée triomphale à la maison.

Vint le temps de la dernière tournée. J'étais exténué. Il fallut couper court. Chacun voulait me serrer la main, m'assurer de sa fidélité et de son retour. Tom me dit:

— That's the best party I've ever had, Mike.

Je vis partir David et Vincent par le cou. Ils chantaient. Vincent avait peine à se tenir debout.

Il nous restait pas mal de travail avant de quitter: nettoyage et comptabilité.

Enfin, je me retrouvai seul. J'étais fourbu. Est-ce que j'avais contribué à apporter quelque chose à ces gens dans leur vie ou ne s'étaient-ils encore enfoncés que davantage?

Il était 2 heures 30. J'essayai de me rappeler tout ce qui s'était passé, ce que j'avais pu dire aux gens ou ce qu'ils avaient pu me raconter mais j'étais incapable de retrouver quoi que ce soit. Je me revoyais tiraillé ici et là, essayant de plaire à tous mais ne réussissant à connaître personne. Je revoyais ces visages remplis de l'illusion d'un soir, cette fausse gaieté qui donne aux traits l'apparence d'un sourire qui ne dure qu'un temps très éphémère et qui ne peut réussir à déjouer le regard de celui qui l'a déjà connu. Ça me rappelait un peu ces jours de fête qu'on connaissait au pensionnat, jours de fêtes de toutes sortes qu'on organisait par exemple, à l'occasion de Noël, ou d'autres fêtes importantes. On passait des jours à se préparer et à répéter. Pour nous, c'était des moments très importants. Chaque classe préparait son petit numéro. On en rêvait pendant des jours, on en parlait ensemble comme quelque chose d'extraordinaire, on essayait de garder le secret à l'intérieur de notre classe pour que les autres ne s'inspirent pas d'une idée aussi géniale. Il nous semblait que l'école parlerait pendant des mois de « notre » numéro. On était fiers de notre réalisation et c'était, peut-être, les seuls moments où le mot classe ou groupe prenait vraiment son sens. Chacun avait son rôle à jouer et c'était avec hâte et nervosité qu'on attendait de se présenter devant toute l'école. Puis tout à coup à la veille d'entrer en scène, on regrettait presque de s'être embarqués dans ce bateau. On n'avait plus envie d'avancer et pourtant il était trop tard. On connaissait alors les trous de mémoire pendant qu'un élève en coulisse vous chuchote la mauvaise ligne et que tout le monde éclate de rire au milieu d'une scène de grande tristesse, un décor qui s'effondre pour révéler un petit gars en train de tenir un rideau avec une perche, un comédien qui entre en scène au mauvais moment et toutes sortes de petits embêtements du genre qui n'empêchaient pas les applaudissements de la fin mais qui nous rendaient le coeur gros comme ça de ne pas avoir réussi comme nous l'avions imaginé. Ça pouvait être aussi la visite des parents, par exemple, que j'attendais toujours avec beaucoup d'impatience. J'avais tellement de choses à leur dire et surtout j'avais à leur dire que je ne voulais plus rester là, que je souffrais, que je m'ennuyais désespérément, que je voulais recommencer à vivre comme avant, que le château que j'avais imaginé n'était pour moi qu'une prison qui m'étouffait un peu plus chaque jour. Je savais par coeur tout ce que j'allais leur dire: j'y avais tellement pensé. Je savais que pour moi, cette vie achevait et je songeais à ce moment de fête où mes parents arriveraient et me ramèneraient chez moi où je pourrais retrouver ce que j'avais déjà connu. Je n'en voulais plus des montagnes qui n'existaient pas et des ruisseaux qui n'étaient que des flaques d'eau sale. Ce que je voulais surtout retrouver, c'était quelqu'un sur qui je pourrais m'appuyer moi aussi comme Luc l'avait fait avec Lise. Je comptais les jours qui me séparaient de la visite de ceux que j'aimais et qui viendraient me délivrer. Avec quelle anxiété, j'attendais ces moments délicieux. Et pourtant lorsque je me retrouvais devant eux, ma gorge se serrait et j'étais comme paralysé. Je ne pouvais plus rien dire et il me semblait même que mes parents n'étaient pas ceux que j'avais déjà connus. Ceux que j'avais connus auraient compris sans que je parle tout ce que j'avais à leur dire et pourtant, eux étaient devant moi et ne semblaient pas comprendre tout ce qui était bloqué dans ma gorge et refusait de sortir. Il m'était alors d'autant plus pénible de me retrouver seul par la suite et de revivre les instants que j'aurais voulu connaître et ceux que j'avais connus effectivement.

VI

Lorsque je me retrouvai chez nous, j'étais encore plus déterminé à vendre. Ce que j'avais connu ce soir-là, n'avait servi nullement à m'encourager. Je faisais des cauchemars où je me retrouvais seul au fond d'un ravin: au-dessus de moi, je voyais des figures monstrueuses qui me regardaient et riaient de me voir ainsi. Puis tout à coup, parmi ces figures, je reconnaissais mes enfants qui se moquaient de mon malheur. Je me réveillais tout en sueur puis je n'osais me rendormir de peur de continuer le même horrible rêve. J'avais l'impression que personne ne pouvait m'aider à sortir de ce pétrin. À ceux qui auraient pu m'aider, je n'osais en parler de crainte de les entraîner avec moi: ma femme était de ceux-là. Mais il y a des choses qui se sentent sans se dire. Elle sentait bien que ça n'allait pas. Mais moi, je me refermais; je me sentais tellement responsable.

On vivait maintenant avec un nouvel espoir: celui de vendre et de pouvoir recommencer à vivre. Mais on s'était en même temps créés une nouvelle activité: vendeurs de commerce. Et ce n'est pas la plus reposante. Je ne pensais jamais qu'autant de gens se montreraient intéressés. On devait répondre aux appels et apporter toutes les informations imaginables: c'était ordinairement le rôle de ma femme. Si elle n'avait été là, je serais devenu alors complètement fou. Moi, je devais faire visiter l'endroit aux gens intéressés, de façon discrète et le seul temps pour cela était le dimanche après-midi. Je devais faire visiter l'endroit à l'acheteur éventuel et lui expliquer le fonctionnement en détail et souvent après trois heures d'explications, le bonhomme en question me disait:
— Je ne songeais pas tellement à un endroit comme celui-ci. C'est d'abord beaucoup trop cher pour mes moyens. Je vous remercie tout de même de votre gentillesse.

On perdait ainsi un temps précieux et c'était extrêmement déprimant. Je me demandais comment je continuerais à tenir le coup. Mon travail s'en ressentait. Je ne pouvais donner mon plein rendement. J'avais toujours été très exigeant pour moi-même et je me sentais coupable de ne pouvoir donner tout de moi-même. La plupart des gens qui venaient visiter n'étaient que des curieux. Ils voulaient savoir comment ça fonctionnait une taverne, comment c'était fait un baril de bière, combien ça coûtait la bière dans le gros, combien on pouvait faire de profit avec un tel commerce. Les questions étaient abondantes et futiles et encore fallait-il être constamment de bonne humeur. Il ne me restait plus aucun temps libre à part mes nuits d'insomnie: et encore n'était-ce pas du temps libre puisque j'étais prisonnier de mes sombres pensées.

Chaque fois que j'arrivais à mon commerce, soit le midi soit le soir, j'y arrivais avec appréhension, me demandant quel nouvel incident se produirait.

Le lendemain de l'ouverture officielle, lorsque j'arrivai, il y en avait qui continuaient à fêter l'ouverture. Ça chantait dans la place. Le grand David était debout: il se promenait d'une table à l'autre et payait des tournées. Quand j'entrai, il dit:
— Tiens, ça fait assez que je paye, celle-là, c'est le patron qui la paye.
Fred vint me dire:
— Il est ici depuis le matin et il paye la bière à tout le monde. Il faudrait que vous payiez un coup.

Ce qui fut fait sur le champ. C'est alors que David vint me voir.
— J'ai eu un téléphone intéressant. J'ai un contrat de peinture qui m'attend. Ça fait un mois que j'ai pas travaillé, puis je commençais à trouver le temps long. C'est un maudit bon contrat: ça vaut la peine de fêter ça. Je commençais à me demander si j'étais pour être obligé d'arrêter de boire. La mère à la maison commençait à me parler raide un peu. Aujourd'hui, je suis content. Tiens, patron, prends une bière à ma santé. Oui, oui, c'est moi qui la paye.
Pas moyen de refuser. Non seulement ça, il a fallu que je la boive d'un trait puis il m'en paya une autre. Il sortit alors de l'argent de sa poche pour me dire:
— Quand je suis entré chez moi ce matin, j'ai eu un téléphone d'un type qui voulait que j'aille le rencontrer. J'étais pas en très grande forme, il y avait encore un peu de brouillard dans la maison, mais j'ai pris une bonne douche, une couple de cafés et puis je devais pas être si pire parce que le gars m'a donné le contrat. C'est une maison à appartements. Ça représente de l'ouvrage pour un bout de temps. Il m'a donné une avance sur le travail. Je peux pas garder tout ça dans mes poches. Il faut que j'en dépense un peu. Puis, j'aime autant le dépenser ici parce que t'es un bon gars, Mike, un maudit bon gars. Les gars te le disent pas assez, mais moi je le sais. T'es un gars comme nous autres. Je t'ai jamais vu envoyer un de nous autres chez le diable. Excuse-moi si je parle croche un peu, mais toi pendant ce temps temps-là, ça te rapporte; l'argent rentre. J'ai pas fini de dépenser. Ça va aller jusqu'à la fin de la veillée. Tu m'as pas connu dans mon meilleur temps, toi, Mike. Quand je rentrais ici, le garçon remplissait la table de verres. Il restait pas de place pour en mettre un de plus. Là, j'en prenais six d'un trait; après ça les gars venaient me rejoindre pour venir m'aider un peu mais j'en prenais régulièrement dix à l'heure. À présent, je vieillis puis je suis moins capable. Mais aujourd'hui, je veux me rappeler le bon temps.

Les amis vont en profiter. Mais oublie pas de payer quelques tournées, Mike. Tu vas voir que tu le regretteras pas. Maudit, que la langue me fourche. En parlant de langue, Mike, est-ce que je te l'ai déjà montrée?

Il se sortit la langue. Je n'avais jamais rien vu de tel dans ma vie. C'était une espèce de palette d'une envergure incroyable et il pouvait faire ce qu'il voulait avec cet instrument. Il se tourna vers ses amis et se mit à la plier, la rouler, la dérouler, en faire tourner les rebords, la mettre ronde ou plate. Les autres se tordaient de rire. L'un d'eux lui dit:
— T'as dû en faire des heureuses avec un pareil torchon, David.
Il me dit en venant me rejoindre au bar:
— Je te gage que t'as jamais vu un phénomène comme ça dans ta vie, Mike. Il faut que je t'en conte une bonne pendant qu'on est tout seul. Tiens, Arthur, je te paye une bière, puis sacre ton camp à la table. Laisse parler les adultes ensemble.
Arthur ne se fit pas prier.

À ce moment-là entrèrent Ti bumm et son gorille. Le petit alla s'asseoir, puis le gros vint me trouver avec un sourire béat. Il me tendit la main.
— Salut, patron. Je suis content de te voir. C'était une belle soirée hier. T'es un sacré bon gars d'avoir fait ça. Nous autres, notre place est ici à partir de maintenant. Tu me connais pas mais tu vas voir qu'un gars qui me connaît, il le regrette jamais. Si jamais, je peux t'aider, t'as juste à m'appeler. Regarde mes poings: celui qui reçoit ça dans le front, il s'en rappelle pour longtemps.

Le gars me faisait peur. Il me serrait la main et il me faisait mal. De plus, il me fixait d'une façon qui voulait dire: « T'es mieux d'être avec moi parce que si jamais t'es contre, ça risque d'être dur pour toi. » Je lui glissai quelques mots d'encouragement mais il ne me laissait toujours pas. David lui dit:
— On voudrait parler ensemble.
L'autre le regarda d'un air féroce.
— Tu veux pas que je parle à un ami, un bon gars comme ça? On va régler ça tout de suite, tu vas voir. Moi quand je rencontre un gars comme Mike, je veux parler avec lui. Tu penses peut-être que j'ai mon voyage. Viens avec moi dehors, tu vas voir qu'on va régler ça vite.
David n'avait pas peur, mais ce n'était pas sa journée pour se battre. Il me lança un clin d'oeil:
— Écoute, il faut que je parle affaires avec Mike. C'est sérieux et puis on voudrait pas être dérangés. C'est pas parce que tu nous déranges mais c'est confidentiel. Tu reviendras un peu plus tard si tu veux parler à Mike. Tiens, je vais te payer deux bières, puis va t'asseoir avec Ti bumm.

Il avait un air qui sortait du réel. Il esquissa un sourire et dit:

— Toi aussi, t'es un bon gars. Tu comprends le monde. Tu le savais que j'avais soif. Dans le fond, je voulais juste t'agacer. Ça me fait plaisir de rencontrer deux bons gars dans la même journée.

Il nous regarda tous deux dans les yeux de façon très étrange puis alla s'asseoir avec l'autre. David continua:

— On est pas capable de boire en paix avec des gars comme ça. On vient ici pour s'amuser puis on rencontre des maudits emmerdeurs publics. C'est pas surprenant que ces deux-là, ils sont barrés partout. Tu devrais maudire ça dehors, Mike. Tu endures n'importe qui ici. Moi, il faudrait pas que je sois à ta place parce que je te ferais tout un nettoyage. De la rapace, il en resterait plus. Même Tom, je le maudirais dehors. Regarde-le, avec ses quatre bières devant lui. Il est heureux de s'être fait payer ça. Ah oui, j'avais commencé à te conter quelque chose. Hier soir, quand je suis parti d'ici, je suis parti avec un de mes amis. J'étais pas mal gai mais lui, il était saoul comme une botte. J'aime autant pas que tu saches qui c'est. J'avais de la misère à le traîner. Je me suis dit: je vas aller le reconduire chez lui. Il chantait à plein pouvoir. Pas moyen de lui faire fermer la gueule. Il faut dire que moi aussi, je chantais pas mal fort.

Christian et Roch venaient d'entrer. David leur envoya chacun un verre mais Fred revint avec les verres et dit:

— Ils boivent juste de la grosse. David répondit:

— Donne-moi les deux verres puis apporte-leur chacun une grosse. C'est moi qui paye. Il salua les gars de la main, goba un de ses verres d'un trait et poursuivit:

— On a réussi à se rendre chez lui. Mais il fallait monter l'escalier, c'est-à-dire qu'il fallait que je le monte. Rendus en haut, il fallait absolument que je rentre avec lui: il voulait m'offrir un verre. Je me demandais bien où il pourrait le mettre son maudit verre: il était plein comme un oeuf. Je me retrouve à l'intérieur. Mon gars chantait, puis il avait de la misère à se tenir debout. Sa femme lui crie: « Ferme ta gueule, tu vas réveiller le petit, puis moi, je veux dormir. » Là, il a commencé à me dire que je devrais rester à coucher là. Il avait de la place dans son lit, sa femme était couchée dans l'autre chambre. La première chose que j'ai sue, il était couché sur la table puis il dormait.

Ti bumm s'était levé puis était venu me trouver. Il me dit:

— Je voudrais vous parler.

David lui dit:

— On est après parler d'affaires ensemble. Laisse-nous tranquille.

— Je veux parler à Mike. Il faut absolument que je parle à Mike.

Fred arriva en trombe et me demanda:

— Est-ce qu'il vous dérange? Si vous voulez, je vas le mettre dehors.

— Non. Laisse-le faire. Excuse, David. Je reviens dans une minute. J'avais un espace à l'arrière qui m'était réservé. J'ouvris la porte et je laissai entrer Ti bumm. Je ne refermai pas la porte.

— Écoutez. J'ai pas un sou, puis je veux payer de la bière aux autres gars. J'aime ça venir ici. Prêtez-moi $10. Je vas vous le rapporter la semaine prochaine, lundi, mardi au plus tard.

— Écoute, Marc, je ne te connais pas, à part ton nom. Tu ne venais jamais ici avant. Je ne peux pas prêter de l'argent comme ça. C'est un commerce que j'ai, pas une maison de finance.

— C'est bien important pour moi. Je veux revenir ici, puis que les autres me regardent en face. Vous pouvez pas vous tromper avec moi. J'ai un ouvrage régulier. Je vas vous laisser ma carte d'assurance sociale. Prêtez-moi seulement un $5 si vous avez peur. J'ai des amis puis vous allez voir que je vas vous amener du monde.

Le petit gars me faisait pitié, il avait l'air tellement dérouté, puis il me faisait peur à part ça. À chaque phrase qu'il prononçait, on se demandait s'il était menaçant ou suppliant. Il m'avait frappé la veille, retiré dans son coin, avec un air, un air que je ne pouvais identifier exactement. Il m'était impossible de le saisir pour le moment. Au moment où tout le monde semblait s'amuser, lui se renfrognait, puis tout à coup, il décidait que lui aussi voulait participer à la fête quand celle-ci semblait vouloir s'éteindre ou du moins avait perdu de sa vivacité. Il m'avait surpris en me vouvoyant. Je crois que c'était le seul à date, à part Arthur peut-être, qui ne m'avait pas tutoyé instinctivement. Je mis ma main dans ma poche et je sortis un $5. Ses yeux s'éclairèrent.

— Vous le regretterez jamais, vous allez voir. De toute façon, c'est pour dépenser chez vous. Vous êtes pas perdant. J'oublie jamais quelqu'un qui me fait quelque chose, que ce soit bon ou mauvais: dans les deux cas, il se souvient de moi pendant longtemps. Je suis pas le plus costaud, puis je suis pas le plus brillant, mais je suis prêt à faire n'importe quoi pour un ami et puis un gars qui fait ce que vous venez de faire, pour moi, c'est un ami.

Il se dépêcha à commander une tournée pour tout le monde, y compris le waiter et moi. Fred était surpris et David encore plus. Ils ne comprenaient rien de ce qui se passait. Jamais personne n'avait parlé à Ti bumm, sauf pour lui dire de sortir au plus vite. Lui, non plus, n'avait jamais adressé la parole aux autres et tout à coup, il se mettait à payer la bière à tous. C'était à n'y rien comprendre.

— Tu devrais pas parler à un Ti bumm comme ça, Mike. Il va te faire du trouble. Sa maudite bière, j'ai même pas envie de la boire. Je vas la boire parce que c'est toi qui l'as servie, Mike. Où j'étais rendu dans ma maudite histoire? Pour moi, je la finirai jamais!

— Tu étais à me dire que ton ami s'était endormi sur la table.

—Ah oui! Je l'accroche par les épaules puis je l'emmène dans sa

chambre avec peine et misère pendant qu'il marmonnait: « Reste avec moi, David. » Je le couche, puis je me couche à côté. De toute façon, j'étais plus tellement en état de m'en retourner et puis, rentrer un peu plus tôt ou un peu plus tard, de toute façon, j'étais pour me faire engueuler. Mon gars dormait et ronflait comme un démon. Je me suis endormi aussi, ça pas été une traînerie, même si ça tournait un peu dans sa chambre.
Fred vint me dire:

— Christian est pas mal tannant. Il dérange les clients alentour. Servez-lui plus rien parce que ça va finir mal. Il nous a jamais donné de trouble mais là il commence. Moi, je veux plus le servir.
David continua:

— À un moment donné, j'étais dans un demi-sommeil, ou bien à moitié saoul comme tu voudras, puis je me sens bouger le milieu du corps. Je savais pas trop ce qui se passait, je me demandais si je rêvais. Quand j'ai vu que je rêvais pas, j'ai d'abord pensé que c'était mon gars à côté de moi. Ça m'aurait surpris que ça aurait été un maudit fifi parce que ça avait jamais été un de ce genre-là, au contraire. Mais il aurait pu me prendre pour sa femme, tu sais. Par le temps que j'ai réalisé ce qui se passait, j'étais après me faire travailler le moignon. J'étais quand même pas assez saoul pour pas que ça réagisse. Un message comme ça, ça faisait longtemps que j'avais pas connu ça. J'ai bien vu qu'il y avait quelqu'un à côté du lit. Mon autre, à côté de moi, il ronflait comme un bon; moi, j'avais pas envie trop trop de me défendre, tu sais. J'étais pas en condition pour ça, puis c'était pas mauvais. Puis, je me suis mis à me faire pomper: je pensais que les entrailles étaient pour me sortir. Un vrai aspirateur. Puis là, j'ai vu que j'étais pas si saoul que ça, parce que j'ai senti ça partir. À quelle place que ça a été, j'en ai aucune idée. Je me suis laissé aller puis je me suis senti bien fatigué. Là, je commençais à voir un peu plus clair, j'ai vu la maudite vache de putain se lever. Elle a ouvert sa robe de chambre, puis elle s'est approchée de ma figure. J'ai regardé ça, j'ai eu mal au coeur, je me suis tourné de l'autre côté et je me suis endormi. Je suis sûr qu'il t'est jamais arrivé rien de pareil, Mike, hein?

C'est à des moments comme ceux-ci qu'il me revenait des souvenirs à l'esprit. C'était vraiment curieux. Je me demandais d'où ils pouvaient venir ainsi car je n'y avais jamais repensé avant. Je pouvais être en train de servir un client ou même de l'écouter parler quand une image m'apparaissait. Je crois que ça ne durait que quelques secondes et pourtant toute une séquence se déroulait comme si j'avais été en train de revivre ma vie. C'était souvent des souvenirs que j'aurais préféré oublier à jamais.

On avait à s'occuper à des petits travaux de toutes sortes au pensionnat: vaisselle, ménage des classes et autres. On plaçait ensemble des élèves des petites classes avec des « anciens », c'est-à-dire des gars de cinquième ou sixième année. Ordinairement le plus vieux s'arrangeait pour vous donner la partie la moins intéressante du travail. Ce jour-là, j'avais été assigné au ménage d'une classe avec un grand de sixième. Il me faisait épousseter les bureaux, les armoires et les bords de tableaux, pendant que lui, faisait le balayage. J'étais grimpé sur un bureau, sur la pointe des pieds pour rejoindre le dessus d'une armoire, lorsque en venant pour me tenir, il m'avait mis la main sur le sexe, l'espace d'un instant. J'étais devenu rouge et j'avais ressenti une drôle de sensation peut-être pour la première fois. Puis peu après, lorsque j'étais redescendu, le grand gars s'était montré à moi en me demandant: « Est-ce que t'as déjà joué avec ça? » J'étais demeuré paralysé et je n'avais pu lui répondre, surtout qu'on était toujours impressionnés par les «anciens». «Tu sais, ça peut servir à autre chose que ce que tu penses. Tu vas voir que tu vas aimer ça. Montre-moi un instant. » Puis je me souviens que j'avais eu peur, que je m'étais sauvé en courant et que j'avais été raconter tout ça à la direction. Le pauvre gars avait eu droit à une punition exemplaire et moi, j'avais eu droit aux railleries et aux moqueries des grands. Mais par la suite, lorsque je me retrouvais seul dans le grand dortoir noir et que je sentais ma gorge se serrer et mes yeux devenir humides, lorsque les images de chez nous se mettaient à m'envahir et que je revoyais tout ce que j'avais perdu, lorsque je revoyais mon petit copain appuyant sa tête sur la poitrine de Lise en poussant de gros soupirs et que je pensais que je devais attendre encore au prochain mois avant de pouvoir supplier les miens de me sortir de cet endroit qui m'étouffait de plus en plus, alors je m'arrangeais pour retrouver les sensations que le grand gars m'avait fait découvrir.

Je me demandais quelle partie de l'histoire de David était réalité et jusqu'où allait le rêve ou l'imagination. David semblait tellement heureux de m'avoir conté son histoire que je m'imaginais lui avoir apporté quelque chose en l'écoutant. Que ce soit vrai, que ce soit faux, quelle importance cela pouvait-il avoir? Il avait trouvé quelqu'un à qui parler sans se faire dire: « Maudit David, tu rêves encore éveillé. Prends une bière puis reviens sur la terre. Tes histoires, on les a assez entendues. Ça tourne toujours autour de la même chose. Est-ce que tu les imagines quand tu es couché ou pendant que tu prends ta bière? » C'est probablement pour ça qu'il était venu me la raconter à moi plutôt que de la conter aux autres qui l'avaient peut-être déjà entendue celle-là, depuis longtemps.

À ce moment, Vincent entra avec sa voix de tonnerre. On ne pouvait le manquer lorsqu'il arrivait. Il saluait tout le monde.

— Salut, Mike. On a eu un bon party, hier. J'ai le bloc pas mal handicapé. Salut, David. J'en ai perdu des bouts, hier. Je me rappelle très bien des tournées que t'as payées, Mike, et des tirages. Je me rappelle un peu moins bien de ce qui a suivi. Je sais qu'on s'est bien amusés: ça chantait, ça riait puis ça buvait en masse. Je me souviens pas très bien si j'ai gagné quelque chose à part un mal de tête. Je me rappelle vaguement que t'es venu me reconduire, David. Après ça, je me rappelle plus de rien. Pourtant, j'étais pas si saoul que ça. Ça a l'air que t'as couché à la maison parce que ma femme avec sa gueule de bois m'a demandé qu'est-ce que ça voulait dire que t'étais parti puisqu'on t'avait pas vus.

David lui répondit:

— J'ai pas envie de parler, Vincent. Moi aussi, j'ai un maudit mal de tête et puis j'ai plus envie de fêter aujourd'hui. Viens t'asseoir. J'ai envie de payer une bière à un ami.

VII

Le samedi soir, je restais jusqu'au moment où j'étais certain qu'il n'y ait pas de difficulté, c'est-à-dire environ 21 ou 22 heures; quelquefois, je devais rester jusqu'à la fermeture. C'était toujours tranquille le samedi soir. Je n'ai pas besoin de vous décrire ceux qui étaient là. C'étaient des pauvres types qui n'avaient aucun endroit où aller ou qui n'étaient même pas chez eux dans leur demeure. C'était une soirée plutôt triste le samedi soir. On retrouvait toujours les mêmes clients qui regardaient ordinairement le hockey à la télévision. Ils s'amusaient à prendre quelques gageures entre eux: les perdants devaient payer la bière aux gagnants. Il y en avait qui étaient devant la télévision mais qui ne regardaient rien. Les entrées et les sorties étaient rares. Ceux qui étaient là y demeuraient toute la veillée. J'en profitais pour m'esquiver le plus rapidement possible. Ma voiture était toujours garée à l'extérieur dans la ruelle non éclairée. Je m'y rendais toujours avec crainte et précaution. Je ne savais jamais ce qui pouvait m'attendre. Je pris donc l'habitude de regarder derrière mon siège avant de m'asseoir dans ma voiture; cette habitude devait ne jamais me quitter par la suite. J'avais toujours très hâte de sortir de ce coin maudit. Je m'en allais directement à la maison ou bien j'arrêtais prendre une bière bien tranquille dans un endroit bien tenu. Là, je pouvais rester un bon moment devant cette bière, qui n'avait pas le même goût que chez nous, à revivre certains événements ou à essayer de les oublier: c'était paradoxal, comme la vie, faire le plein pour essayer de faire le vide. Je rentrais très tard et ma maison n'était plus ce que j'avais essayé d'en faire: un foyer. Les soucis engendrent les soucis de même que des monstres peuvent donner naissance à des monstres. Ma femme essayait parfois de me rejoindre à la taverne avec la meilleure intention du monde et je n'étais plus là. Évidemment, elle ne pouvait comprendre que je n'étais pas pressé de lui rapporter mes soucis. Je préférais entrer lorsque tous étaient couchés tel un cambrioleur qui profite de la noirceur pour se glisser furtivement. Alors, elle se mit à imaginer toutes sortes d'histoires qui ne servaient qu'à élargir le fossé entre nous. On se réfugiait alors dans le monde du silence et c'est le plus horrible qui puisse exister où chaque soupir prend une signification, où chaque geste devient une interprétation. On se guette, on s'épie, on se démolit intérieurement. Et, comme le feu démolit en un instant ce qui a pris des années à s'édifier, on voit avec effarement sa vie s'effondrer. Tels étaient les sentiments qui me rongeaient à cette période.

L'hiver était maintenant venu avec tout ce que cela peut représenter de misère. La plupart de mes clients étaient mal habillés et avaient
froid.

La brasserie qui était censée « me signifier sa générosité », selon
les termes même du représentant, ne m'avait pas donné signe de vie, sauf
pour l'ouverture. J'avais pris contact avec le représentant qui m'avait
renouvelé ses promesses. Une semaine plus tard, comme je n'avais aucune
nouvelle, je décidai de ne plus les encourager. Un seul problème: c'était de
loin la brasserie la plus importante en ville et même au pays. De toute
façon, je dis à Roberto et à Fred:
— À partir de maintenant, je ne veux plus voir entrer un de leurs barils,
ici. Compris?
— Vous êtes le patron, mais j'ai l'impression qu'on fait une erreur.
Vous savez qu'ils sont très forts. Ça peut vous causer du trouble auprès des
clients. Je pense qu'on a plus besoin d'eux qu'ils ont besoin de nous autres.
De toute façon, vous savez ce que vous avez à faire.
— Ils m'ont fait une saloperie. Je veux leur montrer que je suis indépen-
dant.

Quand le gars du camion se présenta, je n'étais pas là. C'est Fred
qui y était. Le gars avait commencé à descendre ses barils par le soupirail.
Fred s'empressa de lui dire:
— Le patron fait dire qu'il veut plus de votre marchandise.
— Qu'est-ce que c'est que cette histoire-là?
— Il nous a avertis que si ça rentrait, c'est nous autres qui payerions le
stock. C'est pas de ma faute. Je peux vous dire rien de plus. Je sais pas trop
ce qui est arrivé. Nous autres, on obéit, c'est tout.

Il paraît que le type en question n'était pas trop heureux. Il a
embarqué ses barils en sacrant contre moi et en me bénissant de tous les
noms.

Le soir même, je reçus un téléphone du type en question.
— Qu'est-ce qui se passe, Mike? On vous a toujours bien servi, il me
semble.
— Ça n'a rien à voir avec vous autres, les gars. Vous avez toujours été
gentils. C'est votre représentant: il m'a fait des promesses, puis il s'est
foutu de moi. On était censé avoir des arrangements, mais ils sont restés au
niveau des paroles. Ce n'est pas de votre faute à vous.
— Vous savez, Mike, que ces arrangements-là, c'est illégal. On n'a pas
le droit de faire ça. C'est de la pression, ça. Je pourrais vous rapporter: ça
vous ferait du trouble.
— Écoute, mon gars, quand je suis entré en affaires, je ne savais même
pas que ça existait ce type d'arrangements-là; donc, ce n'est pas moi qui en
ai parlé. Quand j'ai rencontré votre représentant, c'est lui qui m'a fait des

propositions. Moi je ne lui demandais rien. Mais une fois qu'on me promet quelque chose, je veux l'avoir. Je n'aime pas avoir l'impression de m'être fait arranger. Il ne faudrait pas me parler de légalité ou d'illégalité quand c'est vous autres qui faites les avances.

— J'ai l'impression, Mike, que t'as pas de témoin de tout ça. Nous autres, les gars étaient deux.

Je me rappelais très bien du fait. Je n'avais vu aucune raison à cela, à ce moment-là. Ça m'écoeurait pas mal de découvrir la raison maintenant. Je lui répondis:

— À présent que vous vous êtes avancés, quand vous voudrez remettre les pieds chez nous, vous me ferez connaître votre encouragement avant d'entrer.

Je me demandais jusqu'où ce coup de tête pouvait aller, quelles pouvaient en être les conséquences. Je me surprenais moi-même d'avoir réagi de la sorte. Ces gens-là m'avaient paru respectables et malgré tout, je croyais encore qu'ils l'étaient. Après tout, ce pouvait être la réaction colérique d'un simple employé qui touchait une certaine commission et qui se la voyait retirée.

Quand je rentrai ce jour-là, Fred était en train de s'amuser avec quelques clients. Il avait une bière devant lui qu'il essaya de camoufler quelque peu. Quand il vit que je l'avais remarqué, il me dit:

— Johnny voulait absolument me payer une bière. Je voulais pas du tout, mais il a insisté.

Mais je remarquai aussi que ce n'était pas la première qu'il avait prise. Je trouvais qu'il était sournois, Fred, et j'avais constaté ça dès les premiers instants. Peut-être était-ce à cause des verres très épais qu'il devait porter et qui lui donnaient l'air de vous regarder en dessous, mais on se demandait toujours s'il vous regardait en vous parlant. Je me demandais de plus en plus s'il avait quelque chose à cacher. Il avait une si belle façon avec moi que je ne pouvais savoir s'il cachait quelque chose. Et pourtant souvent je le prenais dans des situations difficiles comme celle d'aujourd'hui. Il me semblait de plus en plus que, lorsque je rentrais, je le prenais en défaut. Des clients m'avaient déjà averti qu'il faisait des oublis lorsqu'il s'agissait de poinçonner mais je n'en avais pas tellement tenu compte: évidemment ses inventaires ne balançaient pas toujours! Il se confiait rarement, Fred. Il était plutôt fuyant. Nous jasions de temps à autre bien sûr, mais ce n'était jamais sérieux. Il me contait ses petites aventures mais ça n'avait jamais de conséquences. De temps à autre, il prenait une bonne cuite et il revenait avec un bon mal de tête, mais ça n'allait pas plus loin. Je me souviens du jour où j'étais entré le dimanche matin, exceptionnellement, pour faire mon inventaire et que je l'avais trouvé complètement étendu sur deux tables qu'il avait mises ensemble. Il avait été mal à l'aise et il avait bégayé avant de pouvoir s'expliquer. Mais il réussissait toujours à s'en sortir. Il y avait toujours une espèce de distance entre nous deux. J'aurais voulu le connaître mieux mais il n'avait pas l'air tellement intéressé à se dévoiler. On m'avait raconté qu'il était resté avec unc danseuse de club de nuit pendant un certain temps mais qu'un bon matin, lorsqu'il s'était levé, elle l'avait déjà quitté. Je ne pouvais savoir si cette histoire était vraie car il ne se laissa jamais aller à me conter des histoires aussi personnelles. Nous nous entendions bien tous les deux mais il y avait entre nous cette espèce de barrière qui caractérise les gens qui n'ont rien à se dire ou qui préfèrent ne pas s'en dire trop parce qu'ils se méfient l'un de l'autre. Il me parlait de toutes sortes de choses mais tout ce dont il me parlait demeurait extrêmement superficiel et dès qu'on se mettait à aller un peu plus loin, il trouvait quelque chose d'autre à faire. Il me disait ce qui s'était passé durant la journée lorsque je rentrais le soir, mais je ne pouvais jamais savoir si c'était la vérité ou son interprétation qu'il me rapportait. Pourtant, je devais reconnaître qu'il avait une certaine emprise auprès des clients. Il connaissait chacun d'eux et il avait un mot pour chaque occasion mais ça se limitait justement à un mot. Je ne sais pas pourquoi il accrochait auprès des gars. Peut-être attendaient-ils quelque chose de lui, quelque chose qui ne viendrait jamais! J'aurais voulu en savoir plus long sur lui!

En allant en arrière du comptoir, je trouvai dans un sac trois draps, des chemises et deux bouteilles de vodka. Je demande à Fred:

— Qu'est-ce que c'est ça?

— C'est à Roberto. Il a demandé pour laisser cela ici. Il m'a simplement dit que c'était pour son frère.

Roberto commençait à m'intriguer sérieusement lui aussi. Il m'avait d'abord dit qu'il était célibataire. Il avait une voiture de luxe et était toujours bien habillé. Ce n'était certes pas avec le salaire que je lui payais qu'il pouvait se permettre ce luxe. Il pouvait avoir d'autres revenus: ce n'était pas de mes affaires et ce n'était pas ma politique de m'en mêler non plus. Ce n'était pas un tout jeune homme et il avait pu se ramasser des sous auparavant. Mais ça me surprenait de le voir travailler dans un tripot comme le mien. Il me semblait qu'il aurait pu faire mieux que ça. Il avait deux doigts coupés à la main droite mais avait développé une habileté toute particulière et pouvait servir la bière sans aucune difficulté. Il portait un tatouage sur le bras droit. Il m'avait déjà dit qu'il ne prenait jamais un verre et je sentais en lui un profond mépris pour ceux qui en prenaient. Au fond, il détestait cette vie autant que je pouvais la détester. Mais alors, qu'est-ce qui pouvait le retenir chez moi? Il savait parler, se présenter: je l'aurais vu dans bien d'autres domaines. Il m'était assez sympathique et il profitait de toutes les occaions pour échanger avec moi. Il était parfaitement conscient de ma situation et je crois qu'il avait un peu de pitié pour moi. Un soir que tout était tranquille et que nous étions à échanger au bar, il me dit:

— Demain, je dois aller dans le Nord chercher ma fille pour l'emmener passer la journée avec moi.

Je n'eus pas besoin de dire quoi que ce soit; tout de suite, il se rendit compte de lui-même que ce qu'il venait de dire ne coincidait pas avec ce qu'il m'avait raconté auparavant. Moi, je ne posais pas de question. J'écoutais ce qu'on voulait bien me raconter. Après tout, celui qui vous raconte des blagues se ment bien plus à lui-même qu'il ment aux autres. S'il voulait m'en dire davantage, c'était à lui de parler. Il me regarda un instant, surpris, puis hésita avant de me dire:

— Oui, c'est vrai je suis marié ou plutôt je l'ai été. Je ne voulais pas en parler mais maintenant ça me fait plus rien. C'est comme si elle existait pas pour moi. J'avais tout misé sur ce mariage. Au début, tout allait bien, sauf que ma femme était jalouse. Même dans les soirées, quand je dansais avec d'autres femmes, je voyais qu'elle en devenait malade. Chaque geste pour elle prenait une signification et nous avions d'interminables discussions à ce sujet. Et pourtant, même si les femmes me plaisaient et que je détestais pas flirter avec quelques-unes de temps à autre, je l'avais jamais trompée. J'étais très attaché à elle et son attitude me blessait profondément. Il y avait une de ses amies que je trouvais particulièrement aguichante et j'avais eu la malencontreuse honnêteté de le lui dire. Elle était de taille moyenne, pas d'une beauté extraordinaire mais elle avait une démarche qui me fascinait, un mouvement de fesses absolument incroyable. J'ai toujours été attiré par les fesses des femmes: c'est mon point faible. Il y en a qui regardent les seins, d'autres les jambes, d'autres les yeux. Mais moi, c'est les fesses et j'avais jamais vu des fesses comme celles-là. Elle savait très bien que je la regardais d'une façon spéciale, mais je m'étais toujours contenté seulement de la regarder et de la serrer un peu plus quand je dansais avec elle, ce qui est tout à fait normal. Un beau jour, ma femme me demande en entrant d'aller chercher ses verres chez son amie: elle les avait oubliés là l'après-midi et en avait besoin pour lire. Je pars immédiatement: ça me faisait toujours plaisir de la revoir même si son mari était là. En arrivant, je fus très surpris, car elle vint me répondre dans un petit déshabillé deux pièces, extrêmement sexy. J'étais extrêmement mal à l'aise. Je me mets à bafouiller:

— Excuse-moi si tu te reposais. Je viens seulement pour...

— Oui. Oui. Entre. Ferme la porte. Je ne suis pas en tenue pour m'exposer dans le corridor. J'étais justement en train de prendre un scotch. Je t'en apporte un. Assieds-toi.

Je voulais lui rappeler que je buvais pas mais elle était à la cuisine et de toute façon, elle écoutait pas. Je pensais aussi qu'elle était pour s'habiller. Je l'entendis dire:

— Mon mari est en dehors de la ville. Je suis seule. Je m'ennuie. Je prends un verre et j'écoute un peu de musique.

Elle revint avec les deux verres et j'observai ce maudit mouvement de fesses qui m'avait toujours fasciné. Elle mit un disque et me dit:

— Tiens, prends ton verre, mon grand. Il commence à être temps que tu te déniaises un peu. Si tu veux me faire plaisir, tu vas prendre ça avec moi. J'en avais pas envie du tout, mais j'avais envie de lui faire plaisir. On parla de banalités et d'autres mais j'écoutais pas tellement. Le maudit scotch me faisait un effet terrible. J'étais pas habitué et la tête me tournait légèrement mais c'était un effet qui était quand même pas désagréable, surtout avec sa présence à elle, à côté. J'avais l'impression, à l'entendre parler, qu'elle en avait déjà ingurgité quelques-uns avant mon arrivée; elle avait pourtant pas l'habitude de boire démesurément. À un certain moment, elle se lève, met un autre disque, et toujours en me tournant le dos, se met à se balancer les fesses en suivant le rythme de la musique. Au début, c'était un mouvement très lent. Elle faisait semblant de lire ce qui était écrit sur la pochette du disque. Puis le mouvement devint un peu plus accéléré, à la façon d'une effeuilleuse, mais de façon tellement plus élégante. Il y avait rien de vulgaire dans son attitude mais c'était tellement attirant. J'avais jamais eu cette sensation de ne pouvoir résister à une femme mais maintenant j'avais la certitude qu'elle voulait de moi. Je me levai: la tête me tournait. Son maudit déhanchement continuait toujours un peu plus vite. J'avais les yeux rivés sur ses fesses. Je m'approchai derrière elle et au moment où je descendis la culotte de son déshabillé pour la prendre, je l'entendis dire: « Evelyne ». Au même moment, la porte s'ouvrit et je vis ma femme dans l'encadrement qui me regardait dans une position qui ne laissait rien d'équivoque.

Dans l'espace d'un éclair, je compris tout ce qui s'était passé. Je les regardai toutes les deux. Francine baissa les yeux. Evelyne me fixa durement. Je pus rien dire mais le soir même j'avais quitté la maison.

Par la suite, elle regretta son geste et voulut me revoir. Elle était prête à toutes les bassesses pour me reprendre mais pour moi, il y a pas de retour. Je la revois régulièrement car je l'ai déjà aimée et maintenant elle me fait pitié. Elle vit seule et est devenue alcoolique au plus haut degré. Elle aurait voulu qu'on reparle de son geste mais pour moi, il en est pas question. Le pire, c'est pour ma fille. Je peux pas la laisser avec elle et comme je dois travailler, j'ai dû la placer dans une maison de pension. Elle est bien traitée et on prend bien soin d'elle, mais c'est pas sa famille. Je m'occupe d'elle autant que je le peux mais je peux pas être une mère pour elle.

— Je m'excuse de m'être laissé aller à vous conter tout ça. C'est pas tellement intéressant pour vous.

C'était fascinant de constater comment Roberto n'était pas le même homme en me racontant son histoire. Même son langage ne me semblait pas le même. Je n'avais jamais senti tellement de sentiment chez lui, de raffinement et pourtant aujourd'hui, il m'était apparu sous un nouveau jour. Je le regardais et il n'avait pas l'air triste du tout. Je me demandais comment je devais réagir, si je devais lui dire que j'étais peiné mais il me tira d'embarras en me disant:

— Je me suis toujours demandé comment un gars comme vous s'était laissé embarquer dans un bateau comme ici. Vous êtes un gars de la haute. Il y a rien d'intéressant pour vous ici. Vous êtes jeune: vous auriez pu trouver un bordel autrement intéressant que ça. C'est pas une vie pour vous ici. Je vous regarde à chaque jour puis j'ai l'impression que vous êtes après dépérir. Pourquoi vous vendez pas? Ça a pas d'allure, vivre dans une place comme ça avec des gars comme Tom devant vous à la journée longue. Moi, je suis plus vieux. Je suis capable d'en prendre, même si je trouve ça dur, mais vous, vous avez pas d'affaire à vous brûler pour rien.

J'avais envie de lui dire que le bordel était à vendre mais qu'à date personne n'en voulait avec les maudites putains qu'il y avait dedans, mais quelque chose m'empêchait de parler.

— Ce doit être le début qui est le plus difficile parce que je ne suis pas habitué. Mais je pense que je vais m'y faire à la longue. Je vais m'habituer.

J'étais content que Roberto m'ait parlé ainsi. Ça m'avait appris à le connaître. Quand on connaît l'histoire de quelqu'un, on peut l'apprécier mieux. J'avais connu une situation semblable un jour là-bas dans ma « prison », comme on se plaisait à appeler l'endroit. Le grand gars que j'avais fait punir ne m'avait pas oublié. De toute façon, il était déjà difficile pour les « nouveaux » de se faire accepter des « anciens » qui nous appelaient les « petits caves ». Moi, j'avais agi sous l'impulsion du moment et j'avais fait ce qu'il me semblait bon, mais lui ne l'entendait pas de la sorte et je voyais à son regard qu'il se souvenait bien de moi.

À ce moment-là, on servait la messe à tour de rôle, c'est-à-dire qu'on avait besoin de trois servants chaque matin. Les grands se vantaient de prendre du vin en attendant que le prêtre arrive et prétendaient que le goût était délicieux et l'effet rapide. J'avais essayé d'y goûter un jour et je n'avais réussi qu'à éclabousser la soutane que l'on portait alors et qui, par chance, était rouge, en m'étouffant avec le goût âcre de ce liquide. Je me demandais bien si le goût était meilleur quand le vin était transformé en sang mais la première expérience m'avait suffi et je me contentais de raconter aux autres, comme tout le monde, à quel moment j'avais réussi à déjouer l'attention du prêtre pour subtiliser le précieux liquide. Or, il se produisit alors qu'une bouteille disparut de la sacristie. Ce fut un émoi peu ordinaire au sein du pensionnat. On parla alors de sacrilège et on nous réunit tous pour nous expliquer la gravité de la situation. On offrit d'abord au coupable d'aller remettre la bouteille discrètement et de s'en confesser;

mais chacun savait bien qu'on surveillerait pour savoir qui avait effectué cette action diabolique afin de prendre les sanctions nécessaires pour éviter qu'un tel geste ne se reproduise; cette tactique ne donna aucun résultat. On passa donc à l'étape des menaces de groupe et des punitions collectives mais sans rien obtenir de plus. Je crois qu'on maudissait tous intérieurement un peu, celui qui était l'auteur de ce méfait. On décida alors de passer aux fouilles. On était tous alignés devant nos casiers et à un signal donné, on devait étendre par terre devant nous le contenu qui s'y trouvait pendant que les surveillants circulaient. J'avais déjà placé devant moi une pile de linge de rechange quand, en prenant la deuxième pile, le goulot de la satanée bouteille me tombe sous la main. Je devins pâle, puis rouge, tour à tour pendant qu'un surveillant se dirigeait vers moi et repérait facilement et rapidement l'objet de tant de recherches. Je me retrouvai bientôt sur l'estrade devant tous, ayant droit à la honte et à l'humiliation et aussi à une visite supplémentaire de mes parents que je ne réussis pas plus à convaincre que les autres de mon innocence. À partir de ce moment, je fus marqué et je décidai d'être à la hauteur de ma réputation. Seulement, il y en avait un quelque part qui lui, était bien convaincu que j'étais innocent.

Fred me ramena à la réalité en me disant:

— Je sais pas ce qui se passe avec la bière aujourd'hui. On a eu de la misère à servir toute la journée. Elle fait des collets énormes. On dirait qu'elle est trop chaude. Vous devriez aller voir au frigidaire en bas ce qui se passe. Ça fait une couple de clients qui se plaignent que la bière est pas bonne.

J'allai au réfrigérateur à la cave et je constatai que la température était trop élevée de six degrés. J'examinai la situation mais je ne compris pas ce qui se passait. Je mis le thermostat plus bas en espérant que tout rentrerait dans l'ordre. Lorsque je remontai, Fred était encore en train de prendre une bière.

— Patron, ce soir, c'est la fête de Johnny, puis il veut que je célèbre avec lui. Mais c'est la dernière.

— O.K., Fred, mais après ça, c'est fini. Compris? Il faut que je parte. Salut.

Mais de l'extérieur, je le vis aller se servir une autre bière et la lever à la santé des gars. J'avais envie d'entrer et de le congédier mais je n'avais personne pour le remplacer. De toute façon, je savais que ce cauchemar devait se terminer bientôt. Je ne pouvais continuer ainsi et je savais que quelque part quelqu'un viendrait m'aider à me sortir de ce maudit pétrin dans lequel je m'étais plongé par ma propre faute. Je savais que je pourrais avant longtemps oublier tout ceci. Il le fallait. Il le fallait. Cette vie ne pouvait pas continuer ainsi.

VIII

Le lendemain, c'était dimanche. Il fallait que j'aille faire l'inventaire. Ça aurait pu être la seule journée où j'aurais pu revivre en oubliant ce monde de chimères. Il me prenait des haut-le-coeur en pensant que je devais retourner dans cet enfer. Mes vêtements empestaient la senteur de bière et de fumée. Cette maudite odeur me poursuivait partout. Elle colle à vous comme des chardons: vous en arrachez un mais vous en avez toujours d'autres de collés dans le dos dont vous ne pouvez vous débarrasser. Pas un seul instant, je ne pouvais m'empêcher de penser. J'aurais voulu arrêter la machine mais je ne le pouvais plus. J'étais comme le danseur mécanique de Jérôme K. Jérôme qu'on ne peut plus contrôler et qui emporte sa partenaire dans une danse infernale que seule la mort peut arrêter.

Lorsque j'arrivai à la taverne, je constatai que l'enseigne lumineuse était demeurée allumée, triste rappel d'un monde qui était pourtant en train de s'éteindre. En entrant, je constatai que la serrure principale n'était pas verrouillée: la porte pouvait ainsi s'ouvrir très facilement à l'aide d'un couteau. Toutes les lumières étaient allumées à l'intérieur. Je me sentais devenir furieux. En approchant du bar, je constatai que le robinet d'eau chaude était resté ouvert. La trappe pour aller à la cave n'avait pas été fermée comme à l'ordinaire. Je m'approchai avec une certaine crainte, avec l'appréhension d'arriver face à face avec quelqu'un. La caisse était toujours en bas enfouie parmi les vadrouilles au beau milieu de la place. Je pris une barre de fer qui servait à barricader la porte arrière et je descendis. Je me retrouvai tout à coup parmi les caisses vides au pied de l'escalier: je n'avais pas encore pensé à faire réparer cette maudite marche. J'étais là par terre, sans défense: rien ne se produisit. Il n'y avait personne.

Je m'imaginai alors dans quelle condition Fred avait dû partir la veille. Je pensai alors à ce qui pouvait se produire en laissant ainsi un employé seul dans cet état. Mais je n'avais pas le choix: la veille, j'avais dû partir d'urgence. Un de mes enfants s'était blessé et il fallait que j'aille à l'hôpital faire prendre une radiographie. J'avais déjà assez de difficultés à boucler le budget, si en plus, je devais attacher un garde à chacun de mes waiters. Aussitôt que je réussissais à réaliser quelque profit, un incident se produisait qui venait tout effacer. Je sentais que je ne pourrais jamais prendre le dessus.

Je recommençai l'inventaire trois fois et aucune des fois, il ne correspondait à celui de Fred. J'étais furieux. Je sentais la rage me monter au coeur. Je pouvais très bien le congédier dès son entrée; il y avait matière suffisante. Mais Fred était connu dans l'endroit. Il s'arrangeait bien avec les clients. Qui aurais-je pour le remplacer? Il y en avait bien quelques-uns qui étaient venus me voir pour se trouver de l'emploi. Mais je n'avais même pas gardé leurs noms. L'un d'eux était déjà saoul quand il s'était présenté et j'appris que l'autre avait été renvoyé d'un peu partout à cause de ses petits commerces personnels à l'intérieur. Quant à Fred, j'avais au moins l'avantage de le connaître. De toute façon, je n'en avais pas pour longtemps à rester là: je pouvais encore l'endurer quelque temps. Encore cet après-midi, je devais recevoir un visiteur intéressé à acheter. Fred était quand même très propre et presque toujours gai et il était tout de même assez rare qu'il prenne un coup à l'ouvrage. Le défaut de Fred, c'était les femmes, mais moi ça ne me dérangeait en rien. Il était célibataire et après tout, il pouvait bien faire ce qu'il lui plaisait en autant que ça ne nuisait pas au commerce comme son escapade de la veille. C'était un gars sans histoire, du moins il le semblait. Il ne me parlait jamais de lui-même, à part quelques aventures avec les femmes. Je savais seulement qu'il avait travaillé comme garçon de table dans un club de renommée douteuse et je ne désirais pas en savoir davantage au sujet de ses activités antérieures au sein de cet endroit malfamé. De toute façon, je n'avais pas à le juger de par les endroits qu'il avait fréquentés. Il pouvait y avoir toutes sortes de raisons qui faisaient qu'il avait dû travailler dans un tel endroit: il ne m'en avait jamais parlé. J'avais surtout connu l'histoire par les autres et je n'avais pas à prêter foi à une version plus qu'à une autre. Il y a suffisamment de gens qui font de la projection à partir de leur propre personnalité ou de leur manque de personnalité, si on préfère. Pour moi, Fred était anonyme et tout ce que j'avais à juger, c'était son travail chez nous. Or, j'étais loin d'être satisfait de son travail de la veille. Je lui avais confié mes affaires, puisqu'il était le seul responsable sur place à ce moment-là et il n'avait pas mérité ma confiance. J'aurais pu le congédier immédiatement. D'autre part, j'avais l'impression que si j'avais retiré Fred, j'aurais perdu plusieurs bons clients.

Avant d'avoir mon commerce, j'avais toujours pensé que le choix d'un garçon de table avait peu d'importance. Lorsque j'allais prendre une bière à l'occasion, je ne me souciais guère d'être servi par l'un ou par l'autre. Mais tel n'est pas le cas. Les habitués y attachent une grande importance et associent une idée bien précise au nom de chacun d'eux. Ainsi, j'entendais souvent parler d'un garçon qui avait travaillé chez nous avant que j'arrive. Il s'appelait Roland. Les gars me disaient: « Mike, si tu pouvais remettre la patte sur Roland, ton affaire monterait en flèche. C'est le gars le plus fantastique qu'on a jamais eu ici. Lui, il nous comprenait. Il avait un bon mot pour chacun. Il savait exactement de quoi il fallait qu'il s'informe et ce qu'il fallait pas demander. On pouvait lui emprunter de l'argent; il prenait les gageures. C'était tout un as. Essaie de le retrouver,

Mike. Il est parti juste avant que tu arrives, on sait pas trop pourquoi. Mais je peux te dire qu'il y a un paquet de clients qui sont partis avec lui. »

Je m'informai et je réussis à savoir où Roland travaillait. J'en entendais parler tellement souvent qu'enfin je décidai d'aller le rencontrer à la fin de ses heures d'ouvrage. Il travaillait dans une autre taverne, pas du tout du même style que chez nous. Je me présentai:

— Assieds-toi, Mike. J'ai entendu parler de toi, déjà.

Je me demandais bien comment mon nom avait bien pu se rendre jusqu'à lui. C'était un gros gars costaud qui vous mettait à l'aise en le voyant. Je compris tout de suite la réaction de mes clients.

— Tu viens probablement me demander si je veux retourner travailler chez vous. Je peux te répondre tout de suite que c'est pas possible. J'ai des bons souvenirs chez vous. Je m'arrangeais bien. Je pense que les gars m'haïssaient pas. On a eu des parties du tonnerre ensemble. Je pourrais t'en conter pendant des jours. Mais maintenant, j'ai changé de ligne. Même, si moi je voulais retourner, je pourrais pas. Ma place est ici pour le moment, puis je peux pas changer.

Il me disait ça avec un certain regret. Une chose me frappait cependant: c'est que lui aurait voulu revenir, il me semblait, mais quelque chose l'en empêchait. Je voulais en savoir un peu plus:

— Je pourrais te faire des bons arrangements, tu sais, Roland. Les clients te réclament.

Il était coutume dans le métier de tutoyer les gars au premier contact. J'avais eu de la difficulté à m'y faire d'abord, mais un type comme lui vous mettait bien à l'aise.

— Qu'est-ce qui t'arrête, Roland?

Il changea soudainement de ton:

— Écoute, Mike, il y a une chose qu'il faut que tu apprennes vite dans le métier: c'est de pas poser de questions inutiles. Moi, j'ai appris ça, il y a longtemps et c'est une des raisons pour laquelle les gens m'apprécient. Il faut savoir exactement jusqu'où on peut questionner et de toute façon, les réponses viennent tôt ou tard.

Je ne voulais pas pousser plus loin. Je savais maintenant à quoi m'en tenir: je ne pouvais compter sur ses services. Il ne me restait qu'à donner sa réponse aux clients qui me parlaient de lui. J'étais cependant sorti songeur de cette rencontre. Il semblait que plus je rencontrais de gens, plus il se posait de points d'interrogation. Roland en était un de plus: il avait été sympathique, mais évasif. Il me restait encore beaucoup à apprendre dans le métier: mais j'avais l'intention de disparaître avant d'en apprendre trop.

Je continuai à mettre de l'ordre dans la place en pensant à Fred que je bénissais. J'allai pour me servir une bière. Comme je l'avais toujours fait à mes débuts, je recueillis un verre de mousse. Je devais être distrait. Je recommençai. Un autre verre de mousse. Maudite bière. Qu'est-ce qui se passait? Je ne réussis pas à me servir un verre convenable. Je me rappelai tout à coup ce que Fred m'avait dit la veille. Je descendis aussitôt à la cave pour constater que la température du réfrigérateur était encore plus haute malgré que j'avais baissé le thermostat. Il faisait dix degrés de plus haut que la normale. Je ne comprenais pas ce qui se passait et je ne pouvais rien régler aujourd'hui dimanche. La journée s'annonçait bien. Je débouchai une bouteille et je m'assis un instant. Il fallait que je mette de l'ordre dans mes idées et surtout dans la place. Le laveur de planchers devait venir faire le ménage, bien sûr, mais il pouvait venir à n'importe quelle heure dans la journée et je voulais que la place soit en ordre car j'attendais un visiteur qui semblait drôlement intéressé. Si mon laveur se présentait pendant ce temps-là, je pourrais simplement le renvoyer.

J'avais préparé la comptabilité: tout était clair. Il ne me restait qu'à mettre un peu de conviction et tout devrait marcher. La journée avait mal débuté mais elle pouvait quand même encore continuer mieux. Il faisait bon se retrouver tout seul.

Il m'arrivait d'emmener les enfants le dimanche pendant que je faisais l'inventaire. Eux, s'amusaient follement: c'était nouveau et différent pour eux. Les biscuits soda n'étaient pas les mêmes qu'à la maison; ils s'amusaient avec les bouchons de bouteilles. On devait monter sur une table pour allumer la télévision; et surtout il y avait moins d'interdiction qu'à la maison, étant donné que je n'avais pas le temps de m'occuper d'eux autres. Ils me demandaient pour venir chaque semaine. Mais cette semaine, j'étais particulièrement déprimé et j'avais le goût de me retrouver tout seul.

J'étais assis à une table et je m'imaginais à la place d'un de mes clients. Comment faisaient-ils pour se retrouver dans une boutique comme ça? Les murs n'étaient pas sales mais ils étaient plats. Quelle couleur! jaune et rouge. Un rouge dégueulasse et un jaune couleur de fumée. Puis il y avait les néons! Des néons jaunes. Quelle idée pouvait-on avoir de mettre des néons jaunes. Ça avait l'air d'un salon funéraire. Il manquait seulement la tombe et le mort. Mais le mort, il était là. J'étais là. Je ne vivais plus depuis que j'avais ce bordel. Les cheveux me poussaient, les ongles... mais je n'avais pas le temps de penser, de produire. Et pourtant mon métier, c'était de penser et de produire. Oui, mon métier! Qu'est-ce que j'en avais fait depuis un certain temps. J'étais payé pour offrir ma vie à un groupe et j'étais à la détruire au service d'un autre. J'étais pourtant heureux auparavant avec ce que je faisais. Pourquoi avais-je voulu pousser plus loin? Quelle est cette soif d'ambition qui nous étreint? Était-ce une force génératrice ou destructrice? Est-ce que celui qui veut améliorer le sort des autres doit nécessairement se détruire pour y parvenir?

Comment se faisait-il que je n'avais pas eu l'idée de changer les néons auparavant? J'en avais des blancs à la cave. Il fallait que je présente la place à son meilleur cet après-midi. Je descendis chercher les blancs et l'escabeau et je me mis à travailler avec rage pour arracher cette sale couleur de malheur. Je résistai à la tentation de les lancer par terre à mesure que je les enlevais. Quand j'eus terminé, il me semblait que la place avait changé d'aspect, que les murs étaient moins lugubres. L'affiche « Chez Mike » dans la vitre avant me semblait plus attirante. C'était quand même contradictoire! « Chez Mike », c'était chez nous, mon domaine, mon nom. Et pourtant c'était peut-être l'endroit où j'étais le plus mal à l'aise au monde. J'aurais tellement voulu me retrouver loin de « chez nous ». Je terminai la deuxième bière que je m'étais versée, finis de mettre de l'ordre dans la place et m'en allai à la maison me préparer pour l'après-midi.

J'avais donné rendez-vous à mon type à 14 heures, l'après-midi. J'avais juste le temps de rager un peu plus en révisant mon inventaire qui ne balançait pas. Lorsqu'il arriva à la taverne, j'étais là depuis 15 minutes.
—Monsieur Laudais. Je sais que votre temps est précieux et le mien aussi.
C'était un homme d'un certain âge, qui semblait avoir une certaine expérience.
— Je voudrais visiter la place rapidement et qu'on parle chiffres le plus tôt possible. Je suis intéressé dans l'achat d'un tel commerce, mais il y a des choses qu'on doit clarifier auparavant.

La visite de la place n'était pas très longue ni très complexe. Le seul problème, si c'était un connaisseur, était la température du réfrigérateur de bière en fût. Je profitai d'un moment qu'il était à examiner le fonctionnement des lignes de fût pour placer le thermostat à la température de la pièce: je pourrais toujours parler d'une erreur d'un de mes employés. Il n'en fut pas question. Il examina les livres, ne discuta pas du prix demandé, même s'il posa maintes questions sur des détails importants, et se montra très intéressé quant aux antécédents de la place. C'était le point sur lequel j'étais le plus faible, étant donné que je connaissais peu ce qui s'était passé antérieurement et que je n'aimais pas tellement mentionner depuis combien de temps j'étais propriétaire de l'endroit: les raisons de mon départ étaient difficiles à expliquer. Il est pénible de faire part à un inconnu de sentiments aussi profonds que ceux qui m'habitaient, étant donné que je ne pouvais même pas les transmettre à mes proches. Il me dit:
—Monsieur Laudais, je suis satisfait de ce que vous m'avez montré. On pourrait certainement s'entendre sur le prix et les conditions. Je dois vous

avouer qu'il y a quelque temps que je suis votre établissement de proche. Il ne me reste qu'une chose à mettre au clair, mais elle est d'importance.

— Soyez parfaitement à l'aise, monsieur. Quand on veut faire des transactions, on doit connaître exactement ce dans quoi on s'embarque.

Les mots étaient sortis de mon subconscient, comme un conseil que j'aurais donné à un de mes enfants. Je me demandais pourquoi je lui avais dit cela.

— Je m'excuse de vous poser la question aussi directement, mais est-ce que vous êtes réellement le patron de l'endroit?

La question me prit par surprise. Je m'attendais à tellement d'autres que celle-là.

— Écoutez. Je crois que c'est facile à vérifier. Enquêtez sur mes permis et vous verrez que je suis le seul et unique propriétaire, même si je n'ai pas trente ans.

— Vous ne comprenez pas ce que je veux dire, monsieur Laudais. Je sais très bien que vous êtes le détenteur du permis d'exploitation du commerce. Mais, comment pourrais-je dire, ce que je veux savoir c'est si vous pouvez faire ce que vous voulez chez vous. J'espère que vous comprenez bien ce que je veux dire. Je voudrais que la situation soit très claire entre nous. Moi, si j'achète un commerce, je veux en être le patron, je ne veux pas être manipulé par d'autres personnages.

Évidemment, jusqu'à quel point étais-je libre? Je ne le savais pas moi-même. J'étais prisonnier d'un monde que je ne pouvais plus contrôler.

— Est-ce que vous voulez savoir s'il y en aurait d'autres derrière moi qui pourraient mener l'affaire à leur façon?

Il était visiblement mal à l'aise mais il sut me dire clairement.

— C'est précisément ce à quoi je pensais. Je m'excuse de la question mais avant de transiger, on doit tirer des situations au clair.

— Est-ce que vous pourriez m'expliquer plus précisément ce à quoi vous faites allusion?

— Eh bien, voici. J'observe la place depuis un bon moment. Je viens à n'importe quel temps de la journée et il m'a semblé qu'il pourrait y avoir d'autre chose que de la bière qui se vende ici.

J'étais de plus en plus intrigué et je lui fis signe de continuer.

—Moi, c'est un commerce de bière que je veux acheter, pas autre chose. Le reste, ça ne m'intéresse pas. J'ai de l'argent à investir mais je veux l'investir dans quelque chose de propre.

Est-ce qu'il pensait par hasard que le commerce de la bière était propre? J'essayai de me défendre en lui disant:

— Écoutez, monsieur. Je suis ici à l'occasion, seulement, mais je peux vous affirmer qu'il n'y a rien d'autre que de la bière qui se vende ici à ma connaissance. Il continua:

— J'étais ici, mercredi après-midi et j'observais ce qui se passait. Votre waiter, celui qui n'a plus tellement de cheveux, vous savez il est un peu plus vieux, a porté une attention particulière à un client. Celui-ci avait un sac qu'il a posé à côté de lui. Quand il est sorti, il a laissé le sac par terre et votre gars l'a porté derrière le comptoir. Jusque-là, rien d'anormal: un oubli, ça se comprend. Quelques minutes après, un client est entré, s'est assis pour prendre une bière et lorsqu'il est sorti, mine de rien, votre waiter lui a laissé le sac que l'autre avait oublié avant. À ce moment-là, je n'ai pas eu tellement de réaction: il est possible qu'un client fasse une course pour un autre.

Pourtant, quand je suis revenu vendredi matin, je m'adonnais à passer dans le coin, j'ai vu un type entrer avec une boîte de carton. Il alla la déposer tout naturellement à l'arrière en demandant la permission à votre type. Peu après, un autre gars est arrivé: il a pris une bière, puis en repartant, il a demandé la boîte à votre waiter. J'ai trouvé ça assez curieux que la même situation se reproduise deux fois de suite. Si je n'avais pas déjà pris rendez-vous avec vous, je ne serais pas revenu. Mais maintenant, que je suis ici, j'aimerais que vous m'expliquiez ce qui se passe. J'ai beaucoup hésité avant de venir.

Je n'avais pas d'explication à lui fournir mais maintenant je comprenais tant de choses qui ne m'avaient pas frappé avant. À l'ouverture de la taverne, Roberto avait apporté des draps, des chemises et deux bouteilles d'alcool pur. J'avais d'abord cru que c'était pour faire tirer lors de l'ouverture officielle, qu'il voulait m'encourager. Je me rappelais m'être demandé ce qu'il avait fait de ces objets par la suite. Je me rappelais aussi que la veille, Fred m'avait mentionné que Roberto avait laissé des objets personnels à l'arrière. Ils étaient toujours là, d'ailleurs.

Ainsi Roberto en qui j'avais confiance, qui m'était sympathique, avec qui je me permettais d'échanger assez intimement, me jouait dans le dos. Je comprenais tellement de choses tout à coup. Moi qui m'étais toujours demandé comment il pouvait vivre avec mon maigre salaire! Je l'avais presque pris en pitié, avec sa femme et sa fille. Il faisait son petit commerce de vodka à l'intérieur. Je me rappelais aussi tout à coup le soir de l'ouverture le pauvre gars malade comme un chien dans la toilette qui disait en se tordant: « Emmenez-moi le maudit cochon qui m'a vendu ça. »

Ce n'était pas possible que j'aie été aussi innocent, que je me sois fait passer ça sous le nez sans rien comprendre. Moi et ma manie de faire confiance aux gens et de toujours croire qu'il fallait me fier à eux! J'allais peut-être apprendre à me méfier un jour! Ça prenait un étranger qui venait chez nous quelquefois pour me faire comprendre tout ça. On est parfois bien inconscient des drames qui se déroulent à l'intérieur de chez soi.

Mon acheteur se rendit vite compte de mon incertitude. Il vit que j'étais mal à l'aise et que je ne pouvais lui fournir de réponse. Il me demanda:

— Est-ce que vous me permettriez de jeter un coup d'oeil à l'arrière du comptoir. J'aimerais voir si le coffre-fort peut être réparé.

Je compris tout de suite sa manoeuvre: il avait certainement décelé quelque chose de suspect à l'arrière. J'eus tout de suite la crainte d'avoir affaire à quelqu'un de la police. Je ne pouvais faire grand'chose. Je fis signe que oui. Je me sentais faible.

Il se dirigea vers l'arrière, se pencha vers le coffre-fort pour l'examiner. Le sac était juste au-dessus. Je savais qu'il devait se produire quelque chose. En se relevant, au lieu d'agripper le bord du coffre-fort, il bouscula le sac et le saisit au vol avant qu'il ne tombe par terre. En un éclair, je vis par son regard qu'il avait évalué le contenu du sac. Le reste se passa très rapidement.

— Monsieur Laudais, je vais penser à ce dont nous avons discuté aujourd'hui et je vous donnerai des nouvelles. Au revoir.

J'étais soulagé de voir qu'il n'était pas de la police. S'il l'avait été, je crois qu'il m'aurait arrêté immédiatement. D'un autre côté, j'avais misé sur cet acheteur et je le voyais s'échapper. Tout ça était de la faute de Roberto. Je devais le renvoyer. Mais la même question que je m'étais posée pour Fred me revenait à l'esprit. Qui donc pouvait le remplacer? Je devais le supporter encore un certain temps; jusqu'à ce que je trouve à vendre. Oui, mais mon acheteur le plus sérieux était maintenant disparu. Je m'assis et je me mis à réfléchir. Mon acheteur m'avait ouvert les yeux. Roberto opérait-il pour son propre compte ou bien était-il manipulé par quelqu'un de l'extérieur? Si quelqu'un le dirigeait, il fallait que je me débarrasse au plus vite de ce maudit bordel avant de me faire embarquer comme complice de ses manigances crapuleuses. Comment n'avais-je pu me rendre compte de quoi que ce soit auparavant? J'étais un pauvre type qui croyait en la vie, qui croyait en l'honnêteté des gens. Chacun pouvait me conter son petit boniment: j'étais prêt à l'avaler. Quand on est honnête, on croit que les autres le sont également.

Mais à partir de maintenant, je prenais une résolution et j'avais l'intention de la tenir. Je me proposais de ne plus me fier à qui que ce soit dans quelque circonstance que ce soit et pour quelque raison que ce soit. C'était peut-être ça l'apprentissage de la vie! J'aurais probablement dû le faire avant. Et pourtant, j'avais eu bien des fois l'occasion de me méfier des gens depuis la fameuse histoire de la bouteille de vin; mais il y a peut-être des gens qui, de par leur nature, ne réussissent jamais complètement à faire cet apprentissage qui consiste à considérer l'autre comme un adversaire et à se tenir constamment sur ses gardes. À partir de cet événement, j'étais passé à une autre catégorie dans l'esprit des gars: je n'appartenais désormais plus au groupe des « saints innocents », comme on les appelait alors. J'étais maintenant catalogué comme un dur et j'avais le privilège suprême de pouvoir franchir le cercle des anciens qui avaient des activités bien différentes de celles des petits nouveaux. Parmi ces activités, il y avait bien sûr, celle de pouvoir savourer ensemble les délices de cette merveille réservée aux adultes: la cigarette. C'était là le summum de confiance qu'on pouvait alors accorder à un nouveau. Et c'est avec stupéfaction que je me retrouvai avec ma première cigarette au bec, en essayant d'en tirer le minimum de fumée pendant que les plus grands m'encourageaient, et que je sentais une certaine fierté m'envahir en même temps qu'un haut-le-coeur qui devait me conduire à l'infirmerie au plus grand ahurissement de celui qui y était en charge et qui ne comprenait rien à ce qui m'arrivait. Je m'habituai cependant peu à peu à souffler sur la cigarette au lieu d'aspirer, ce qui produisait autant de fumée mais m'évitait des visites trop fréquentes à l'infirmerie. On devait fournir chacun ce qu'on pouvait pour l'achat des cigarettes. Certains apportaient des billes, d'autres des bonbons, quelques-uns des sous provenant d'objets qu'ils avaient vendus à d'autres et on se procurait ainsi un paquet commun qu'un grand savait où se procurer facilement. Nos rencontres avaient lieu dans un endroit bien caché, à un moment qui nous laissait assez de temps pour savourer notre plaisir adulte en toute quiétude. Il y avait le chef du groupe qui était le plus vieux évidemment et qui s'occupait de l'organisation de toute l'affaire. C'est lui qui m'avait invité à joindre le groupe qui était formé uniquement de gars de cinquième et sixième: j'en ressentais une certaine fierté. Le seul problème qu'on avait, c'était de dissimuler le paquet afin de ne pas se faire prendre. Pas question de le laisser à l'extérieur, c'était trop risqué d'endommager le précieux bien. On avait donc convenu d'en prendre charge chacun notre tour pendant une semaine; on pouvait en faire ce qu'on voulait en autant que le compte y était à chaque rencontre. Lorsqu'on se rencontrait, on s'amusait à se raconter les cachettes qu'on avait trouvées, toutes plus originales les unes que les autres. Cette fois-là, Serge « le chef » nous avait fait bien rire en nous parlant de sa cachette introuvable. C'était à la veille de la visite des parents, le moment où l'on devait faire le grand ménage. On nous demandait alors de changer notre lit au complet et de tourner le matelas de côté. On faisait cela avec l'aide d'un voisin de dortoir. Or, en faisant cette délicate opération, je vois soudain apparaître le fameux paquet en-dessous de mon matelas, coïncé près du sommier. Mon copain Luc me regarde avec un air inquiet, pendant que je me dépêche à rabattre le matelas au plus vite et que je constate la gorge serrée et la poitrine gonflée de colère que « le chef » ne s'était servi de moi que pour se protéger. Ce soir-là, j'avais pleuré, mais c'était de rage et de déception.

IX

La première chose qui devait être réglée d'urgence dès le lundi matin, c'était la question du réfrigérateur. J'appelai un spécialiste en réfrigération et lui demandai d'aller examiner la situation. Lorsque je retournai à la taverne, le midi, j'entrai en contact avec le type en question pour savoir ce qui se passait.

— C'est une fuite de gaz. Il faudrait remplacer toute la tuyauterie qui n'est plus en état de servir. On peut remettre le gaz et bloquer la fuite, mais à la première occasion, le travail sera à refaire: ce ne serait pas un travail sérieux.

Je lui demandai le coût approximatif dans un cas comme dans l'autre. Il y avait évidemment une énorme différence. Je me disais que je devais bien pouvoir me débarrasser de cette place de perdition avant longtemps; après tout, on recevait de nombreux appels et il y en avait plusieurs qui se disaient intéressés. Je pouvais me permettre de faire exécuter la réparation deux ou trois fois et je serais encore regagnant. Je lui répondis donc, sans avoir délibéré très longtemps:

— Rajoutez du gaz et bloquez simplement la fuite.

Ce n'était certes pas la réponse qu'il attendait et je m'en aperçus par son ton de voix. Je ne pouvais me permettre de m'embarquer dans des réparations coûteuses quand je savais pertinemment que je devais quitter la place bientôt. J'avais déjà dû dépenser suffisamment d'argent, depuis mon entrée, en réparations de toutes sortes et en dépenses imprévues.

Fred se dépêcha de venir me trouver pour me parler du mauvais fonctionnement du réfrigérateur. Il n'avait jamais été aussi empressé.

— M. Laudais, ça a pas de sens. Il est pas possible de servir du fût: la bière est chaude et on recueille seulement de la mousse. Les clients se plaignent. Il va falloir faire quelque chose. On peut plus continuer comme ça.

— C'est vrai, Fred. On ne peut plus continuer comme ça. Il y a des choses qui vont devoir changer.

— Le réfrigérateur est défectueux.

— Oui, Fred, et il y a autre chose de défectueux aussi.

Il rougit quelque peu; il était mal à l'aise.

— J'ai des problèmes avec la serrure de la porte avant aussi, Fred; elle ne doit pas bien fermer, car la porte n'était pas verrouillée dimanche matin.

Puis il faudrait que je fasse voir le robinet d'eau chaude aussi, il n'a pas l'air de fermer juste car il coulait quand je suis entré. Le système de chauffage aussi fait défaut, car il faisait plus de trente degrés ici dimanche. Est-ce que tu veux que je continue à t'énumérer ce qui devrait être remplacé Fred? Par exemple, je me demande si toi, tu es en bonne condition?

— Qu'est-ce que vous voulez dire par là?

— Il semble que tu as des problèmes d'addition, Fred? J'ai recommencé l'inventaire trois fois et les trois fois, je balançais, mais pas de la même façon que toi. Tu avais peut-être des problèmes de visibilité samedi soir, Fred?

— C'est pas possible; j'ai tout vérifié attentivement. Ça se peut pas.

— Recommence, Fred, et trouve ton erreur.

Pendant que Fred était à la cave à recompter, je servis quelques clients. Tom en profita pour me glisser quelques mots sur les agissements de Fred samedi soir dernier. Lorsqu'il remonta, il avait découvert qu'il avait placé par mégarde des caisses de bouteilles pleines parmi les caisses de vides. Il avait l'air tout innocemment fier de sa découverte. Ce n'était pas la première fois que l'inventaire ne balançait pas: j'avais même fermé les yeux à maintes reprises parce que j'avais à m'occuper de trop de choses en même temps, mais cette fois, il avait nettement exagéré. Je le regardai donc droit dans les yeux et lui dit sans hausser le ton:

— Écoute, Fred. Tu as déjà entendu parler de Roland, l'ancien waiter ici, n'est-ce pas? Eh bien, je l'ai justement rencontré la semaine dernière et il s'est dit très intéressé à revenir travailler ici. Je n'ai qu'un mot à dire. Et tu comprends qu'à ce moment-là, il faudra que quelqu'un parte. Je ne peux pas endurer qu'un de mes waiters profite de mon absence pour grimper sur une table et danser pour faire rire les clients. J'ai besoin de quelqu'un de responsable ici, Fred. Quand tu es ici, tu dois me remplacer. Tu dois faire ce que je ferais, si j'étais ici. C'est ça, un employé fiable, Fred, tu comprends? Je ne peux pas me permettre de laisser mon entreprise au hasard. Si je décide que je veux donner des spectacles aux clients, Fred, je te ferai signe; mais en attendant, laisse faire l'improvisation et descends sur le plancher des vaches pour servir les clients. C'est tout ce que je te demande.

Il me regarda et demeura extrêmement surpris que je sois ainsi au courant de ce qui s'était passé. D'autant plus qu'il n'était pas tellement dans mes habitudes de parler ainsi aux gens. J'avais toujours été poli et courtois avec lui et je m'étais montré extrêmement tolérant à plusieurs reprises à son égard. Mais cette fois-ci, il avait quand même abusé de ma patience et nettement dépassé les bornes. Il essaya de s'expliquer en rougissant un peu.

— Écoutez, patron. Samedi passé, c'était un événement spécial. C'était la fête de mon grand ami et j'avais pris un verre. C'est quelque chose qui se

80

reproduira pas. J'aime ça travailler ici puis je m'arrange bien avec les gars. Je vous garantis que c'est la dernière fois.
Je me contentai de dire:

— Écoute, Fred. Je n'ai pas dit un mot à date mais tu sais très bien que ce n'est pas la première fois que tu fais des oublis et que tu prends un verre à l'ouvrage. Tu peux faire ce que tu veux à l'extérieur, Fred. Ce n'est pas de mes affaires, mais plus un seul verre en travaillant, sinon c'est fini.

— C'est peut-être un temps mal choisi pour vous dire ça, mais Christian nous a fait de la misère samedi. Il commence à être pas mal tannant. Il va falloir faire quelque chose avant que ça s'aggrave. Moi, ça me prend tout pour le supporter maintenant. On devrait le barrer.

— Je vais m'arranger pour le voir et lui parler. Ça a toujours été un petit gars tranquille.

— Il y en a deux autres qui m'agacent les nerfs, c'est Ti bumm puis son ami. Je me demande si on devrait endurer ça ici.

— Écoute, Fred, s'il fallait mettre dehors tous ceux qui ont une gueule qui ne nous revient pas, ou qui fêtent un peu fort, il ne resterait plus grand monde autour de nous.

Il comprit le message et se dépêcha d'aller servir un client qui l'appelait.

Lorsque je retournai le soir, Roberto y était mais le sac avait disparu. Je lui dis tout simplement, mais avec un certain sourire:

— Fred a rapporté son sac de provisions?
Il hésita un instant puis il répliqua:

— Ah oui, ça doit. Il est plus ici.
Je continuai:

— Je l'ai accroché en travaillant hier et j'ai failli briser les bouteilles. J'aimerais mieux qu'il n'apporte pas ça ici. Faudra le lui dire.

— Écoutez, je suis pas responsable de ce que Fred apporte ici. Vous devriez lui dire vous-même.

— Oui, je sais, mais je voulais te dire en même temps de ne pas apporter de choses ici: ça peut prêter à mauvaise interprétation.
Je voyais qu'il n'était pas à son aise et je le voulais ainsi. Je ne désirais pas être plus direct pour l'instant, mais je voulais tout de même qu'il saisisse le message.

Le lendemain, je reçus chez moi un appel téléphonique du représentant du syndicat des employés de tavernes qui voulait me rencontrer. Je lui expliquai que je ne pouvais être au commerce n'importe quand, que j'étais très occupé, qu'il était difficile de me rejoindre, mais comme il insistait, nous convînmes d'un moment où nous pourrions nous rencontrer. Je me demandais bien ce que le syndicat pouvait me vouloir. Je n'avais pas l'habitude de transiger avec ces gens-là.

Ti bumm m'avait remis mon argent même si cela avait pris un certain temps. Mais je crois que le message s'était retransmis car il y en avait plusieurs qui étaient venus me voir à ce sujet. Il y en a qui disaient:

— Tu prêtes de l'argent à des gars qui sont même pas des clients réguliers, puis moi, je suis ici à tous les jours. Ce soir, les affaires sont pas bonnes: j'aurais besoin d'un $10. Il va te revenir de toute façon: c'est pour boire ici tout de suite.

Je réglais ordinairement pour un $5, mais je me faisais embarquer à tout coup. Mais c'était une arme à double tranchant, parce que si le type ne pouvait me remettre l'argent, ça devenait un client d'en face et je ne le revoyais plus pour un bon moment. Il m'arrivait souvent, lorsque je demandais des nouvelles d'un emprunteur à un gars qui était ordinairement avec lui, qu'il me réponde:

— Je sais pas ce qui lui prend. Il a décidé d'aller prendre un coup de l'autre bord. Il a pas dit pourquoi. Moi, ils me prendront pas à aller avec la gang de bandits d'en face.

Ce qu'il y avait de drôle alors, c'est que le bonhomme en question se promenait d'un établissement à l'autre, mais il ne voulait pas que je le sache.

Ils finissaient ordinairement par me remettre l'argent mais c'était souvent très long et ils s'arrangeaient parfois pour en emprunter d'autre avant de me remettre la première somme. Je ne demandais jamais d'intérêt sur cet argent, même si quelquefois certains d'entre eux offraient de m'en payer. J'ai toujours refusé. L'intérêt, c'était la bière qu'ils m'achetaient avec cet argent.

Il y avait effectivement des descentes de police qui se faisaient régulièrement en face. Ça ne prenait pas de temps à se savoir, parce qu'il y avait des clients qui venaient se réfugier chez nous par la suite et qui nous racontaient ce qui s'était passé.

— Ils sont arrivés avec trois voitures de police. L'une d'elles a bloqué la porte avant, l'autre est allée à l'arrière pendant que les policiers entraient brusquement et ordonnaient à tout le monde de s'aligner, les mains appuyées contre le mur. Là, il y en avait deux qui tenaient le monde en respect avec des mitraillettes, pendant que les autres fouillaient partout. Tout le monde y passait, y compris les waiters. Ils ont pas l'air d'avoir trouvé grand'chose. Moi j'aime pas ça me faire traiter comme ça. Je pense que je vas m'en venir chez vous, Mike.

Mais les gars d'en face restaient ordinairement en face, de même que je n'avais pas revu la plupart des nouveaux clients de l'ouverture officielle. C'était deux mondes bien différents, celui d'en face et celui de « chez Mike », et les clients de l'un ne voulaient pas se faire identifier comme clients de l'autre. Il y avait, bien sûr, les judas qui colportaient les renseignements d'un endroit à l'autre pour une bière ou deux et qui se défendaient bien d'appartenir à l'autre côté. Mais ils étaient connus et méprisés de tous et ils ne réussissaient qu'à tromper eux seuls. En règle générale, il y avait un mur entre les deux établissements et celui qui le franchissait se faisait regarder avec méfiance.

Ça arrivait régulièrement, à peu près tous les dix ou quinze jours qu'il y avait des razzias. Ça pouvait avoir lieu n'importe quand. Je ne savais pas trop ce qu'ils cherchaient et je ne tenais pas à le savoir non plus. Je me considérais quand même chanceux de ne pas connaître la même situation. Je ne me voyais pas tellement aligné le long d'un mur.

Ce soir-là, quand j'entrai, c'est Christian qui vint me demander de l'argent. Je commençais à repérer leurs intentions dès qu'ils approchaient. D'abord le gars en question s'était ordinairement fait un bon fond, puis il s'approchait avec le sourire, me donnait la main, et me disait que j'étais un bon type. Je l'ai vécu tellement de fois cette situation et inlassablement, c'était la même approche. Je pense que je pouvais lire son intention dès que le gars se levait de sa chaise. Il y avait d'abord une espèce de gêne que le type transformait ordinairement bien vite en hardiesse. Christian ne faisait pas exception. Tout de suite, je pris les devants pour lui dire:

— Apparemment, tu commences à être un peu bruyant, mon Christian.

— C'est Fred qui vous a dit ça? C'est parce qu'il m'aime pas la face. Moi, je…

—Laisse faire qui m'a dit ça. Ça n'a pas d'importance. Il y a des clients qui m'ont dit que tu dérangeais. Toi, tu veux prendre un verre, puis eux autres, ils veulent la paix. Avant, tu t'assoyais tranquille, puis tu prenais ta grosse. Il faudrait que ça continue comme ça. Tu sais que t'as pas l'âge pour entrer ici puis qu'ailleurs, ils veulent pas te voir.

À date, il m'avait regardé, avec son oeil qui louchait derrière ses verres, mais il baissa la tête pour dire à voix basse:

— O.K. Mike. C'est vrai. J'ai dérangé des clients dernièrement. Ça marche pas trop fort de ce temps-là. Mais je te promets que ça va se replacer. Je tiens pas à avoir de misère puis je tiens pas à t'en faire, je me suis toujours bien arrangé avec toi. Justement je voulais te demander un service. J'ai envie de prendre un verre avec mon ami Roch là-bas, puis j'ai plus un sous. Je voudrais que tu me passes $5. C'est la première fois que je te demande de l'argent. J'ai toujours été bon client ici, Mike. On s'est toujours bien entendu. J'ai eu des mauvais moments dernièrement, mais j'ai besoin d'un coup de main pour me replacer. Mike, tu peux pas me refuser ça. C'est rare que je demande un service à quelqu'un. Il faut que ça soit un gars en qui j'ai confiance. Je fais un bon salaire, tu sais. Je suis payé cette semaine. Je vais te remettre ça tout de suite. T'auras pas besoin de courir après moi.

Il m'était sympathique ce petit gars-là. Il avait un air triste puis je savais qu'il avait des sacrés problèmes. Je n'hésitai même pas. Je mis la main dans ma poche et lui tendis $5.00. La première chose qu'il fit, c'est d'envoyer une bière à Tom, qui le salua en guise de remerciement. Lorsqu'il retourna à sa place, je pus constater par sa démarche qu'il en avait déjà consommé plusieurs.

J'étais prêt à retourner chez moi. Tom était tranquille. J'avais servi un dernier client. C'était la première fois que je le voyais ou que je le remarquais. Il avait une gueule antipathique avec un sourire en coin. Il me fit venir pour me dire que son verre n'était pas propre et me le montrer. Il était assis juste en face de Christian. J'étais en train d'enfiler mon manteau et de saluer Fred quand j'entends un vacarme à l'intérieur. Je laisse tomber le manteau et me précipite d'où le bruit vient. J'aperçois alors une table renversée, avec les verres et les bouteilles par terre, deux chaises sur le côté, et Christian qui avait saisi le nouveau client par le cou et était en train de l'étrangler. Fred essaya de le saisir; Christian le bouscula aisément: il en faisait deux comme lui. Je m'approche de lui et l'empoigne à deux mains par le bras. Il se retourne pour me frapper et je lui crie:

— Christian, laisse-le.

Aussitôt que son regard croisa le mien, il lâcha prise. J'aurais pu être dans un beau pétrin; il pouvait faire une bouchée de moi.

— Va t'asseoir là-bas et attends-moi.

Il baissa la tête comme un chien battu et m'écouta sans rien dire. Pendant ce temps, l'autre bonhomme était étendu par terre et Fred était à côté de lui. Il murmura:

— Dans ma poche, mes nitro.

Je lui fourrai deux pilules en-dessous de la langue. Il réussit à se remettre sur pied et à s'asseoir. Je replaçai les tables et les clients retournèrent à leur place. Puis je m'assis à côté du bonhomme.

— Je suis cardiaque. J'aurais pu y laisser ma peau. C'est un fou furieux ce gars-là. Faites-le enfermer vite. J'étais après prendre ma bière, tranquille. Je le regardais, puis il m'a sauté dessus. Je lui ai même pas dit un mot. J'étais après penser à ma journée de demain. Maudit sauvage.

Je le laissai déverser sa bile. J'essayai d'excuser l'autre et d'expliquer sa conduite, mais le bonhomme ne voulait rien entendre:

— C'est la première fois que je viens ici, puis vous pouvez être sûr que c'est la dernière. S'il y a plus moyen de prendre une bière sans passer proche de se faire tuer! C'est une place de fous ici. Vous devriez changer votre enseigne et marquer ASILE.

Je savais qu'il aurait fallu que je change l'enseigne. Je me foutais pas mal aussi qu'il revienne ou non. Il avait vraiment une face à frapper dedans.

— Est-ce que je peux faire venir un taxi pour vous reconduire ou bien vous aider d'une autre façon?

— Tout ce que je veux, c'est sortir d'ici au plus vite. Salut.
Je le comprenais bien.

Je m'en allai trouver Christian. Son ami Roch avait quitté. Il avait la tête entre les deux mains et ne bougea pas lorsque je l'appelai. Il avait nettement l'air d'un enfant repentant.

— C'est comme ça que tu me remercies, mon Christian? Je te rends un service, puis toi tu mets les nouveaux clients dehors. Tu m'avais promis que c'était fini. Toute une parole, mon gars! J'avais toujours pensé que je pouvais me fier à toi.

Il ne me regardait pas, mais gardait la tête basse.

— Le bonhomme me dévisageait. Il me fixait dans les yeux. Puis, il a ri de moi. Il avait un maudit sourire en coin. Il y a pas un gars qui va rire de mon oeil sans recevoir un coup de poing sur la gueule. C'est pas de ma faute si j'ai un oeil handicapé.

— Qu'est-ce qu'il a ton oeil, Christian? Je n'ai jamais remarqué rien de spécial.

Il arracha ses verres et dans un accès de colère, les lança sur le sol. Il se tourna vers moi.

— Tu veux rire de moi, Mike? Ouvre toi les yeux puis regarde, maudit menteur.

Il bougea sa tête en haut, en bas, de côté, mais son oeil restait fixe.

— Il est mort mon oeil, comme mon père qui me l'a handicapé.

Il pleurait et il faisait pitié. Il s'était appuyé sur la table. Au début, il avait parlé fort, maintenant j'avais peine à l'entendre. J'avais envie de le laisser se vider.

— Je restais seul avec mon père. Ma mère était morte, j'étais tout petit. Je devais m'arranger seul à la maison. Le bonhomme était toujours saoul comme une botte. Je peux pas dire qu'il m'aimait pas. Des fois, il m'apportait des petits cadeaux, puis il jouait avec moi; il me faisait sauter, il se battait avec moi, pour rire. Je me souviens; il partait à rire, puis il riait sans arrêt. D'autres fois, il me foutait des claques pour des insignifiances. Je pouvais pas être cuisinier puis femme d'entretien, à cet âge-là. Je faisais bien mon possible, mais le bonhomme rentrait à n'importe quelle heure puis il voulait que je lui fasse à manger. Je sais pas s'il travaillait: des fois, oui, je pense. Mais d'autres fois, je suis pas mal sûr qu'il levait le coude toute la journée. Je savais jamais comment il était pour être. Il pouvait être joyeux et chanter ou bien il était violent et il voulait tout casser.

Je réalisais la force de l'hérédité, et quelle emprise elle avait eu sur Christian.

— Moi aussi, j'ai commencé à courir de bonne heure. J'étais tout petit puis je trafiquais des cigarettes. Je m'arrangeais pour les prendre dans les magasins puis je les revendais à l'unité aux jeunes qui pouvaient pas en avoir. L'école, je m'en sacrais pas mal. De toute façon, ils pouvaient pas appeler à la maison: il y avait personne. Je faisais des coups. Je cassais des vitres, juste pour passer le temps. Une fois, je me suis fait ramasser par la police. Il a fallu que le bonhomme vienne me chercher. Ils lui ont dit de s'occuper de moi ou bien que je tournerais mal. Il s'est occupé de moi en rentrant à la maison. Il m'a maudit une raclée. Il avait perdu la boussole complètement. Il criait, puis il frappait. Il criait: « C'est comme ça que tu me remercies de t'avoir mis au monde, puis de t'avoir fait vivre, petit cochon, p'tit maudit cochon. » Je lui avais pas demandé, moi, pour me mettre au monde; puis je pense que c'est bien plus moi qui le faisais vivre. Un moment donné, il m'a frappé dans la figure; je me souviens, j'ai porté ma main à ma tête, puis je suis tombé. Il m'a agrippé pour me secouer, mais j'ai perdu conscience. Je me suis retrouvé à l'hôpital. Quand je me suis réveillé, je ne voyais pas bien. J'ai appris que j'avais perdu mon oeil gauche. Il leur avait raconté que j'avais eu un accident. Quand il est venu pour me voir, j'ai fermé les yeux; je sais pas si je peux dire ça. Puis, j'ai fait semblant de dormir. J'ai entendu le bonhomme pleurer, mais ça me faisait plus rien. Il était trop tard. Je voulais plus rien savoir de lui.

Quand je suis rentré à la maison, il était autour de moi, il parlait doucement. Mais moi, je parlais plus, j'étais pas capable de parler. C'est dur un gars qui parle tout seul. Ça a pas duré longtemps. Il est allé prendre une bonne tasse. Quand il est rentré, je pense qu'il était pas mal saoul. J'étais couché, mais je dormais pas. Il est venu près de moi: pour la première fois, que je me rappelle, il m'a couvert et m'a embrassé sur le front. Je l'ai entendu s'éloigner, puis j'ai entendu un grand bruit. J'osais pas me lever parce que je savais ce qui venait d'arriver. Le bonhomme était plus capable d'endurer cette maudite chienne de vie. Ce que j'ai vu alors, c'était pas beau à voir. Pourtant, ça m'a juste donné mal au coeur. Le bonhomme, c'était rien pour moi.

Quand j'ai vu le gars rire tout à l'heure, j'ai revu la face du bonhomme, puis j'ai voulu le tuer. Si t'avais pas été là, Mike, je l'étranglais avec sa maudite tête de chien. Je pense que je vas finir pareil comme mon père.

— Tu as bien commencé pour être comme lui, en tout cas, Christian. Depuis un bout de temps, tu te saoules à tous les soirs, puis tu fais du vacarme. Pourtant, c'est ça que tu lui reprochais à ton père.

— C'est pas tellement ça, que de m'avoir planté sur la maudite terre, tout seul, au milieu de la maudite vie: puis, démerde-toi, mon gars. Il pouvait prendre un coup tant qu'il voulait: ça, je m'en sacre. Mais pas m'embarquer avec lui dans le même bateau. Faire des petits, c'est pas compliqué: les cochons en font. Mais les empêcher de se traîner dans la boue, c'est pas mal plus difficile. Le bonhomme, il pensait que je lui devais

86

quelque chose parce qu'il m'avait mis sur la terre. C'est trop drôle. Au moins, ma mère, elle avait peut-être eu du mal pour m'avoir. Lui, il était même pas là. Tout ce qu'il avait fait là-dedans, c'est qu'il s'était fait aller le bas du corps. Puis il s'en rappelait peut-être même pas, ou bien c'était peut-être même pas lui. Maudit, que ma mère a dû l'haïr! Mike, je regrette de t'avoir causé du trouble; je regrette d'avoir failli étrangler le gars tout à l'heure. Je pourrais bien te dire que c'est fini, puis que c'est la dernière fois, mais il me prend des crises des fois, c'est plus fort que moi, j'ai envie de démolir.

Il me venait des phrases à l'idée: j'avais envie de lui dire qu'il ne pouvait plus recommencer cela, que c'était la dernière fois que je l'endurais, que je serais obligé de le mettre à la porte pour longtemps. Pourtant, je le regardais la tête penchée, les yeux humides et après ce qu'il venait de me conter, je le sentais tellement impuissant que j'étais incapable de sortir rien de tel. Je sortis une banalité:

— Écoute, Christian. Moi, je veux bien t'aider, mais il va falloir que tu t'aides aussi. Il y en a des gars ici à qui j'aimerais taper la gueule, des fois, tu sais. Tu ne t'imagines pas que je les trouve tous sympathiques et puis que ça me fait toujours plaisir de les voir et de les écouter. Je vais te faire une confidence, mon Christian: il m'arrive d'avoir envie de les envoyer au diable ou de les faire sortir par les cheveux. Mais ces gars-là méritent peut-être un autre sort que ça. Ils ont peut-être eu de la misère comme toi, eux aussi, et ils aimeraient peut-être se faire traiter autrement qu'avec des coups de poing ou des coups de pied. Mes clients, ici, il faut que je les garde, même s'ils ont une tête antipathique. Quand tu auras envie de casser des gueules ou d'autres choses, viens me voir, pas pour me taper dessus, mais pour jaser un peu. Ça fait du bien des fois, tu sais. Je sais que tu n'as pas grand monde à qui parler.

— J'ai mon ami Roch. Mais lui, tout ce qui l'intéresse, c'est de parler des poules qu'il a rencontrées, puis de ce qu'il a fait avec elles. Moi, ça m'intéresse pas plus que ça. Je fais le faraud de temps en temps pour montrer que je suis comme les autres, mais des femmes j'en ai pas. Puis, si j'en avais, je saurais pas trop quoi faire avec elles. J'aurais peur de leur faire mal avec mes grosses mains qui transportent des barils. J'aime ça venir ici avec lui: ça m'empêche de prendre un coup tout seul. On est toujours bien reçu ici. On sait qu'on peut toujours compter sur toi, pour nous écouter, pour nous aider. Mike, je t'ai jamais vu bousculer un gars, et puis partout les gars te respectent.

— Ça me ferait de la peine d'être obligé de te barrer, Christian. Mais tu sais que ça ne peut pas continuer comme ça. O.K., Christian?

— O.K. Mike. Je vas essayer de te remercier autrement que comme ça.
Il me tendit la main. Je la lui serrai. Il me regarda et pour la première fois, je

remarquai son oeil. Comment un oeil mort pouvait-il exprimer autant de tristesse?

Fred me demanda:

— Vous lui avez dit de ne plus revenir, patron?

— Non.

— Vous savez, il aurait pu causer pas mal de dégâts. Ça aurait pu être sérieux.

— Je sais.

— Vous avez l'intention de lui donner une chance, malgré ce qu'il a fait?

— Oui.

— Je pense qu'il a eu pas mal de chances à date, puis qu'il a pas su en profiter.

— Il y en a à qui j'ai donné plus de chances qu'à Christian et qui n'ont pas su encore en profiter.

C'est tout ce que j'avais à lui dire. Je n'avais pas envie de parler. On peut dire n'importe quoi sur les gens quand on ne les connaît pas. Et bien souvent, on ne veut pas les connaître parce que c'est plus commode ainsi: ça vous dérange moins.

Je décidai de rester jusqu'à la fermeture. Je me servis une bière, puis une autre; je n'avais envie de parler à personne.

Je me rappelais maintenant la réaction que j'avais eue après avoir trouvé les damnées cigarettes sous mon matelas. J'avais eu envie d'aller trouver Serge et de lui lancer le paquet à la figure, devant tout le monde, mais je n'avais pas été jusqu'au bout de ma colère. Puis j'avais pensé aller le déclarer à la direction, mais je m'étais arrêté à temps en songeant aux conséquences de mon geste: il serait certainement très sévèrement puni, car fumer était alors considéré comme un délit sérieux et, de plus, je serais probablement impliqué dans toute l'affaire. J'avais déjà un mauvais souvenir d'une première expérience semblable. Donc, après le premier accès de bile, je décidai de lui remettre le paquet et de lui dire: « À partir de maintenant, tu trouveras un autre endroit pour cacher ta marchandise. » J'avais expliqué à Luc, le petit gars accidenté, ce que les cigarettes faisaient sous mon matelas. Je pouvais me fier à lui, car on était bons copains et il m'avait déjà confié pas mal de choses. On continuait à se promener ensemble car mes activités de fumeur ne me réclamaient que deux récréations par semaine, pour ne pas éveiller de soupçon. Moi, je ne demandais pas mieux, car je me foutais pas mal de la fumée. Ce qui m'intéressait, c'était de me sentir important parce que j'étais avec des plus grands. Voici donc qu'un soir en se mettant au lit, je vois un paquet de cigarettes tomber de dessous le lit de Luc. Il se penche, le regarde, devient blême et le ramasse d'une main tremblante pour le déposer dans le tiroir du petit bureau près de son lit. Je n'ose le regarder de peur de le trahir. Le lendemain, à la récréation, je le vois se diriger devant Serge, vider le contenu du paquet par terre et le piétiner en disant: « Garde tes affaires chez vous, grand salaud. » Il était blanc; le grand qui était rouge lui saute dessus et, en l'empoignant par la chemise, lui fait sauter deux boutons qui révélèrent le début de sa profonde cicatrice. Puis il lui dit:

— Espèce de petite femmelette. Si tu dis quoi que ce soit à quelqu'un, je le dis à tout le monde que tu as de la peau de poulet.

Ce jour-là, le petit n'avait plus voulu parler, même pas à moi. Il avait été se réfugier dans un coin retiré de la cour et, lorsque j'avais été le retrouver, il n'avait que baissé les yeux et avait reserré sa main au cou pour tenir sa chemise fermée.

— On ferme. On ferme. C'est le temps de fermer.

— Quoi? Fermer? Ah oui, Fred. Bien sûr, c'est le temps de fermer.

X

La vie à la maison n'était pas tellement gaie. J'étais triste et déprimé. De plus, j'étais extrêmement fatigué. On peut compenser assez facilement pour la fatigue physique: un peu plus de sommeil et on récupère assez rapidement. Mais la fatigue morale ne peut s'effacer aussi aisément. Vous réfléchissez, vous essayez de comprendre une situation, vous tentez de trouver une solution à vos problèmes, mais la réponse ne vient pas; vous connaissez alors les nuits d'insomnie pendant lesquelles vous songez à votre sort et à celui de bien d'autres qui vous entourent. Vous constatez alors votre faiblesse, votre impuissance: le sommeil ne vient pas. Vos forces vous abandonnent. Vous vous demandez constamment comment vous allez pouvoir continuer. Vous vous mettez même à ressentir des douleurs physiques intenses causées par votre état d'anxiété: maux de tête, difficulté à respirer, douleurs à la poitrine. Ces maux sont pénibles, bien sûr, mais ne sont rien comparés aux tortures psychologiques que vous subissez et contre lesquelles vous ne trouvez aucun remède.

Mon épouse s'occupait intensément des démarches nécessaires à la vente du commerce. Elle fut toujours présente pour m'apporter une aide précieuse sans laquelle je n'aurais jamais pu tenir le coup. Elle partageait mes difficultés, mais elle ne pouvait partager mes angoisses profondes et je creusais le fossé qui nous séparait, par mes silences pénibles. Elle était à côté de moi et je sentais qu'elle voulait que je lui confie mes difficultés. Mais j'en étais incapable. Comment expliquer à quelqu'un que vous souffrez à cause des autres, que la misère qui vous entoure vous fait mal et que, malgré tout, vous continuez à l'exploiter? Il y a des sentiments tellement profonds qu'on ne peut les rendre fidèlement. Notre mariage, à cette époque, était devenu bien plus une entreprise financière qu'une affaire sentimentale. Peut-être que certaines gens peuvent se contenter de ce type de relations humaines, mais ce n'était pas le cas pour nous et ça ne l'avait jamais été. Les enfants étaient conscients aussi de cette désintégra-tion. Il n'y avait pas de scènes, de chicanes, de cris, mais des silences qui en disaient beaucoup plus. Les enfants ont le don de percevoir ces différen-tes vibrations. Je me sentais tellement coupable devant cette situation. C'est moi qui l'avais voulu. Nous nous lançons parfois dans des aventures sans en connaître toute la portée et les conséquences. Bien sûr, nous étions quand même sérieux, bien que très jeunes, et nous avions analysé la situation avant de nous embarquer. Nous étions parfaitement conscients de ce que nous faisions et étions prêts à maints sacrifices. Mais il y a tellement de dessous et d'aspects cachés que personne ne veut vous révéler, ou plutôt n'a intérêt à vous révéler. C'est la loi du silence. Chacun mène sa petite affaire à bien, et que l'autre se démerde. L'amitié se résume pour bien des gens à ne pas intervenir dans les affaires de l'autre. Il faut faire l'apprentissage de sa propre misère soi-même. Je m'étais embarqué en pleine connaissance de cause, du moins, je le croyais. Et maintenant, j'étais dans le bain jusqu'au cou. Mais qui allait m'en sortir avant que je me noie? Il est plus facile de se réjouir du succès de l'un que de compatir devant le malheur de l'autre.

Nous vivions de l'espoir de vendre. Les appels étaient fréquents; nous avions de nombreux visiteurs, mais un achat de cette envergure ne se conclut pas en quelques jours. C'était une période d'attente intensive. Je revoyais souvent au cours de la semaine des figures que j'avais rencontrées le dimanche après-midi. Ils venaient suivre la taverne de plus près: c'était bon signe. Nous avions convenu qu'à ce moment-là, il n'y aurait aucun échange entre nous: la plus grande discrétion devait être observée. Nous suivions ces visites avec anxiété, nous en comptions la fréquence, nous attendions avec impatience d'autres appels pour une confirmation ou d'autres renseignements. Puis nous constations, souvent avec amertume, l'arrêt des visites et la disparition de l'individu intéressé. Une autre parcelle de nos espoirs s'en allait avec le vent.

Et pour nous, chaque jour était pénible et ressemblait un peu plus à l'autre. Mon échange avec Christian n'avait certes pas contribué à me remettre d'aplomb. Je savais que c'était un gars marqué et je sentais aussi bien que lui qu'il était fini, ou qu'il avait, en tout cas, bien peu de chance, de remonter à la surface. Il lui aurait fallu un coup de chance extraordinaire qui serait venu transformer sa vie pour lui permettre de tout effacer et de recommencer à neuf. Mais ces coups de dés n'arrivent ordinairement pas à ce genre de gars qui a l'habitude de jouer perdant au point de départ. Il était pénible de voir ainsi un petit gars qui n'avait même pas vingt ans, écrasé par la vie et ayant à peine la force de se débattre par ses propres moyens.

Vint le jour où j'eus à rencontrer le représentant du syndicat. Je l'avais appelé à quelques reprises pour remettre l'entretien à plus tard; je n'étais pas tellement pressé de faire sa connaissance. Mais je ne pouvais pas remettre cette rencontre indéfiniment; il commençait à s'impatienter sérieusement. Nous convînmes enfin de nous rencontrer chez moi, au commerce, un soir à 17 heures. De toute façon, il m'affirmait que c'était une formalité qui ne devait durer que peu de temps. C'était un Italien du nom de Gino C. Il était assez grand, les cheveux grisonnants et il parlait bien français malgré un certain accent. Il était accompagné d'un autre Italien, très noir, au regard dur, qui demeura en retrait.

— Nous avons finalement pu nous rejoindre, M. Laudais. Ce n'est pas trop tôt.

— J'ai été très occupé dernièrement. Vous savez, c'est mon premier commerce et il n'y a pas tellement longtemps que je suis entré ici. J'ai eu pas mal de préoccupations.

— Nous savons. Nous sommes les représentants de vos employés et nous demeurons en contact avec eux. C'est pour vous donner une chance de vous installer que nous avons accepté de retarder cette rencontre, qui aurait dû avoir lieu normalement dès votre prise de possession du commerce. Vous savez que la taverne est agréée et que nous avons plein mandat pour représenter les employés.

Je savais vaguement ce que le terme agréé signifiait. Je demandai cependant à voir le document officiel. Il fouilla dans ses papiers et m'en montra une copie.

— C'est votre prédécesseur qui l'avait signé, ce qui veut dire qu'il acceptait de négocier avec nous. À partir de ce moment-là, le commerce est lié au syndicat par cet acte.

Je n'y connaissais rien et je n'y comprenais rien. Je n'étais pas un homme d'affaires et je n'avais jamais connu une telle situation.

— Nous avons préparé une convention avec des conditions de travail très claires. Nous aimerions que vous en preniez connaissance. Vous constaterez que nous avons tenu compte d'une condition particulière que vous avez ici: c'est-à-dire que le garçon de table doit servir lui-même au bar. Vous faites l'économie d'un employé, en tant que patron, mais l'employé a ainsi plus d'ouvrage. Donc, il est juste qu'il reçoive un meilleur salaire. Remarquez que vous faites encore une économie en n'ayant pas de barman. On aurait pu exiger dans la convention que vous ayiez quelqu'un d'autre pour servir.

Jusqu'à présent, je ne prenais pas tout ça tellement au sérieux. J'étais patron chez moi; j'avais deux employés qui semblaient assez satisfaits et je devais négocier avec un parfait étranger que je ne reverrais probablement jamais dans mon établissement. Je m'attendais tellement à vendre avant longtemps que je l'écoutais distraitement. Même lorsqu'il m'énuméra les clauses, je le suivais à peine. Il me semblait que j'avais assez de difficultés comme ça, sans avoir quelqu'un de l'extérieur pour venir m'en causer d'autres. Et puis, j'étais tellement fatigué! J'étais attablé avec lui dans un coin de la taverne et lui avait l'air de prendre son rôle au sérieux. Il avait un énorme cigare qui m'empestait, et l'autre à côté était là sans bouger qui attendait quoi au juste, avec son air d'enterrement. Quand je pensai qu'il eut terminé son exposé, je lui dis:

— Je désirerais avoir copie de la convention que vous avez préparée afin que mon avocat en prenne connaissance!

Ça faisait important de parler de « son » avocat. En fait, je n'avais jamais eu besoin d'avocat dans ma vie et j'espérais ne jamais en avoir besoin. Mais, j'avais bien de mes confrères qui s'étaient dirigés vers le droit, qui accepteraient de me donner des renseignements.

Il me regarda sévèrement avant de me répondre:
— M. Laudais, c'est parfaitement votre droit de consulter un avocat. Maintenant, nous avons aussi nos avocats et je ne voudrais pas que ceci devienne une bataille légale qui risquerait d'être longue et pénible et pourrait vous coûter quand même beaucoup plus cher qu'une entente directe entre nous. Vous pouvez contacter votre avocat et nous donner des nouvelles dans le plus bref délai. Il faut que tout ceci se règle le plus tôt possible. Nous avons déjà perdu un temps précieux en délais de toutes sortes. Il serait grandement temps que nous en venions à une entente.

De mon côté, je désirais avant tout gagner du temps

Il se leva pendant que son ombre s'empressa de lui glisser son manteau et me salua sèchement.
—J'attends de vos nouvelles dès cette semaine, me dit-il.

Je ne savais trop comment manipuler cette situation embarrassante. Je décidai d'essayer de rejoindre un de mes amis, avocat. Dès que je lui eus relaté les faits, il me dit:
— Tout ce que tu peux faire dans les circonstances, c'est de t'arranger le mieux possible avec eux et d'essayer de gagner du temps. Tu n'as pas le choix, Mike, il faut que tu signes. Demande-leur de te produire l'acte d'accréditation. Dis-leur que je veux le voir. Ils vont devoir le faire venir du gouvernement et ça te donnera du temps. Mais fais tout de même attention à ce que tu vas faire.

Je commençais à prendre la chose un peu plus sérieusement. S'il fallait que je paye cette augmentation à mes employés, je ne pourrais plus arriver à joindre les deux bouts. Les paiements que j'avais à rencontrer étaient extrêmement élevés. Le mois passé, un livreur d'une des compagnies m'avait laissé un nombre insensé de caisses de bière. Il devait y avoir un concours quelconque qu'il voulait gagner et il avait profité du fait que je n'étais pas là pour vider son camion chez nous. J'avais été trop occupé pour pouvoir régler ça, mais maintenant j'allais devoir payer un montant considérable à la fin du mois. Évidemment la marchandise n'était pas perdue. Lorsque je vendrais, j'allais récupérer le tout lors de l'inventaire final. Mais, ça ne m'aidait pas à balancer mes affaires. Il y a deux jours encore, en entrant, Roberto me dit qu'une ligne de bière avait mal été ajustée par le livreur de fût et que le contenu du baril avait coulé par terre. Je regardai près du drain; il y avait effectivement de la bière qui avait coulé, mais quelle quantité et par la faute de qui? Il était impossible de le contrôler. Tout ça n'aidait pas à améliorer ma situation financière ni ma condition morale, bien sûr.

Un soir, en entrant, Ti bumm vint me trouver juste à la porte qui menait derrière le comptoir. Son ami était resté à la table, mais il me regardait: il avait son éternel sourire. Marc avait l'air traqué, comme toujours. C'est, je crois, le seul client qui m'ait fait vraiment peur, du temps que j'ai eu ce commerce. Vous ne saviez jamais à quoi vous attendre. Je pensais toujours qu'il était pour me sauter dessus. Il avait l'air de se passer tellement de choses à l'intérieur de lui. Je ne me rappelle pas l'avoir vu sourire vraiment. Il esquissait quelquefois quelque chose qui ressemblait à un sourire, mais ce n'était pas ça. Il était couvert de boutons, petit, la voix rauque. Il n'était nullement imposant, mais c'est son regard qui m'effrayait. Malgré les services que je pouvais lui rendre, je ne pouvais jamais savoir s'il était avec moi ou contre moi, car il me donnait parfois l'impression d'être contre tout et surtout contre tous. Il vous tendait la main, mais vous ne saviez pas si c'était pour vous frapper. C'était un des seuls qui ne m'appelait pas « Mike » et je n'ai jamais pu comprendre exactement pourquoi. Était-ce par respect ou par mépris, pour bien marquer la distance qui existait entre nous? Et pourtant, à certains moments, je l'ai senti bien près de moi. Quand Roberto le vit, tout de suite, il vint me rejoindre. Roberto ne pouvait le sentir et n'attendait que sa chance pour l'expulser. Il me dit:

— Endurez-le pas ici, M. Laudais. Qu'il s'assoie ou qu'il s'en aille. Comme les autres.

— Je veux parler à M. Laudais, Roberto. Laisse-moi tranquille.

Avant que Roberto puisse compléter son mouvement, je répondis:

— Laisse faire, Roberto.

— Est-ce que je peux entrer, M. Laudais? Une minute; j'ai à vous parler.

C'est une figure que je ne pourrai jamais effacer de ma mémoire, malheureusement. Pourtant, je ne parviens pas à la décrire adéquatement. Il y avait tellement d'amertume, de dégoût dans ses traits. Il me semblait voir la figure de quelqu'un en train de brûler vif dans une maison et incapable d'en sortir. Un air de désespoir intense. Je le laissai entrer derrière le comptoir, à l'abri des regards indiscrets:

— Écoutez, M. Laudais je suis mal pris, j'ai besoin d'argent...

— Marc, je t'en ai déjà prêté, l'autre jour...

— Appelez-moi pas Marc. C'est pas mon nom. Mon nom, c'est Ti bumm. J'en ai jamais eu d'autre. Quand quelqu'un dit Marc, j'ai envie de sauter dessus. Je le sais que vous m'avez prêté de l'argent. Je vous l'ai remis aussi.

Il était très agressif.

— Je sais, Marc, excuse. Je sais, mais j'ai attendu pas mal longtemps pour l'avoir.

— Oui, mais là, c'est pas pareil. L'autre jour, je voulais de l'argent pour prendre un coup, mais pas aujourd'hui. J'ai besoin de $15, M. Laudais.

— Tu exagères un peu, il me semble, Ti bumm. Je n'ai jamais prêté $15 à personne.

— Évidemment, vous, vous êtes un riche. Vous êtes un propriétaire. Vous pouvez pas comprendre ce que c'est que d'être dans la misère. Vous avez toujours à manger devant vous. Tout ce que vous avez à faire, c'est de vendre de la bière. J'ai besoin de $15 parce que j'ai faim, pas seulement parce que j'ai soif.

— Tu veux me faire croire que tu vas te servir du $15 pour manger? J'aimerais autant que tu m'en contes d'autres que celle-là. Demande-moi honnêtement $5 pour prendre un verre.

— Je dis pas que je prendrai pas un verre ou deux, mais c'est pas pour ça.

— Il me semble que tu n'es pas si gros que ça. Avec $15, tu peux manger pas mal.

— Vous comprenez pas. Je suis pas tout seul. Je dois prendre soin de ma mère qui est folle puis de ma petite soeur à la maison. C'est moi qui leur sers de père. Puis il reste absolument rien à manger chez nous. La petite braille parce qu'elle a faim.

Il s'était approché de moi et il avait l'air enragé.

— Vous savez pas ce que c'est que d'avoir faim. Je gage que ça vous est pas arrivé souvent de passer des repas, puis que les tripes vous tiraillent. Évidemment, j'avais toujours mangé à ma faim; je ne connaissais pas ce genre de misère; mais j'en connaissais d'autres qui vous prennent aux tripes aussi.

— J'ai besoin de cet argent-là, puis il faut que je l'aie absolument.

— Je peux te prêter $5. Ça devrait faire ton affaire.

— J'ai pas besoin de $5. J'en veux pas. Il faut qu'on mange toute la semaine. J'ai besoin de $15. Il faut absolument que je l'aie tout de suite.

Je me demandais s'il se faisait suppliant ou menaçant. Il avait l'air d'un drogué qui a besoin de son injection et qui est prêt à n'importe quoi pour l'avoir. J'aurais pu régler le problème très rapidement. Je n'avais qu'à appeler Roberto et lui demander de l'expulser immédiatement. Roberto se ferait un plaisir de le tapocher un peu, car le petit n'était pas de taille. Mais je n'étais pas habitué à ce genre d'argument. J'étais incapable de poser un tel geste. Je me sentais paralysé devant tant de misère humaine.

— Je suis un pauvre gars. Je suis alcoolique: ça me prend du jus continuellement, puis à côté de ça, je suis pas un sans coeur, je veux pas laisser ma petite soeur crever. Si vous me donnez pas l'argent, je vas faire une folie, puis je voudrais pas la faire ici, parce que j'ai jamais eu de trouble ici. Je trouverais pas ça drôle de faire ça à un gars comme vous qui a toujours fait attention à moi.

Je ne pouvais savoir s'il me disait la vérité ou non. Il avait l'air si désespéré. Mais il me faisait peur aussi. Il était tout petit mais je crois qu'il était prêt à n'importe quoi. Je sortis $15 et le lui tendis. Il me regarda et à aucun moment, je ne pus déceler autre chose que de la dureté dans ses yeux. On aurait dit que cet argent lui était dû, même s'il me dit:
— Vous le regretterez pas, M. Laudais. Je suis un alcoolique mais pas un sans coeur. Je travaille. L'argent, vous allez l'avoir bientôt. On sait pas, j'aurai peut-être l'occasion de vous rendre service un jour. Je vas m'en rappeler de ce que vous venez de faire. Je vas m'en rappeler longtemps.

Ce n'était pas tellement un acte de charité parce que je n'avais pas l'impression d'avoir eu tellement le choix. J'avais peu de mérite dans un tel geste. Il commanda deux bières et quelques instants après, je le vis partir avec son ami. Avant de sortir, il me lança encore une fois ce regard insaisissable pendant que l'autre m'esquissait un large sourire.

Roberto vint me voir pour me dire:
— J'espère que vous vous êtes pas fait embarquer par Ti bumm. C'est un petit maudit drogué. Tout le monde le sait ici. Il ferait n'importe quoi pour en avoir. Vous devriez pas le laisser vous parler, surtout pas le laisser entrer en arrière. Vous vous attirez des ennuis avec ça. Si c'était juste de moi, on le barrerait d'ici. Moi, je peux pas le sentir.
— Il faut bien lui donner une chance, Roberto. Il n'a causé d'ennuis à personne encore.
— Non, mais il y a personne qui veut le voir, puis il le sait. Il attend juste sa chance. Les gars ici, ils aiment ça prendre un verre mais des types comme lui, ils veulent pas voir ça ici. Ça fait pas partie de la même catégorie. Je vous le dis: vous vous attirez du trouble avec lui.
— Deux bières pour Tom, s'il vous plaît, puis une grosse pour Vincent.

Oui. Deux bières pour Tom, puis une grosse pour Vincent. Je le savais par coeur maintenant. Au début, j'avais pensé que ce serait difficile; après, je croyais que je ne resterais pas assez longtemps pour connaître les goûts de chacun. Mais à présent, je la connaissais la routine, et je la subissais de jour en jour. Tom devant sa télévision; Arthur traînant sa peau jusqu'au bar; David qui entrait la tête haute et qui ne perdait pas sa chance d'aller en face raconter tout ce qui se passait chez nous; Vincent avec sa voix de tonnerre qui se mettait à chanter tout à coup; Christian dans son coin, qui, ce soir, était seul et silencieux; les deux cols bleus qui se parlaient toujours sans jamais s'écouter; les waiters qui me racontaient toujours les mêmes balivernes, et les autres: les autres qui leur ressemblaient tellement par leur misère. J'avais envie de leur crier:

— Qu'est-ce que vous attendez pour foutre le camp chez vous bandes de caves? Vous avez fini de vous faire exploiter. Allez-vous en chez vous. Vous n'avez rien à faire ici. Allez rejoindre votre mère, votre femme, vos enfants. Chez Mike c'est fermé. Ça n'existe plus.

Oui, mais justement, il n'y avait plus personne qui les attendait. Leur monde, leur « chez eux », c'était ici, « chez Mike », un monde de fausses illusions, d'êtres qui n'existaient plus. Roberto vint me ramener à la réalité:

— J'ai oublié de vous dire. Il y a un type qui est passé aujourd'hui pour votre enseigne lumineuse. Il voulait vous parler. Il a laissé sa carte d'affaires. Tiens, je l'ai ici. Il pourrait faire quelque chose d'intéressant qu'il m'a dit: une enseigne avec votre nom dessus. Il faudrait absolument la faire réparer. Ça attirerait des clients. Comme ça, ça a pas l'air d'une taverne.

Une enseigne avec mon nom dessus! Comme si j'avais envie d'afficher mon nom. S'il avait su que la maudite place était à vendre, il aurait compris que j'avais bien plus envie de disparaître que d'afficher mon nom. J'allais certainement finir par être chanceux. Encore dimanche, j'avais des gens qui venaient visiter.

Je songeais à quitter quand, tout à coup, je vois revenir le gars qui se tenait toujours avec Ti bumm, le gars au large sourire. Je m'attendais à voir arriver l'autre d'un moment à l'autre, mais non. Il portait un grand sac. Il se dirigea vers la table d'un gars qui était seul et sortit un appareil radio du sac. Puis, il s'adressa au type assez fort pour qu'on le comprenne:

— Veux-tu acheter un appareil radio bon marché. C'est un bon appareil. Regarde, le prix est encore dessus. Il vaut $89. Combien tu m'en offres?

— Je suis pas intéressé. J'en veux pas de ta marchandise. Laisse-moi tranquille.

Il le laissa avec son sourire, qui n'indiquait pas une parcelle d'intelligence, son air de gros gorille, et recommença le même manège avec un autre qui lui donna une réponse semblable. Il s'essaya alors avec trois gars qui étaient ensemble.

— Combien vous m'offrez pour ça, les gars? C'est un vrai bon. Regardez le prix.

L'un d'eux lui répondit peut-être pour s'en débarrasser:

— Je te donne $5.

— Eh! Eh! tu vas pas rire de moi. Un radio comme ça pour $5. Voyons, ça a pas d'allure, Donne-moi $35, puis il est à toi, O.K.?

— Au prix qu'il t'a coûté, tu sais, c'est de l'argent clair. Je vas te donner $10. Je te donne rien de plus. Si ça fait pas ton affaire, va t'asseoir ailleurs.

— O.K. Choque-toi pas. On est des amis. Pour toi, je le laisse à $10. puis je te paie une bière.

L'autre lui tend l'argent et comme le gros gars vient pour le lui prendre, il accroche le radio qui tombe par terre et se brise. Mon gros gars, -j'appris par la suite que son nom était Gil,- ne perd pas son sourire idiot, ramasse le radio pour le mettre dans son sac et dit à l'autre, sans broncher: « Attends-moi, ici, je vas aller t'en chercher un autre pareil, ça sera pas long. »

Je n'en revenais pas et eux autres non plus. Je ne pouvais pas quitter. Je décidai de rester jusqu'à la fermeture. Mais entre temps, je ne pouvais faire autrement que de me demander à quoi mon argent avait servi. Toutes sortes de suppositions me passaient par la tête et j'essayais de les écarter pour me dire que j'avais peut-être aidé à nourrir quelqu'un. J'avais peut-être aidé à toute autre chose aussi!

Gil revint avec un autre radio peu après. L'autre l'examina, le trouva à son goût et lui donna l'argent. Gil paya alors une bière aux trois gars et vint me trouver.

— Tiens, patron, paye-toi une bière. Oui, oui. Toi, t'es un bon gars. Je le sais que c'est toi qui as prêté l'argent à Ti bumm. Puis cet argent-là, il a servi à quelque chose, je peux te le garantir. Toi, t'es un bon gars.

Moi, je le savais bien qu'il avait servi à quelque chose, mais j'aurais bien voulu savoir à quoi. J'avais le goût de le questionner et je savais que j'aurais bientôt su la vérité. Mais, un moment d'hésitation et il était déjà parti. Il en valait peut-être mieux ainsi!
Enfin, je pus quitter la place. Comme d'habitude, je passai par l'arrière. Le temps était mauvais et il faisait noir. Il ne restait que le laveur de planchers à l'intérieur. J'arrêtai prendre une bière un peu plus loin pour me désintoxiquer. Ça me faisait du bien d'être de l'autre côté du comptoir de temps à autre. J'étais perdu dans mes pensées quand tout à coup, il me revint à l'esprit que j'avais laissé à la taverne un paquet dont j'avais absolument besoin. Une chance que ce n'était pas tellement éloigné. Je finis ma bière et me mis en marche.

Dès que j'ouvris la porte, je sentis que quelque chose n'allait pas. Mon laveur de planchers était confortablement assis, une bière à la main et il donnait son petit party personnel. Il y avait cinq autres clients avec lui dont Tom, évidemment. Après mon départ, il leur avait hospitalièrement ouvert la porte. À mon arrivée, chacun avait une bière et s'amusait. Les visages changèrent tout à coup. Le silence le plus complet. Mon laveur sentit le besoin de me dire:

— J'étais pour laisser l'argent pour les bières sur le comptoir. Vous savez, c'est la fête de … Tom. On voulait lui faire une surprise.
Je répondis lentement et fermement:

— Moi aussi, je veux te faire une surprise. Donne-moi ma clef. C'est la deuxième fois qu'on fête Tom depuis que je suis arrivé. Je trouve que c'est trop. À partir de maintenant, mon gars, tu organiseras tes parties ailleurs, puis tu iras laver tes planchers ailleurs. Cherche pas ta paye, je l'ai perdue en revenant ce soir. Salut!

Puis je me retourne brusquement vers les autres et leur crie: « Foutez le camp. »
Ils étaient six. J'étais tout seul. Ils auraient pu faire une bouchée de moi. Ils sortirent tous en rang, doux comme des agneaux.

Je me retrouvai seul. Je m'étais trouvé un nouvel emploi: laveur de planchers. La sueur me coulait dans la figure. Mais si je me rappelle bien, j'ai pleuré de rage, d'amertume, de fatigue et puis quoi encore... de découragement.

Quand je réussis à m'asseoir, je pensai alors aux différents groupes qu'il y avait dans le pensionnat de mon enfance et aussi aux différents types de gars. Je me rendais compte tout à coup que j'avais déjà connu les Gino, les Ti bumm, les Gil et les autres aussi que je retrouvais constamment devant moi. Il n'avaient pas la même apparence, bien sûr, mais au fond c'étaient les mêmes.

Il était très difficile de passer d'un groupe à l'autre et ce privilège m'avait été réservé à cause d'un événement isolé dont je n'étais même pas responsable, et qui devait peut-être changer mon orientation parce que ce que j'apprenais dans ce groupe n'était ordinairement pas réservé aux gars de mon âge. De temps à autre, il y en avait d'autres qui réussissaient à passer à l'intérieur d'un autre groupe, mais c'était ordinairement en achetant leur place avec des sucreries qu'ils devaient remettre au chef régulièrement, ou des jouets ou encore d'autres choses semblables. Il y avait ainsi un trafic qui se passait à l'insu des autorités et qui faisait le bonheur des plus grands et des plus forts. Il y en avait d'autres qui avaient leur petit commerce personnel. Je me rappelle de l'un en particulier, qui s'amusait à manipuler les couleuvres. On était situé dans un endroit rocailleux — les rochers qu'on avait essayé de me vendre peu de temps auparavant — et on trouvait régulièrement de ces reptiles un peu partout. Ils avaient le don de m'écoeurer singulièrement comme c'était le cas pour plusieurs autres. Or, ce bonhomme-là prenait plaisir à effrayer les gars en courant après eux avec un reptile à la main. Si on ne se pliait pas à ses caprices, on pouvait aussi bien se retrouver avec une maudite couleuvre dans son tiroir de bureau ou dans son casier. Je me souviens même d'un soir où un pauvre petit gars s'était mis à crier en se mettant au lit en constatant qu'il y avait quelque chose de froid qui bougeait au pied de son lit, sous ses couvertures. Il me faisait peur et je devenais glacé quand je le voyais s'approcher. J'avais décidé de conclure un pacte avec lui pour qu'il me laisse tranquille et je lui remettais toutes les sucreries et tous les bonbons que je recevais lors de la visite de mes parents. Je ne tenais pas plus que ça aux bonbons mais il me faisait toujours mal au coeur de les lui remettre car ils avaient pour moi une valeur sentimentale qui constituait le seul lien qui restait entre mes parents et moi. Chaque fois que je prenais une sucrerie, il me semblait que je retrouvais un morceau de chez nous, d'autant plus qu'elles avaient été préparées spécialement pour moi, par ma mère. Et quand je la revoyais et qu'elle me demandait des nouvelles de sa nouvelle recette de sucre à la crème je lui répondais: « Je crois que c'est la meilleure que tu n'aies jamais faite. » Mais je décidai, malgré la crainte que j'avais de retrouver un reptile froid et visqueux au pied de mon lit ou dans mon armoire à linge, d'essayer de camoufler une certaine quantité de ces sucreries sentimentales pour réussir à y goûter mais peut-être encore plus, pour les presser à l'intérieur de ma main.

XI

Vincent était assis tout seul et se parlait à lui-même. Vincent, c'était un drôle de gars. Il y avait des étapes très marquées dans le déroulement de sa soirée. D'abord, il arrivait toujours gai, en saluant tout le monde avec sa grosse voix. Il avait l'air très rude: il présentait l'aspect d'un gros gars mauvais, puis quand il vous avait inquiété, il se mettait à rire d'un rire qui venait de très loin. Au début, il me faisait peur avec son air menaçant. Il disait, par exemple, toujours en ayant l'air sérieux: « Mike, tu payes la bière à tout le monde ce soir, toute la veillée, tu m'entends? Sinon, je casse tout dans la place. Il te restera pas un verre ici. T'as compris? Fais ça vite. » Puis quand il voyait qu'il m'avait mis dans le pétrin, il se mettait à rire et me donnait des grandes tapes sur les épaules, puis il disait: « Laisse faire, Mike, pour ce soir, c'est moi qui vas payer. » Il venait ordinairement me donner la main en entrant et payait assez souvent une tournée à tout le monde. Il buvait de la grosse, rien d'autre. Quand il la recevait, il la prenait à l'intérieur de sa main et la tenait en équilibre pour étonner les autres, puis soudainement, il la faisait culbuter sur le dos de sa main et se mettait à rire pendant que les autres le surveillaient. Il refaisait son truc jour après jour et je ne l'ai jamais vu le manquer. Il aimait parler aux gars des autres tables. Ces gars savaient exactement jusqu'à quel moment ils pouvaient lui parler et quand ils devaient arrêter. Tout à coup, il se mettait à chanter: c'était ordinairement après sa deuxième grosse. Après sa troisième, il faisait un tour d'équilibre; il s'étendait par terre et se relevait en s'aidant d'une seule main. Quelquefois, il recueillait des applaudissements. Quelquefois, un nouveau client lui envoyait une bière: si ce n'était pas une grosse, il la remettait à Tom. Son public ne réagissait pas toujours pareil. Je ne sais pas quel travail il faisait, mais il me paraissait extrêmement fort. Peu après, le spectacle était fini et il se retrouvait seul avec lui-même; à ce moment, il perdait complètement contact avec les autres et se mettait à parler tout seul. Ordinairement, il échangeait avec lui-même. Au début, j'avais cru que c'était un jeu, que c'était une autre forme de spectacle, mais je compris vite que ce n'était pas le cas. Vincent n'était vraiment plus avec nous. Les gars l'appelaient ordinairement « Vince » et bien que ce diminutif ne me plaisait pas tellement, je m'en servais quelquefois de façon amicale, car ça lui faisait plaisir qu'on l'appelle ainsi. Ce sont des petits détails, mais les gars avaient ainsi l'impression qu'on s'occupait d'eux un peu plus spécialement. Un de ces soirs, j'étais à l'arrière du bar, je ne le connaissais pas encore tellement; il me regardait fixement. Il avait l'air furieux. Puis, toujours en me regardant:

— Toi, mon maudit, je vas te casser les deux jambes.

Je demeurai extrêmement surpris. Je m'étais toujours bien entendu avec lui, jamais un seul accrochage. Je pensai d'abord qu'il voulait rire et m'agacer mais je ne savais trop comment réagir.

— Mon enfant de chienne, c'est de ta faute tout ce qui est arrivé.

Les clients étaient habitués à sa grosse voix et ne lui prêtaient même pas attention. Mais moi, il m'avait pris par surprise et j'avais un peu peur de lui:

— Voyons, Vince, qu'est-ce qui te prend? Qu'est-ce que je t'ai fait?

Il me regardait en plein dans les yeux.

— Tu le sais que c'est de ta faute; on s'arrangeait bien puis t'es venu tout mettre ça à l'envers. Je vas te casser les deux jambes; tu vas être comme moi, un bon à rien. T'avais pas d'affaire chez nous.

Je compris alors que malgré qu'il me regardait, il ne s'adressait pas à moi. Il ne me voyait même pas. Il ne m'entendait pas. Il n'était plus avec nous. Il continua:

— T'as pas un mot à dire. Quand on invite un ami à la maison, c'est pas pour qu'il nous vole nos affaires. T'es un maudit salaud. Non seulement je vas te les casser les jambes, mais je vas te les couper: tu vas avoir l'air fin avec des petits bouts de jambes. Puis je vas en pendre un bout, puis je vas te le mettre entre les deux. C'est rare un gars qui a les trois membres égaux. Tu leur diras que c'est un souvenir de ton ami Vince. Tu vas voir que tu vas avoir du succès arrangé comme ça. Tu reviendras voir ma femme pour savoir comment elle trouve ça un tripède comme toi. Ah! Ah! elle est bonne celle-là. Un tripède.

Puis il se mit à rire, un rire terrible qui devait ressembler à celui de l'ogre dans mes contes de jeunesse, pendant que David entrait et allait le trouver.

— Qu'est-ce que t'as à rire comme ça, Vince? Qu'est-ce qui t'arrive?

— Eh! Mike, envoie une bière à mon ami David. Toi, t'es un ami David. Envoie deux bières, Mike. J'étais après penser à un tripède et puis je trouvais ça drôle.

— Un quoi? Eh! Vince, si tu te mets à voir des insectes, t'es mieux d'arrêter de prendre un coup.

Ils se mirent à rire et c'était maintenant l'étape des grosses tapes dans le dos.

— Si j'avais toujours eu des amis comme toi, mon vieux David, je serais pas rendu où je suis aujourd'hui. Tiens, prends ça à ma santé et puis à la santé de Mike. Ça, c'est un bon gars.

Un bon soir, je réponds au téléphone et une petite voix demande Vincent à l'appareil. Il était à une étape assez avancée. J'étais tout près et je l'entendais.

— Oui. Oui… Oui, mon petit gars. Papa t'entend très bien… Oui, je comprends. Mais écoute… Je peux pas rentrer tout de suite… Non, je te dis que je peux pas. Il avait élevé la voix, mais il se reprit: quand je vas rentrer, je vas t'apporter quelque chose… Écoute, je t'ai dit tout à l'heure que je pouvais pas tout de suite. Couche-toi puis demain j'aurai une surprise pour toi… Quoi?… Il peut pas, il est occupé… O.K., O.K. Attends une minute, je vas lui demander.

— Eh! Mike, viens ici une minute. C'est le petit. Il voudrait te parler. Parle-lui, ça va lui faire bien plaisir.

Quand je m'approchai, je constatai que Vincent avait des grosses larmes dans les yeux. Ça m'a fait tout drôle de voir pleurer un gros ours comme ça. Voir pleurer une femme, ça se comprend, mais un gros costaud comme lui, je ne pensais pas que c'était possible. Je n'avais jamais vu ça, puis ça m'a mis tout à l'envers. Il n'essayait même pas de se cacher. Il s'essuyait simplement du revers de sa canadienne, tout en tenant l'appareil à la main. Je pris l'appareil. Le petit parlait très doucement. Je lui demandai des banalités, son nom, son âge, et il était d'une politesse remarquable. Je pouvais difficilement l'associer à Vincent. Celui-ci me regardait intensément. Puis le petit me dit:

— Monsieur, est-ce que vous voulez m'envoyer mon papa à la maison? Je voudrais absolument le voir.

Je vis que Vincent avait entendu ce que le petit avait demandé car les larmes roulèrent sur ses joues. Je lui répondis:

— Oui, attends-le. Il va aller te rejoindre.

Je raccrochai et dit à Vincent:

— Va trouver ton petit: il t'attend. Fais-lui une surprise ce soir.

— O.K. Mike. Je te promets que je vas y aller. Mais avant je veux que tu viennes t'asseoir avec moi. J'ai envie de prendre une bière avec toi, puis on pourra parler un peu.

— Écoute, Vince, j'ai des gens à servir et puis…

Je vis son regard se durcir et sa voix s'éleva.

— Tu t'assois avec n'importe qui, Mike. Moi, je viens ici tous les jours, puis tu t'es jamais assis avec moi. Qu'est-ce qui te prend tout à coup? Je suis pas assez bien pour toi? Tu trouves peut-être que je suis un peu trop saoul? Pourtant t'as pas l'habitude de regarder ça, Mike?

— O.K., O.K. Vincent. Mais pas longtemps. Je veux que tu ailles voir ton petit. Je lui ai promis.

— Viens t'asseoir, Mike. Je te paye une bière.

Puis il se mit à rire, mais son rire était faux.

J'allai le rejoindre et fus surpris de voir comment sa voix pouvait devenir douce.

— Tu sais pourquoi je veux pas rentrer, Mike? Tu sais pourquoi? En entrant, ma femme va me dire: « Tiens, v'la l'ivrogne. » Puis moi, je vas lui répondre: « Salut, la putain. » Puis le petit, il commence à être assez vieux, puis il est assez intelligent qu'il comprend ce qui se passe. J'aime autant pas qu'il entende ça. J'attends toujours qu'il soit couché pour rentrer; comme ça, il nous entend pas nous chicaner. Mais je trouve que je le vois pas souvent.

Il sortit une photo du petit qu'il me présenta.

— Il est beau, hein? Puis il est intelligent à part ça. C'est le seul que j'ai, mais c'est quelqu'un. Si c'était pas de lui, ça fait longtemps que je serais plus à la maison. Le petit, elle l'a eu, ça faisait seulement trois mois qu'on était mariés elle était pressée d'essayer ça. Mon vieux, je te dis qu'elle avait tout un rendement. J'ai jamais vu une femme pareille. Je sais pas où elle avait pris sa technique, mais moi je voulais rien savoir de plus. Tout ce qui comptait, c'est que ça marchait, puis moi, je ne demandais pas mieux. Quand le petit est arrivé, il était un peu de bonne heure, mais on était tellement content quand même. Moi, j'aimais bien ça prendre une bière mais jamais pour me déplacer. Jusque-là, on était pas malheureux: des petits accrochages comme n'importe qui. Un jour, j'emmène un ami à la maison pour lui montrer le petit puis prendre une bière avec moi. Comme il y avait pas de bière à la maison, je pars pour aller en chercher. Quand je reviens, mon ami était plus là, puis ma femme était étendu sur le lit, en lavette. Elle me dit qu'elle se sentait pas bien. J'ai trouvé ça curieux, mais j'ai pas dit un mot. Par la suite, ça arrivait pas mal souvent qu'elle se sentait pas bien, puis toujours quand il y avait un homme à la maison. Son rendement de mon côté avait baissé pas mal, mais j'avais comme l'impression qu'elle se reprenait ailleurs. Quand j'ai vu ça, mon vieux, j'ai commencé à prendre un coup pas mal plus fort. Je pensais jamais que ça pouvait m'arriver à moi. Ça avait tellement bien marché au début. Je le croyais pas. Mais ça a pas été long qu'il a fallu que je le comprenne. Il fallait pas que je sois parti longtemps pour qu'il y ait quelqu'un dans la maison. J'ai vite compris que ma femme, c'était une cannibale. Ça avait bien fait mon affaire au début, mais maintenant, ça faisait l'affaire des autres. J'aurais pas enduré ça longtemps, mais il y avait le petit. Je savais que si on se séparait, c'était pas moi qui garderais le petit: on donne pas la charge d'un enfant à un ivrogne. Puis moi, sans le petit, j'avais plus rien. J'ai décidé de rester à la maison pour lui; c'est une façon de parler parce que je suis pas là souvent, mais au moins je peux le voir quand je veux. Elle, elle m'intéresse plus, elle peut faire ce qu'elle veut puis coucher avec n'importe qui, je m'en fous. C'est-à-dire que je m'en fous pas complètement: dans le fond, je sais que ça me fait un peu quelque chose d'être ici puis de savoir que la bonne femme est en train de s'amuser avec un autre quand on aurait pu continuer à s'amuser ensemble si elle avait voulu. C'est maudissant de s'être amouraché d'une vache. J'aurais jamais pensé ça au début. Moi, mon vieux Mike, j'étais prêt à tout donner à une femme. Une femme pour moi, c'est la fin du monde. La mienne, je l'adorais; j'aurais pu faire n'importe quoi pour elle. J'ai l'air d'un gars dur, Mike, mais une femme peut me faire faire n'importe quoi. Tout ce que je lui demande, c'est d'être à moi, rien de plus. On aurait pu faire une vie fantastique, nous trois, mais quand il y en a eu d'autres qui sont entrés là-dedans, ça a tout gâché. Ça aurait pris tellement peu pour qu'on soit heureux. Le pire, là-dedans, c'est pas moi. C'est le petit. Moi, j'aurais aimé ça rester avec lui. Mais à présent, la maison c'est l'enfer. C'est bien maudit de dire que t'as déjà aimé quelqu'un, puis maintenant aussitôt qu'elle ouvre la bouche, je l'haïs. Tout ce qu'elle fait, ça m'écoeure parce qu'elle le fait pas pour moi. Tu sais pas ce que c'est toi, Mike, de ne pas avoir envie de rentrer chez vous. Ma femme, quand elle se déshabille, je me ferme les yeux; je veux pas la voir, parce que c'est pas à moi ça, c'est à tout le monde. Ça m'est arrivé d'avoir envie de la prendre, puis d'effacer tout ça, puis de recommencer, mais je sentais à chaque fois que l'affaire était finie, que je ne pouvais plus rien faire. Aujourd'hui, mon vieux, je sais même plus de quoi elle a l'air, je la regarde même pas: il faut dire que quand j'arrive, je vois plus bien clair. Maudite boisson. Il y en a qui pensent qu'on prend un coup parce qu'on aime ça ou parce qu'on est des sans-coeur, puis des cochons. Moi, je prends un coup parce que j'ai rien de mieux à faire, ou surtout parce que j'ai personne avec qui le faire. J'aimerais ça, un soir, au lieu de prendre un coup, pouvoir dire que je vas rentrer chez moi, puis que je vas être reçu à bras ouverts. Le petit, il est content de me voir, mais elle, aussitôt qu'elle apparaît, ça coupe tout. J'ai bien essayé, mais maintenant, je suis plus capable. C'est pas drôle de dire que tu couches sur un boulevard, une voie publique.

— Vince, j'ai promis à ton petit gars que tu retournerais le voir avant qu'il se couche. J'aimerais pas qu'il dise que Mike est un menteur. S'il vous plaît, va le voir, puis tu m'en rapporteras des nouvelles. Quand tu reviendras, je te payerai une bière à sa santé. Vince, O.K? Je suis content que tu m'aies parlé de toi. On s'assoira encore ensemble pour parler; mais là, j'aimerais que tu me fasses plaisir et que tu ailles voir ton petit gars.

Je l'aidai à mettre son manteau et je le regardai s'éloigner. Il avait peine à marcher, le pauvre Vincent. Je savais que son entrée ne serait pas un triomphe mais s'il pouvait seulement apporter un peu de présence, un peu d'amour à son petit gars. J'aurais voulu le connaître, j'aurais voulu l'aider. Il revint vers moi et me serra la main:

— Salut, Mike, ça fait du bien de parler à un gars comme toi. Je sais pas, mais il me semble que j'ai un peu plus de courage pour entrer chez nous.

— Écoute, Vince. À n'importe quel moment que tu veux parler à Mike, tu es le bienvenu. Tu as seulement à me faire signe, puis on prendra une bière ensemble; et puis si tu as envie de parler, tu te laisseras aller, ça fait du bien. Moi, je ne demande pas mieux. Salut, Vince. Dépêche-toi de partir, ton petit gars t'attend. Embrasse-le pour moi. Moi aussi, j'ai des enfants qui m'attendent à la maison.

Il me serrait assez fort qu'il me faisait mal. Je me sentais drôle de me faire empoigner par un ours de sa force et pourtant, il avait l'air tellement sans défense devant moi.

Instinctivement, je décidai de retarder mon départ. J'avais déjà vu un « grand » pleurer devant moi et ça m'avait surpris. Je ne croyais pas qu'un gars de cinquième ou sixième, ça pleurait encore. Moi, quand je pleurais, et ça m'arrivait plus souvent qu'à mon tour, je me camouflais sous mes couvertures, et j'essayais de me retenir de toutes mes forces jusqu'à ce que ça ne soit plus possible. Cette fois-là, j'avais fini ma corvée plus tôt que prévu et on m'avait assigné pour aller donner un coup de main au grand Serge. Il faisait le ménage d'une classe. On était à la veille des vacances de Noël et il fallait faire le grand ménage. Lorsque j'entrai dans la pièce, il sembla mal à l'aise. Il avait un mouchoir à la main et il reniflait. Je lui demandai: « Qu'est-ce que tu as? » et il me répondit brusquement: « Je me suis envoyé une maudite poussière dans l'oeil. » Mais je savais alors qu'il mentait. Il était mal à l'aise et il s'arrangeait pour me tourner le dos. Je continuai à travailler en silence mais je l'entendais renifler. Puis peu après, il me demanda: « Qu'est-ce que tu fais pendant tes vacances? » J'hésitai un instant avant de répondre car je ne le savais trop. J'allais être chez moi parmi les miens et pour moi, c'était suffisant, il me semblait. Mais je lui répondis: « Ah! tu sais pendant les vacances, on a des tas de plans. On va aller faire des excursions, en traîneau, dans la neige et puis on va aller faire du ski. » Personne ne faisait de ski chez nous. « Après, quand on va revenir, on va s'étendre près du feu de foyer et on va se réchauffer. » On n'avait pas de foyer chez nous. « Ensuite, on va aller à la messe de minuit ensemble et puis en revenant, on va réveillonner avec de la dinde, de la tourtière et toutes sortes de choses semblables. » Mon père travaillait à Noël et il ne serait pas à la maison; seulement moi, je serais à la maison et c'était suffisant. Je retrouverais les personnes que je n'avais pas vues depuis longtemps et elles seraient comme je les revoyais le soir quand je ne pouvais dormir. « Ça va être formidable les vacances, Serge. » Il me regardait maintenant, mais il y avait de l'eau dans ses yeux. « Et toi, Serge, qu'est-ce que tu fais pendant tes vacances? » Il baissa les yeux et me dit à voix basse, très basse: « Moi, je reste ici. Mon père part en voyage pendant les vacances et il a demandé pour qu'on me garde ici. C'est ce que je fais. » Puis il lança son balai et je ne savais que lui dire. Il me semblait que j'avais bien des choses à dire mais je ne savais comment les exprimer. Puis brusquement, il se dirigea vers moi et m'empoigna en me disant: « Mon petit maudit, si tu dis à quelqu'un que tu m'as vu brailler, je dis à tout le monde que tu fumes en cachette. »Je le regardai et je savais que, de toute façon, je n'allais rien dire. Et un sentiment immense de pitié m'envahit à cet instant. Je me retournai et… un type que j'avais vu déjà quelquefois vint s'installer au bar. Il portait un uniforme. C'était lui qui s'occupait de vérifier le compteur d'électricité chaque mois. Il prenait toujours quatre verres de bière à la fois. Il me demanda combien je payais d'électricité par mois. Il pensa un instant, après que je lui eus répondu et il dit:

— Ça a pas d'allure. Il doit y avoir un défaut dans ton compteur. Je pourrais t'arranger cela facilement. Tu sais, les compteurs, des fois, c'est défectueux. C'est pas une grosse affaire d'arranger ça. T'aurais même pas besoin de me payer. Je dis pas, une petite bière quand je passe, mais pas plus que ça. Ça sert à rien de demander un gars pour vérifier ça: t'es aussi bien de t'arranger avec moi directement. Je descends voir le compteur puis quand je remonte, j'ai mes quatre bières sur la table, puis on en parle plus, c'est aussi simple que ça. Évidemment, il faut le vérifier régulièrement, chaque semaine, pour être certain qu'on ne se fait pas jouer de tour. Tu pourrais sauver pas mal d'argent. C'est comme tu voudras, Mike. Moi, je dis ça pour te rendre service. Si ça peut faire ton affaire, je pense que c'est facile de bien s'arranger. Si t'aimes mieux appeler la compagnie, c'est comme tu voudras.

— O.K. quand tu voudras aller voir le compteur, tu iras. On s'arrangera.

Je vis à son sourire que l'arrangement faisait son affaire. J'étais à parler avec lui quand je vis Vincent revenir. Il s'était absenté environ une heure, peut-être un peu plus. Dès qu'il s'approcha du bar, l'autre alla s'asseoir.

— Ça n'a pas marché, Vince?

— Oui, Mike. Le petit était content de me voir. Il m'a pris par le cou en entrant. Maudit que j'étais content de le prendre. Ça fait oublier bien des choses. Je te remercie de m'avoir envoyé à la maison, Mike, juste pour ça. Il me serrait fort puis il me demandait de rester avec lui. C'est moi qui ai été le coucher. Il s'est endormi en me tenant la main. Je lui ai pas conté d'histoires parce que les seules que je connaisse, elles sont pas assez belles pour que je lui conte, mais il avait l'air heureux. Ça, Mike, ça vaut bien des bières. Malheureusement, ça dure pas longtemps. Quand je suis sorti de la chambre, je me suis fait traiter de cochon. « On vient pas voir son gars quand on est arrangé comme toi », qu'elle me dit. La différence, c'est que j'ai pas répondu. J'ai pris mes affaires puis je suis revenu ici. Donne-moi la main, Mike. Si tu m'avais pas envoyé chez nous, j'aurais manqué ça. Un enfant, tu sais Mike, il te serre, puis t'aurais envie de tout recommencer. Mais la seule chose, c'est que l'autre avec toi ne pense pas la même chose en même temps. Mike, t'es censé me payer une bière!

Il prit sa grosse et s'en alla à sa place. Pauvre Vince, il avait connu au moins une heure de bonheur ce soir-là. Il avait fait sa provision pour un bout de temps. Le bonheur, quand il passe, mon vieux, saute dessus; parce que c'est comme les vitamines, tu ne peux pas les emmagasiner, ça s'évapore vite. C'était des moments comme ceux-là qui me tiraillaient; je sentais d'une part que j'étais utile à quelque chose et surtout à quelqu'un et j'en ressentais une certaine fierté, une certaine satisfaction personnelle, un certain bien-être et pourtant j'aurais voulu me retrouver loin de là et ne jamais savoir qu'un tel monde existait.

Je n'avais pas encore rappelé le syndicat, mais je reçus des nouvelles d'eux. Ils me demandaient si j'étais prêt à signer la convention. Mais je leur répondis:

— Je voudrais avoir une copie de l'acte d'accréditation. Mon avocat veut en prendre connaissance et après, je pourrai vous donner ma réponse.

Le représentant devint soudainement mauvais:

— M. Laudais. C'est votre droit de demander un tel papier, mais j'ai l'impression que nous perdons actuellement notre temps et que ça pourrait tourner mal. Si vous n'êtes pas intéressé à rencontrer nos conditions, dites-le tout de suite et nous prendrons les procédures nécessaires. Je crois qu'il serait préférable que votre avocat entre en communication avec le nôtre. Il pourrait lui apporter des précisions qui pourraient sauver du temps d'un côté comme de l'autre. N'oubliez pas que vos employés sont en droit d'arrêter de travailler et qu'il pourrait y avoir un bon nombre de gars qui viendraient les appuyer.

— Je ne veux pas perdre de temps. Je veux savoir exactement ce dans quoi je m'embarque et pour cela, j'ai besoin de vérifier tous les papiers nécessaires. Je veux rendre justice à mes employés mais je veux aussi me rendre justice à moi-même.

— Nous vous ferons parvenir l'acte d'accréditation. Mais aussitôt que vous l'aurez reçu, demandez à votre avocat de communiquer avec le nôtre. Nous n'avons plus de temps à perdre et il faudra que le tout soit réglé dans le plus bref délai possible.

Je me demandais comment je me sortirais de ce sale pétrin. Pour le moment, je n'entrevoyais qu'une seule solution: vendre au plus tôt.

J'avais dû me trouver un nouveau laveur de planchers. C'est Fred qui me l'avait suggéré. Je ne le connaissais pas. Mais j'étais mal pris. Je n'avais guère le choix. Il fallait que je trouve quelqu'un au plus vite. Je ne pouvais quand même pas travailler de nuit régulièrement. Un soir en passant, ça va. Mais de temps à autre, j'avais besoin de sommeil. C'était un gars que je n'avais jamais vu. Il était très jeune; il avait l'air d'un bon travaillant. J'hésitais quand même à lui laisser les clefs dans les mains. J'avais connu de mauvaises expériences. Mais je ne pouvais tout de même pas le surveiller tous les soirs. C'était un gars du coin. Rapidement en plus de devenir un employé, il devint aussi un client. Je le surveillais du coin de l'oeil. Le petit gars venait faire son tour, mais en aucun cas, on ne pouvait lui reprocher quoi que ce soit. J'espérais enfin avoir trouvé quelqu'un sur qui je puisse me fier.

Un midi, je rentrai et la police était sur place. Je me demandais bien ce qui s'était passé. Lorsque j'arrivai, ils étaient à questionner Fred. Je me dirigeai vers eux pour savoir ce qui s'était passé. Quand ils apprirent qui j'étais, ils se mirent à me questionner aussi. Il fallut que je chantonne toute la ritournelle: nom, adresse, travail, no. d'assurance sociale et le reste. Je voulais tout de même savoir ce qui s'était produit. J'appris enfin que des voleurs s'étaient introduits par le soupirail. Je me demandais ce qu'ils avaient pu prendre chez nous, mais justement ils n'avaient rien pris apparemment. Ils avaient percé le mur qui me séparait du commerce à côté, s'étaient emparés de diverses pièces de lingerie selon le propriétaire et avaient dédaigné la marchandise de chez nous. Je pensai tout de suite à la caisse qui se trouvait au beau milieu de la place parmi les vadrouilles. Je m'y dirigeai discrètement et constatai que le tout était intact. C'était presque incroyable. Il y avait quand même de quoi apaiser la soif de pas mal de types à l'intérieur. Et rien n'avait été touché. Je commençais peut-être une nouvelle période de chance. Évidemment, tout ceci m'occasionna des dérangements. Je dus répondre à plusieurs questions et il fallut faire effectuer les réparations, mais ce n'était tout de même pas si pire. Je n'y comprenais rien. C'était peut-être mon premier coup de chance depuis que j'étais là. Ce pouvait être le présage d'une nouvelle étape. J'avais quand même connu des temps moins heureux.

Un vendredi soir, j'étais en train de servir; j'étais passablement occupé. Le vendredi était notre meilleur soir; je veux dire au point de vue du nombre de clients; évidemment, les soucis étaient en conséquence. Les gens entraient de bonne heure et sortaient tard. Et puis il y en a un paquet qui ne se souvenaient plus par quelle porte ils étaient entrés ou par laquelle ils devaient sortir. Je restais toujours jusqu'à la fermeture. Ça chantait, ça criait, ça braillait. Il fallait être armé d'une bonne dose de patience. On avait de la peine à fournir les clients à deux. Il aurait fallu que je garde les deux waiters mais je n'avais pas les moyens de me payer ce luxe: on redoublait d'ardeur. Les gens n'avaient guère le temps de me conter leurs histoires, le vendredi soir ou plutôt je n'avais guère le temps de les écouter. Il y en a qui venaient s'installer au bar, comme Arthur par exemple, mais dans tout ce vaste va-et-vient, on ne pouvait guère entamer une conversation sérieuse. Le pauvre Arthur passait sa veillée à me guetter et à essayer de placer son mot entre deux verres, quatre grosses ou une petite. Tout à coup, lors d'une minute de répit, Fred m'appelle à la toilette:

— Voulez-vous voir un bon spectacle? Regardez en dessous de la porte.

Il se dépêcha à retourner pour ne pas laisser les clients seuls et je pus apercevoir quatre pattes enchevêtrées qui dépassaient. Ce n'était pas le genre de spectacle qui me plaisait tellement. Je restai juste le temps d'entendre quelques soupirs et quelques bruits mais j'avais bien assez de soucis sans me préoccuper des petites histoires qui pouvaient se passer en coulisse.

Je retournai derrière le bar et je vis sortir Ti bumm de la toilette, suivi un instant plus tard de Gil qui se dirigea vers moi et me tendit la main avec le sourire.

— Toi, t'es un bon gars, patron, donne-moi la main.

— Écoute,Gil, je suis occupé, laisse-moi tranquille.

— Qu'est-ce que t'as, patron, ce soir? T'es pas de bonne humeur?.

— Écoute, Gil. Je suis occupé et puis je ne suis pas particulièrement de bonne humeur.

— Est-ce que j'ai fait quelque chose...?

— Gil, va t'asseoir. Je n'ai envie de parler à personne.

XII

Il m'arrivait de finir mes cours un peu plus tôt et de pouvoir me rendre au commerce vers 15 heures ou 15 heures 30. Ça me permettait alors de pouvoir vérifier immédiatement l'inventaire de 16 heures et de calculer tout de suite sur place si tout balançait, ce qui n'était pas toujours le cas. Mais il était beaucoup plus facile de trouver ainsi tout de suite où se trouvait « l'erreur ». Ce pouvait être une ou plusieurs caisses oubliées, un $10.00 qui manquait dans l'enveloppe ou autre chose encore. J'étais ainsi à faire l'inventaire quand arriva le représentant de la brasserie que j'encourageais. Il venait me voir une fois par mois, présumément pour me saluer mais surtout pour me glisser l'enveloppe d'encouragement à la main. C'était une opération des plus discrètes, car elle était illégale. Il prenait une bière avec moi et payait une tournée aux clients qui venaient souvent lui dire que sa bière était la meilleure et qu'ils ne buvaient rien d'autre, évidemment. J'étais assis avec lui en train de prendre deux minutes de détente quand entre un petit vieux que les clients appelaient « le dentiste ». Je n'en avais jamais su précisément la raison, mais j'avais cru que c'était surtout à cause de sa difficulté à parler correctement en raison de ses dents qui flottaient dans sa bouche. Il venait faire son tour de temps en temps. Je ne comprenais ordinairement pas tellement ce qu'il me racontait parce qu'en plus de mal parler, il était presque toujours complètement saoul. Une chance qu'il ne restait jamais tellement longtemps. Il venait me trouver au bar, puis il se promenait de table en table. Il fallait qu'il aille donner la main à tout le monde. Il avait ordinairement oublié son argent chez lui mais les gars lui payaient une bière juste pour le plaisir de pouvoir se moquer de sa façon de parler. Ce n'était pas un régulier de « chez Mike », mais un habitué du circuit des tavernes. Dès qu'il vit le représentant de la brasserie, il se dirigea vers notre table. Il était sale et il sentait mauvais. Le représentant lui commanda une bière. Tout à coup, le bonhomme me regarda et me dit:

— Toi, t'as des dents en plastique. Je lui réponds:
— Non, ce sont mes propres dents. Le bonhomme se met à rire:
— Si tu penses que tu peux me tromper comme ça. Je connais ça tu sais. Elles sont bien faites, elles semblent réelles, mais elles sont en plastique. Oui. Oui.

Je ne tenais pas tellement à m'engueuler avec lui, mais j'avais quand même toujours été fier de mes dents et je lui répliquai:

113

— Je vous assure que ce sont mes propres dents à moi et qu'elles ne contiennent aucune parcelle de plastique.

Je n'avais pas eu le temps de terminer complètement ma phrase que le petit vieux me fourra les doigts dans la bouche pour me l'ouvrir afin de mieux m'examiner. Ça se passa si vite que je n'eus pas le temps de réagir.

— Oui, monsieur, celui qui a fait ça savait ce qu'il faisait. C'est une imitation formidable, mais un connaisseur ne se fait pas prendre. C'est bien du plastique.

Et tout en parlant, il m'éclaboussait de sa salive. Enfin il disparut. J'avais envie de cracher par terre. J'avais un goût écoeurant dans la bouche. Je me dépêchai à prendre une gorgée de bière puis une autre, mais je ne pouvais me débarrasser de cette saleté qui collait après moi. J'avais envie de vomir. Le représentant me dit alors:

— Je ne sais pas comment vous êtes capable d'endurer ça, M. Laudais. Moi, j'attends juste d'avoir une promotion pour pouvoir sortir de ce maudit milieu. Je suis rendu que je ne peux plus supporter ces ivrognes qui viennent vous dégueuler à la figure. Et j'en vois comme ça tous les jours.

Ce qu'il ne savait peut-être pas, c'est que moi aussi, j'en voyais des comme ça à chaque jour et que moi aussi, j'avais hâte de décoller de cette moitié d'enfer. Ils ne me fourraient pas tous les doigts dans la bouche, mais ils ne m'en donnaient pas moins mal au coeur pour la plupart, par leur senteur, leur langage et surtout par leurs histoires. Tout le temps que j'avais passé là, j'avais essayé de les considérer comme des hommes, de les aider, de les relever mais plusieurs n'en étaient déjà plus et c'était eux qui étaient en train d'avoir ma peau, en train de m'écraser.

Roberto venait de me conter avant de partir qu'il s'était bien fait avoir par un client.

— Vous savez le « frisé », il s'assoit toujours à la table là-bas, en face. C'est un gars qui venait régulièrement depuis quelque temps. Ça semblait un bon type, il était toujours tranquille. L'autre jour, il me demande pour lui changer un chèque de $10.40: je le lui change; tout est parfait. La semaine dernière, il me présente un chèque de $72.34. Ça faisait pas mon affaire de lui changer mais le gars payait des bonnes tournées, puis il me donnait un pourcentage sur le chèque changé. Alors j'ai accepté. Eh! bien, le chèque vient de me rebondir comme quoi il est sans provision. Évidemment, le frisé a disparu et puis moi, ça me coûte $72.34 de ma poche. Vous pensez que ça fait une bonne semaine? Avec le salaire que je fais ici, je peux pas m'en permettre souvent des comme ça. J'espère que le syndicat est à la veille de régler notre problème!

Je savais bien qu'ils ne faisaient pas des salaires de millionnaire mais ce qu'eux, ne savaient pas, c'est que moi, je faisais encore moins qu'eux, avec toutes les malchances que j'avais connues depuis mon arrivée. Des

114

petits incidents du genre arrivaient presque chaque jour. Chaque fois que j'entrais, je me demandais quelle tuile allait me tomber dessus.

Ce soir-là, tout avait l'air de bien aller: je partis tôt et j'entrai directement à la maison. Ma femme était de très bonne humeur et très douce. J'allai embrasser les enfants au lit. Ma plus vieille ne dormait pas. Elle me prit par le cou:

— Tu sais , papa, on ne te voit presque plus. Avant ça, tu jouais avec nous autres, tu nous contais des histoires, tu riais. Depuis un bout de temps, on dirait que ça ne t'intéresse plus tellement. Je trouve que tu n'es plus comme avant. Tu ne manges plus en même temps que nous autres; on s'amusait bien aux repas. Est-ce que tu aimes ça à la taverne? Tu ne nous en parles pas tellement souvent. Qu'est-ce que tu fais comme travail? J'aimerais ça que tu nous expliques ça. J'aimerais que tu me contes qui va te voir, qu'est-ce qu'ils font, qu'est-ce que tu leur dis. J'espère que tu fais beaucoup de sous parce que je trouve que tu as l'air de travailler fort. Est-ce que tu vas nous emmener encore jouer là-bas? On s'était bien amusés. Moi, je pense que ça doit être un endroit où les gens sont gais, s'amusent, jasent ensemble. Est-ce qu'ils peuvent jouer à des jeux, les messieurs qui vont là?

— Écoute, mon chou, tu me poses des questions, des questions, et tu ne me laisses pas répondre. Dimanche soir, on va s'asseoir au souper et je vais vous conter tout ça. Tu me poseras toutes les questions que tu voudras. Ce soir, il est trop tard et il faut que tu dormes. Bonne nuit.

— Tu dois être un monsieur très important, toi, là-bas, n'est-ce pas, papa?

— Qu'est-ce que c'est pour toi un monsieur important?

— Bien, je pense que c'est quelqu'un que beaucoup de gens connaissent et qui fait quelque chose d'important pour eux.

— Oui. Oui, je dois être important pour eux. Bonne nuit.

C'est vrai que je faisais quelque chose d'important pour eux. Je les aidais à se saouler la gueule. Lorsque je sortis de la chambre, ma femme me dit:

— J'ai pensé que tu arriverais de bonne heure. Je t'ai attendu pour souper. Est-ce que tu aimerais prendre un apéro avant de souper? Je pense que j'ai une nouvelle qui va t'encourager.

— D'accord, je me sers une bière et je t'apporte un rhum.

— Non, non. Laisse faire. Reste assis. Je vais te servir. Je voudrais qu'on parle un peu.

Il est vrai que ça faisait un bon moment qu'on n'avait pas vraiment parlé ensemble. C'était quand même paradoxal: j'essayais de favoriser l'échange à mon commerce et du même coup, j'avais coupé le contact, le vrai, avec ma famille. Il me semblait que ça faisait tellement longtemps qu'on n'avait pas soupés ainsi en tête à tête. Je n'avais pas tellement faim mais je me sentais déjà un peu moins fatigué.

— Tu as l'air un peu fatigué. Est-ce que tu as eu une bonne journée à la taverne aujourd'hui?

— Rien de spécial. Elle savait que j'aimais mieux ne pas en parler, pas sur le coup en tout cas.

— Peut-être que tu achèves d'aller là en fin de compte.

Elle avait un air qui m'intriguait.

— Pourquoi tu me dis ça?

— J'ai eu un téléphone cet après-midi d'un monsieur Lapierre. Est-ce que ça te dit quelque chose?

Je cherchai parmi les gens que je connaissais et je ne pus trouver personne de ce nom.

— Pour le moment, ça ne me dit rien du tout. Il faut dire que je n'ai pas les esprits très clairs.

— Tu ne te souviens pas d'un monsieur Lapierre qui a été visiter la taverne un dimanche après-midi?

J'avais rencontré un bon nombre d'acheteurs éventuels; pourtant je fis un effort.

— Est-ce que ce n'est pas un type de Beaconsfield, celui qui aurait voulu servir des repas dans la taverne? Quand je suis revenu, je t'ai dit qu'il n'était pas intéressé du tout.

— C'est exactement ça. Eh! bien, il a rappelé cet après-midi pour dire qu'il s'était renseigné sur les possibilités de faire une cuisine à l'arrière et qu'il n'y avait pas de problèmes majeurs. Il voulait savoir s'il pourrait te rencontrer à nouveau, dimanche prochain: il aurait des propositions à te faire. Je ne t'ai pas consulté mais j'ai pris sur moi de lui répondre que tu pourrais le rencontrer.

Je me mis à rire, probablement une réaction nerveuse. Comme si on avait besoin de consultation pour prendre une telle décision! Je me levai, me mis à tournoyer, empoignai ma femme pour qu'elle tourne avec moi. On dansait, on riait, on chantait. Puis on se mit à tourner plus lentement et je me mis à la serrer contre moi. Pour la première fois depuis des mois, on se retrouvait. J'avais perdu le goût de tout et soudainement, à partir d'un petit événement, l'espoir renaissait; l'espoir de redevenir ce qu'on était, de repartir ensemble dans une direction nouvelle, d'oublier cet amas de vieux souvenirs. Je la serrai très fort et me mis à la caresser et à l'embrasser comme si on eût été deux jeunes fiancés. Discrètement, délicatement, je commençai à lui faire l'amour et je continuai jusqu'à ce qu'on soit complètement épuisés, complètement heureux tous les deux. Je saisissais chaque instant comme si je n'allais plus jamais les revoir. Après tout, rien n'était encore changé. On ne se faisait peut-être que des illusions, mais ces moments d'illusion étaient tellement délicieux et nous aidaient tellement à supporter les autres qui ne leur ressemblaient en rien. Mais il fallait se rattacher à tout ce qui nous semblait un espoir. Ces moments me faisaient penser à ceux qu'on avait connus ensemble juste avant de devenir propriétaire du commerce: moments d'attente, moments d'incertitude, de hâte, d'angoisse, de crainte, moments de joie intense suivie de désappointements profonds.

Ce soir-là, nous parlâmes longuement du commerce, des concessions que nous pourrions faire pour arriver à se sortir de là. Et pour la première fois, je lui parlai des gars qui étaient là et qui eux, ne réussiraient probablement jamais à s'en sortir, les Tom, les Arthur, les Vincent et surtout les Marc et les Christian, qui commençaient à peine leur vie et qui avaient déjà cessé de vivre parce qu'ils n'attendaient plus rien ni personne.

C'est peut-être le seul moment où je me laissai aller pendant des heures à parler de ces pauvres types et il me semblait pendant ce temps-là que j'étais encore avec eux. Et je me souvins aussi de ce pauvre Serge qui allait rater ses vacances de Noël. J'étais resté éveillé, ce soir-là, à penser à ce qu'il m'avait dit. Je me demandais ce que j'aurais fait si j'avais appris une pareille nouvelle. Il était plus vieux que moi mais je crois que je l'avais pris en pitié tout à coup. Je revoyais ce grand gars pleurnicher devant moi. L'idée m'était alors venu de demander pour qu'il passe les vacances chez nous, avec moi; mais je n'avais pu trouver comment je pourrais réaliser ceci. Il fallait que j'en parle à mes parents que je ne reverrais pas avant les vacances, à Serge pour savoir s'il accepterait et à la direction pour savoir si elle serait d'accord. Et puis, j'avais peur. De quoi? Je ne savais trop. Ou peut-être était-ce de partager les joies que j'allais connaître avec quelqu'un d'autre. C'était peut-être aussi une petite vengeance personnelle pour les menaces qu'il m'avait proférées. Toujours est-il que je partis en vacances et je n'en parlai à personne, de la situation de Serge, je veux dire. Mais, je pensai quand même à lui à travers les joies que je connus. Ah! peut-être pas souvent, peut-être pas à chaque heure ou à chaque jour, mais au moins, une fois lorsque je me couchai en pensant que j'irais à la messe de minuit et que je me réveillai seulement le lendemain matin. À ce moment-là, je me demandai ce qu'il pouvait faire là-bas dans sa prison.

Lorsque je me réveillai, je fus un peu déçu de voir qu'il faisait jour. J'aurais voulu vivre en adulte et voir la nuit. Mais je me consolai rapidement lorsque je constatai ce que j'avais reçu pour Noël: un gros camion sur lequel je pouvais m'asseoir et que je pouvais conduire à ma guise, un sac de billes de toutes sortes de couleurs, un tableau pour dessiner avec de la craie, — j'aimais moins ce cadeau car il me rappelait d'où je venais,— un bas rempli de sucreries et d'autres choses que j'oublie maintenant. Mais ce que j'appréciai encore plus, c'était de pouvoir me réfugier dans les bras de ma mère pour la remercier de tout ce que je venais de recevoir. Mon père était en dehors par affaires, mais je l'attendais avec impatience. Ce fut pour moi une période fantastique. Je demandais à me faire bercer tous les soirs avant de me coucher et c'était la période la plus douce que j'avais connue depuis longtemps. Pendant le jour, je jouais avec les cadeaux que j'avais reçus, mais j'avais surtout hâte au soir pour pouvoir me blottir contre la poitrine de celle qui me manquait tant là-bas. Ce fut une courte période. J'avais hâte au soir, mais il venait quand même trop vite. Puis ce fut le réveil brutal. Je me retrouvai tout à coup en route et j'avais les joues chaudes en pensant à ce que je venais de quitter et à ce que j'allais bientôt retrouver. Puis je pensai de nouveau à Serge qui lui, n'avait rien quitté et ne pourrait même pas vivre d'illusions pendant quelques jours encore, mais qui pour le moment était peut-être moins malheureux que je ne l'étais.

Le lendemain, je me sentais déjà un peu mieux, un peu moins fatigué. J'avais même envie de rire un peu. La journée me sembla différente. J'avais un travail qui, de par nature, n'était pas de tout repos: je veux dire bien sûr pour celui qui y donne son coeur. J'avais à rencontrer quatre groupes différents d'élèves, des jeunes qui s'attendent à recevoir quelque chose et qui ont le droit de recevoir quelque chose. Vous n'avez pas de raison de vous présenter devant eux si vous n'avez rien de nouveau à leur apporter. J'avais donné le maximum de moi-même ces derniers temps et j'avais senti nettement que je ne pourrais pas continuer ainsi. J'étais physiquement épuisé et moralement abattu. Ma philosophie de la vie se transformait et je ne pouvais tout naturellement faire autrement que de la transposer dans mon enseignement. Devait-on exposer aux autres ce qu'est la misère et la souffrance ou attendre qu'ils la découvrent par eux-mêmes et refusent de la regarder en face? Et pourtant aujourd'hui, je retrouvais mes forces et je constatais que j'avais encore quelque chose à leur donner. Je voulais faire d'eux des hommes équipés pour affronter les rigueurs de la vie, capables de prendre des décisions et d'assumer les responsabilités qui en découlent. Cette tâche m'avait paru extrêmement difficile dernièrement et pourtant je désirais m'y remettre. J'aimais ce que je faisais et j'y avais toujours cru: enfin, j'avais peut-être flanché un peu récemment mais je n'étais tout de même pas un surhomme pour absorber tous les coups sans jamais broncher. J'étais partagé entre deux mondes si radicalement différents: d'un côté, ceux qui attendaient tout de la vie, qui croyaient en l'avenir, qui voulaient apprendre, rebâtir, vivre, et de l'autre, ceux qui avaient tout abandonné, qui n'attendaient plus rien de personne et qui se laissaient exister. C'était un monde de contrastes et la transition pour moi était toujours brusque, même violente. Même qu'à certains moments, je ne savais plus lequel des deux l'emporterait sur moi, si je continuais ainsi. Mais aujourd'hui, je voyais différemment les choses: je croyais qu'en se débattant, on réussissait à remonter à la surface.

Lorsque je rentrai à la taverne, Fred avait terminé sa journée de travail depuis plus d'une heure et pourtant, il était encore là. Je fus surpris de le trouver assis à une table avec un autre client: c'était son droit après tout. Lorsqu'il vint me trouver, je constatai tout de suite à sa façon de parler qu'il avait déjà consommé quelques bières:

— Il y a eu du trouble ici, hier soir; sérieux, à part ça.

Pourtant il n'avait pas l'air tellement préoccupé.

— Qu'est-ce qui s'est passé au juste?

— En fait, ça s'annonçait pour être une petite soirée tranquille. Il y avait à peu près les mêmes réguliers que d'habitude plus quelques autres passants. Christian prenait un coup pas mal fort mais au début, il dérangeait pas. Un peu plus tard, il a commencé à se promener. Il allait d'un client à l'autre. Il dérangeait pas tellement mais vous savez ce qui finit toujours par se produire dans ce temps-là. La chicane prend, c'est pas tellement long. Alors, je lui ai demandé d'aller s'asseoir. Il m'a pas écouté tout de suite, mais il a fini par comprendre. Ça faisait à peine dix minutes que je lui avais dit, qu'il recommence la même chose. Je vas le trouver et je lui dis qu'il va falloir qu'il s'assoie s'il veut rester. Il gueule un peu, proteste qu'il dérange personne mais ça va pas plus loin. Moi, j'avais décidé de plus le servir parce qu'il commençait à en avoir assez. Enfin, la troisième fois qu'il se lève et qu'il se met à déranger les clients, je lui dis de prendre ses affaires et de s'en aller. Il me regarde puis me saute dessus comme s'il était absolument enragé et me serre à la gorge. Vous savez, il est fort, Christian; je ne pouvais même pas bouger: il était en train de m'étrangler. C'est pas tellement qu'il me fait peur, mais il m'avait pris par surprise et je pouvais rien faire. Par chance qu'il y en a deux qui lui ont sauté dessus pour l'arrêter parce qu'il voulait vraiment m'achever. Il me criait:

— C'est toi, mon maudit Fred, qui as dit à Mike que je dérangeais les clients. Tu veux me faire barrer d'ici parce que tu m'aimes pas la face puis tu veux influencer Mike pour qu'il me mette dehors. T'es un maudit beau salaud. Il a essayé de frapper les deux gars mais ils ont réussi à le mettre dehors. Je sais même pas qui ils étaient; j'étais trop énervé. Regardez-moi le cou: j'ai encore des marques. On aurait dû le barrer tout de suite au début, ce petit jeune-là. On se serait sauvé bien de la misère. On a pas besoin de ça, des gars comme ça ici.

— O.K., Fred, je vais lui parler. Je vais lui dire que j'ai fait mon possible pour lui, mais que là, il a été trop loin. Je vais l'expulser pour un bout de temps; après ça, on verra. Il va venir ce soir, je vais lui parler.

— Ce sera pas nécessaire, M. Laudais. J'ai invité des petits copains du bas de la ville. Ils vont arriver, ce sera pas long. J'ai communiqué avec eux et ils ont deux mots à lui dire. Je pense que vous aurez pas besoin d'intervenir.

— Écoute, Fred. Je comprends très bien que tu sois furieux mais moi, je ne veux pas que ces affaires-là se règlent comme ça. Je suis chez nous ici et il ne sera pas question de force ou de violence ici. J'espère que tu comprends bien ça, Fred.

— Qui vous a parlé de force ou de violence? Il est pas question de ça. Mes copains sont des gars tranquilles mais ils aiment ça parler à ceux qui jouent avec mes nerfs, vous comprenez. Alors, ils aimeraient ça rencontrer Christian et dialoguer un peu avec lui, vous comprenez?

— Oui, Fred, je comprends très bien. Mais en tout cas, je te préviens que je te tiens responsable de tout ce qui va se passer avec Christian ici ce soir: ici et en dehors. Tu me saisis, Fred? S'il lui arrive quoi que ce soit tu te chercheras un autre emploi, c'est clair?

— Oui. Oui. Vous pouvez leur faire confiance. Ils doivent être à la veille d'arriver. Est-ce que vous pourriez me faire crédit jusqu'à la paye? Je voudrais leur payer un verre et j'ai pas un sou. Ça me rendrait service.

Je savais que Christian retardait son entrée. Il avait coutume d'arriver plus tôt que ça. Il savait à quelle heure Fred finissait de travailler; il devait certainement attendre pour être sûr qu'il soit parti; il ne tenait certainement pas à le voir. À moins qu'il ait décidé de ne pas venir, qu'il ait eu peur de venir ou qu'il ne vienne plus jamais. Je me mis à espérer qu'il ne vienne pas, qu'il ne vienne plus; je ne pouvais être certain de ce qui se produirait. Mais il n'avait pas d'autre endroit où aller. « Chez Mike », c'était son chez lui. D'un autre côté, je savais que les petits copains iraient le chercher: ils sauraient le trouver et ça pourrait être pire que si ça se passait chez nous. Il me semblait que je pouvais le protéger, jusqu'à un certain point. Instinctivement, je cherchai discrètement le numéro de téléphone de la police du quartier. Je n'aimais pas à les mêler à nos querelles et je ne l'avais jamais fait à date, mais j'étais craintif. J'eus envie d'appeler ma femme, de lui parler ou simplement d'entendre sa voix pour me sécuriser. Est-ce que je devais subir une punition pour avoir connu un moment de répit la veille? C'était bon d'entendre sa voix. Je lui dis simplement:

— Je suis retardé, j'ai un contretemps. Je crois que je vais entrer très tard. Ne m'attends pas.

— D'accord. J'espère que ce n'est rien de sérieux? Fais attention à toi, bonsoir.

Je guettais continuellement la porte. Je me demandais qui arriverait en premier, comment ça se déroulerait. Fred semblait très détendu; il prenait tranquillement sa bière avec d'autres clients et riait avec eux. Je me demandais s'ils étaient à rire du sort réservé à Christian.

Les petits copains furent les premiers à arriver. Je les reconnus du premier coup d'oeil, dès qu'ils entrèrent. Je n'avais pas vu souvent, en personne, des gars bâtis comme ça. L'un d'eux, en particulier, avait une stature absolument gigantesque. Ils étaient très conscients que les gens les regardaient. Ils s'arrêtèrent un instant à la porte. Ce devait certainement être des lutteurs ou un fac-similé assez exact. Puis je les vis se diriger vers moi. Je ne savais trop comment réagir. Est-ce que je devais leur dire : « Bienvenue, chez Mike, messieurs. » ou bien, « Messieurs, je ne veux pas de trouble ici, ce soir » ou bien toutes sortes de choses aussi farfelues ? De toute façon, ils n'étaient pas les bienvenus. Dès que Fred les vit s'approcher du bar, il se leva et vint les trouver. Ils lui tendirent la main. Je remarquai que le grand portait une profonde cicatrice sous l'oeil gauche. Son visage n'était pourtant pas désagréable à regarder et il n'avait pas cet air dur qu'on prête souvent à ce genre de gars. L'autre était un peu plus petit bien que d'une stature imposante. Il était très noir et avait un air que je pourrais caractériser de sournois. Je n'aurais pas aimé me retrouver seul avec lui dans une situation délicate. Fred me les présenta, par leur prénom que je m'empressai d'ailleurs d'oublier. Et tout ce que je pus trouver à dire fut « Salut ». Les gars me dominaient d'une coudée mais n'avaient quand même pas l'air de vouloir m'en imposer.

— Salut, Mike. On a entendu parler de toi. Ça nous fait plaisir de te connaître. Ça a l'air que t'es un gars correct. On a entendu dire qu'il y en a qui te dérangeait ici, puis on a pas aimé ça. On aime pas que nos amis se fassent ennuyer, nous autres. Je pense que ça durera pas longtemps, Mike. On a un peu l'habitude de ce genre de situation, tu sais. Ça fait partie de notre travail d'aider les copains. Tu vas voir que ce sera pas long, puis ça va être réglé.

— O.K. les gars, mais faites-y attention. Il avait pas l'habitude de causer du trouble ici. Ça toujours été un bon client. J'avais pas à me plaindre de lui. Et puis le petit gars est encore un enfant.

— Il est assez vieux pour prendre un coup ! De toute façon, aie pas peur. Ça va bien se passer.

Fred les amena à une table et commanda des bières à Roberto. Il devait se sentir important de se faire servir par Roberto et d'être entouré de gens de cette trempe. Moi, je pensais à Christian qui était de l'âge de mes élèves, à qui j'aurais pu enseigner à vivre, à devenir quelqu'un et pour lequel je ne pouvais rien pour le moment. Tout à coup, je le vis arriver par la porte arrière, comme d'habitude. J'avais le goût de lui crier de déguerpir, mais c'était un réflexe complètement idiot. Il eut l'air content de constater que Roberto servait, me salua et s'assit à une table comme si de rien n'était, sauf qu'il avait l'habitude d'aller s'asseoir à l'autre extrémité de la taverne, le long du mur, près de l'entrée avant. Et ce soir, il vint se placer directement devant moi, près du bar, comme s'il avait eu besoin de protection. C'était la première fois que ça lui arrivait et il s'était assis là sans hésiter. Les gars le laissèrent s'installer confortablement et se servir. Puis, ils s'approchèrent de lui et avant qu'il n'ait eu connaissance de quoi que ce soit, ils étaient déjà assis de chaque côté de lui et ils l'encadraient de très près. Ils étaient assez près du bar pour que je puisse comprendre tout ce qui se disait, même si je ne les regardais pas. Christian comprit tout de suite ce qui se passait car il leur dit:

— Écoutez, les gars, j'étais pas mal saoul hier, puis j'avais pas l'intention de lui faire mal. Je me suis toujours bien arrangé avec Fred. C'était juste une bousculade. On est pas pour faire un drame avec ça. Je vas vous payer une bière, les gars. J'espère que Fred a pas pris ça au sérieux. Tiens, demandez-lui à Fred, il est là-bas; il va vous expliquer ce qui s'est passé. Il m'a agacé, je l'ai poussé un peu. Ça a pas été plus loin que ça. J'espère qu'il a pas pensé que je voulais lui faire mal. Fred, c'est un gars que j'aime bien. Je lui donne toujours un bon pourboire. Voyons, les gars, c'était pas sérieux l'affaire.

Ils l'avaient écouté sans broncher. Christian, que j'avais toujours considéré comme un costaud, avait l'air écrasé à côté d'eux. Ils s'étaient appuyé les coudes sur les flancs de Christian, de sorte que celui-ci aurait été incapable de bouger même s'il avait voulu. Mais il n'en avait nullement l'intention. Ce fut le grand qui se chargea de parler. Je n'avais pas vu l'autre ouvrir la bouche encore.

— Regarde-moi bien, mon Christian. J'ai quelque chose à te dire puis je voudrais pas que tu perdes un mot parce que j'aime pas parler pour rien. Je t'ai laissé parler; maintenant, c'est à moi. Nous autres, mon Christian, on est des gars tranquilles; on aime pas les chicanes. Puis on aime pas ça quand nos amis se font déranger. Apparemment t'aurais dérangé Fred et puis Mike, ici. Eux autres aussi, c'est des gars tranquilles. Écoute bien, mon Christian; nous autres, on est des amis, mais on trouve ça loin un peu. Je veux dire, on aimerait pas tellement ça être obligés de revenir. À ce moment-là, on reviendrait peut-être pas pour rien. Tu comprends ce qu'on veut dire? J'espère que tu comprends bien parce que la prochaine fois, il y aura pas d'explications. Il faudra qu'on se fasse payer notre déplacement et puis ça coûte cher de ce temps-là. O.K., mon Christian? T'es sûr qu'on s'est bien compris tous les deux?

Christian avait fait signe que oui, mais avait gardé la tête baissée. Le grand lui commanda une grosse en s'éloignant. Ils saluèrent Fred et vinrent me trouver au bar:

— Salut bien, Mike. Je pense que t'auras pas de problèmes avec lui. Il a probablement compris notre message. De toute façon, si jamais t'as besoin de nous autres, t'as juste à faire signe à Fred, tu vas voir que ça sera pas long qu'on va être ici. Ils me donnèrent la main mais, j'espérais ne jamais les revoir.

Christian avait eu tellement peur que lorsque les gars sortirent, il se mit à sangloter. Il sanglotait et faisait peine à voir. J'avais le goût d'aller le trouver et de lui parler mais ce n'était pas le temps et je risquais de blesser son orgueil. Je savais aussi qu'instinctivement lui et les autres venaient de m'associer aux deux grands fiers-à-bras. C'était bon pour la tranquillité de la place mais ce n'était pas du tout le genre de réputation que j'avais essayé de me créer dans le coin. Je m'en sentais honteux même si c'était bien malgré moi que j'avais été entraîné dans cette situation. Quant à Christian, je savais bien qu'il avait compris le message, mais je savais bien aussi, que comme moi, tous ses problèmes étaient loin d'être réglés par cette intervention.

XIII

Il y a des fois que je devenais fatigué d'écouter l'histoire de chacun ou de la découvrir. Chaque fois, je souffrais pour eux, je souffrais avec eux. Mais, moi aussi, j'avais une histoire; moi aussi, j'avais à souffrir et je ne pouvais transmettre quoi que ce soit à personne: je devais tout absorber sans mot dire. Il devient onéreux de porter son fardeau et d'aider les autres à porter le leur. J'avais toujours cru à l'échange, à l'entraide entre humains, mais j'aurais aimé quelquefois aussi que quelqu'un m'écoute, me comprenne, souffre avec moi, essaie de m'aider. Je ne pouvais certes trouver cette aide là-bas. Pour eux, j'étais le gars qui avait réussi, le gars au-dessus de tout souci, le gars qui n'a pas à s'en faire, celui qui fait de l'argent et qui peut tout régler avec son argent. J'étais d'un côté, et ils étaient de l'autre et on pouvait très difficilement se rejoindre même si j'essayais d'être le plus près possible d'eux .Et pourtant, notre situation était tellement semblable: ils essayaient de se sortir de la bourbe et moi aussi; et plus on se débattait, plus on se sentait enfoncés. Mais moi, je sentais que ce n'était pas moi qui les entraînais mais plutôt eux qui me tiraient dessus. Quelle tristesse que de voir un être humain se dénaturer! On se ressemble tous au point de départ; les enfants nous semblent tous assez beaux. Mais pourquoi les adultes sont-ils soudainement laids? Pourquoi nous inspirent-ils du dégoût, de la haine? Et pourtant ce sont les mêmes êtres qu'autrefois. Que sont-ils devenus? Qui les a transformés? Comment se fait-il que j'aie vu de ces rudes gaillards, de ces gars costauds aux yeux de tous, de ces frondeurs, pleurer devant moi et chercher qui ils étaient? Ils étaient redevenus ce qu'ils étaient d'abord, des enfants qui ont besoin d'attention, d'affection, d'échanges humains et qui les cherchent à travers leur rudesse. Ils n'étaient pas redevenus au fond: ils avaient toujours été ainsi. La plupart d'entre eux n'avait jamais reçu cette attention, cette chaleur dont tout être a besoin. Et ils venaient peut-être en chercher une parcelle chez nous. J'essayais de la leur donner mais ils ne savaient pas que j'en avais autant besoin qu'eux. J'avais envie de les aider. Mais j'avais aussi besoin qu'on m'aide profondément. J'avais étudié la psychologie, le fonctionnement des être humains, les rouages de la vie, les mécanismes de fonctionnement de tout être, ses réactions; eux étaient des pauvres ignorants qui n'avaient jamais rien étudié. Et pourtant, on se retrouvait sur un pied d'égalité. Je ne comprenais guère plus la vie qu'ils ne pouvaient la comprendre. J'aurais voulu être près d'eux et pourtant j'étais si loin.

J'étais à parler avec Ti bumm. Il ne m'était pas sympathique mais j'essayais de ne pas le lui montrer. Je l'écoutais du mieux que je le pouvais. Toutes les fois qu'il avait une chance, il venait me rejoindre; mais il avait une attitude tellement agressive qu'il m'était difficile d'échanger avec lui. Je me contentais la plupart du temps de l'écouter et surtout de le contenir. Il était rare qu'il restait assis, surtout lorsqu'il venait seul. Il venait constamment me voir pour parler. Et il avait la mauvaise habitude de venir à l'arrière du bar, ce qui avait le don de mettre les nerfs des waiters en boule. Ils me disaient toujours:

— Vous allez finir par avoir des problèmes sérieux avec lui. Vous devriez le mettre dehors: c'est un vaurien. Il y a personne qui peut le sentir ici. C'est pas un bon client pour la maison.

D'un autre côté, j'étais peut-être le seul qui pouvait l'écouter. Il ne pouvait certainement pas échanger avec Gil! Un soir que je n'étais pas trop occupé, je le laissai aller à son gré:

— Vous savez, M. Laudais, un gars a besoin de connaître son père. Une mère, c'est bien important. Ça vous apporte de la tendresse en autant que ça peut, mais un père, ça devrait vous apporter de la rudesse. Ça devrait vous apprendre à être un dur. Moi, mon père, j'aurais rêvé qu'il se batte avec moi; mais, mon père, il était toujours écrasé: c'était un mou. Le seul temps où il prenait sa force, c'est quand il prenait un verre. Là, c'était plus le même homme. On le reconnaissait plus du tout. C'est le seul temps où c'est lui qui avait le dessus. C'est ma mère qui était le patron dans la maison; ordinairement, le père, il passait par là. Quand il avait sa petite chance, il prenait un coup, mais ça arrivait pas trop souvent, parce que quand il était dessaoulé la mère lui tombait dessus. Puis le père, il était cardiaque: il avait fait une couple de crises. Quand il prenait sa tasse, il perdait la boussole. Tout le monde passait par là. Il devenait violent puis il se mettait à frapper. Je sais pas ce qui lui avait manqué dans sa vie, c'est-à-dire que je m'en doute un peu: le père puis la mère, ils étaient pas faits pour aller ensemble. Il y a rien qui marchait entre eux. Alors le père, quand il avait un surplus d'énergie, au lieu de la passer avec ma mère, il se reprenait sur moi. C'est lui qui m'appelait Marc: c'est pour ça que je peux plus entendre ce nom-là. Il me battait pas souvent: seulement quand il avait pris une bonne tasse. Il me disait que j'aurais dû faire une fille parce que de toute façon, j'étais pas bâti comme un homme. J'ai l'impression que le père, il a jamais connu grand bonheur dans sa vie. Je l'ai jamais vu être heureux avec ma mère. Moi, quand il prenait un coup, je m'enfermais, puis je voulais pas le voir. Je devenais enragé, j'aurais pu le tuer. Il criait après nous autres; des fois, il tombait par terre. Moi, ça m'écoeurait de le voir comme ça. Je l'haïssais pas; c'était mon père. Mais j'aurais voulu qu'il s'occupe de moi. Quand il était à jeûn, c'était pas mieux, il lisait son journal ou regardait la télévision, mais il était pas avec nous autres. Ma mère lui criait après. C'était un maudit bel enfer. Moi, j'ai été élevé entre un « Ferme ta gueule » ou un « Maudit écoeurant ». Mon vocabulaire est limité en enfant de chienne parce que c'est tout ce que j'ai entendu. Puis plus jeune, ma mère me disait: « Tu parles pas tellement. Tu dois pas être bien intelligent parce que t'apprends pas vite. » La vie était pas mal toujours la même chez nous. J'ai pas connu grand changement: chaque jour ressemblait pas mal à l'autre. C'est-à-dire que c'était les deux extrêmes: ou bien il y avait rien qui bougeait ou bien c'était la pagaille générale et tout le monde se criait après. Quand ma petite soeur est arrivée, j'ai pensé que ça aurait changé un peu: mon père était content d'avoir une fille. Mais tout ce que ça a changé, c'est que ça en a fait une de plus à crier dans la maison.

Une fois, j'avais 15 ans, le père était en dehors puis la mère était en maudit. Je me rappelle, je venais de me coucher quand il était entré. Je dormais pas. En entrant, je l'ai entendu gueuler, puis tout à coup, je l'ai entendu tomber. Je me suis levé comme un éclair puis quand je suis arrivé à côté, il était étendu par terre et il râlait. Je suis devenu furieux. Je me suis mis à le frapper à la figure et je lui dis: « Je t'ai assez vu. C'est la dernière fois que tu me vois dans la maison. Ça m'écoeure de vivre avec quelqu'un comme toi. Je sacre mon camp, parce que je veux plus te voir. Tu m'as jamais rien apporté, ni à ma mère. T'as l'air d'un beau cochon étendu par terre comme ça. » Puis à mesure que je lui disais ça, je le tapochais solidement. Je pense que chaque instant de ma vie devait passer dans ces taloches. Il essayait même pas de se défendre: il avait seulement les yeux dans le vide. Je pense que ça me rendait encore plus furieux. J'aurais aimé qu'il agisse en homme. Puis, tout à coup, ma mère m'empoigna par les épaules et me dit: «Il est pas saoul; il fait une crise. Arrête, Marc, Arrête.» Quand j'arrêtai de le talocher, il bougeait même plus. Elle se précipita au téléphone pour appeler l'hôpital. Quand ils arrivèrent, il était déjà trop tard. Je me suis toujours demandé depuis ce temps-là, si c'est moi qui l'avais achevé ou bien s'il serait mort de toute façon. C'est pas que c'était tellement une grosse perte mais on est jamais trop content de savoir qu'on vient d'achever quelqu'un. Remarquez qu'il est bien mieux où il est dans le moment: il doit être bien assis tranquille. Je l'ai pas regretté tellement; il avait jamais été tellement important pour moi. Mais je pensais des fois à ce qu'on aurait pu être ensemble puis ça me faisait de la peine. Quand ils l'ont fourré dans le trou, j'ai quand même pleuré, puis la mère aussi. Elle l'avait jamais tellement aimé, mais elle devait certainement penser à ce qu'ils auraient pu être ensemble. À présent, ma mère, elle compte sur moi pour la faire vivre. Mais pour elle, je suis pas mieux que le père. Elle me considère pas plus; elle m'haït pas, mais elle m'aime pas. Moi, j'ai jamais connu ça d'avoir quelqu'un qui s'occupe de moi, qui m'écoute quand j'ai quelque chose à dire, qui me comprend. Chez nous, c'est encore « Ferme ta gueule. » Puis bien souvent, c'est moi qui le dis: j'ai été tellement habitué comme ça, Je suis pas mieux que le père mais qu'est-ce que vous voulez, j'ai pas pu m'élever tout seul. J'ai un ami qui parle avec moi, qui me contredit pas, puis qui sait rire; mais il m'écoute seulement parce qu'il est pas brillant, parce qu'il comprend rien de ce que je lui raconte. Quand ça marche pas, c'est moi qui lui dis: « Ferme ta gueule, maudit pas intelligent. » C'est un maudit bon gars mais il comprend rien de rien. C'est probablement pour ça que je suis capable de lui parler. Mais c'est pas bien mieux que quand je parlais à mon père: lui il m'écoutait pas, puis Gil, il me comprend pas.

En passant derrière le bar pour servir un client, Roberto m'appela pour me dire:

— Écoutez-le pas. Il va vous garder pendant une heure, là, à vous conter des romances pour réussir à vous demander $10 à la fin. Ça serait plus utile si vous me donniez un coup de main pour servir les clients. Voulez-vous que je vas vous le sortir une fois pour toute? Vous aurez plus jamais de problème avec lui après ça.

— Écoute, Roberto, je pense que je sais ce que j'ai à faire.
J'avais décidé de laisser aller le petit jusqu'au bout. C'était tranquille et Roberto n'avait pas besoin de moi pour servir. Je retournai le trouver.

— J'ai commencé à faire des coups pour attirer l'attention. Je faisais partie d'une gang. Puis au début, on faisait ça pour s'amuser, pour passer le temps. Moi, j'aimais autant ça que d'être à la maison. Jusqu'au moment où il y en a un qui a commencé à imaginer d'autres sortes de coups, des coups pour faire de l'argent. Au début, c'était pas des grosses affaires, mais on s'est mis à s'ambitionner. Les premières fois, on était pas organisés, on faisait ça comme ça venait mais quand on a vu qu'on se faisait pas prendre, on s'est organisés. On était trois. Un soir, on s'était arrangés pour aller faire un petit magasin de cigarettes. Il y avait une petite fenêtre à l'arrière qui donnait sur une espèce de hangar, juste assez grande pour laisser passer un enfant. Évidemment, comme j'étais le plus petit, j'ai été choisi pour entrer par la fenêtre pendant que les autres surveillaient. Je devais leur passer la marchandise par la fenêtre: on en mettait le plus possible dans des grands sacs. C'était pas tellement compliqué, puis c'était facile à revendre sur le marché noir; des cigarettes bon marché, n'importe qui est intéressé à acheter ça. J'avais fini de sortir le stock; il me restait qu'à foutre le camp. Mais quand je posai le pied à terre, il y avait deux chiens en uniforme qui m'attendaient. Les sacs étaient là, mais mes copains avaient disparu. Quand je comparus devant le juge, je lui dis que j'étais seul dans le coup. Il me dit que c'était encore plus sérieux, que si j'avais été avec d'autres, j'aurais pu être entraîné. Ma mère est venue brailler devant lui en disant qu'elle m'avait tout donné, qu'elle s'était sacrifiée pour moi, qu'elle était toute seule pour m'élever, que la mort de mon père m'avait causé un choc. J'ai pas dit un mot pour pas aggraver mon cas mais j'avais envie de rire en maudit. Le seul choc que j'ai jamais eu dans ma vie, c'est quand je suis venu au monde, puis je m'en rappelle pas tellement! Le juge a pris la mère en pitié, il m'a expliqué qu'il serait pas trop sévère parce que c'était la première fois mais qu'il voulait jamais me revoir devant lui. Il m'a fait un sermon sur le bien d'autrui, puis sur l'importance de gagner sa vie honnêtement. C'est pas trop compliqué de parler de ça quand on gagne $1,000 par semaine pour être assis sur un banc au-dessus du monde pour dire: « Ça, c'est bien; ça, c'est pas bien. » Il m'a expliqué qu'il pourrait me donner un an au moins mais qu'étant donné les circonstances, il serait généreux. Il m'a donné seulement trois mois. Je sais pas si il s'attendait à ce que je lui dise: « Merci, son Honneur. Vous êtes un vrai père pour moi. » C'est ça, il était pareil comme mon père. Lui, il était d'un côté, moi j'étais de l'autre puis on avait jamais pu se rejoindre. Quand je suis entré dans la boîte, j'étais pas mal écoeuré, mais vous auriez dû me voir trois mois après. Une bonne fois, on va s'asseoir ensemble puis je vais vous conter ça. Je pense que vous êtes pas bien habitué dans ce monde-là. M. Laudais, j'en aurais des bonnes à vous conter. De toute façon, quand je suis sorti de là, j'avais juste une idée en tête: recommencer mais pas me faire prendre. C'est ce que j'ai fait. J'ai travaillé sur des coups pas mal plus importants: des vols de pharmacie. Mais cette fois-là, on était armés puis on volait plus des cigarettes. De l'argent, pas d'autre chose que de l'argent. C'est encore plus facile à refiler. Les gars, on leur faisait pas tellement de tort. De toute façon, ils volaient le monde eux autres aussi. On faisait juste partie d'une gang différente puis eux autres, ils pouvaient pas se faire arrêter. Puis ils étaient tous assurés; alors ils perdaient rien. Même qu'ils faisaient de l'argent avec ça parce que quand on lisait les journaux le lendemain, on trouvait toujours ça drôle de voir les montants qu'on était censé avoir ramassés. Il y a des fois que ça aurait fait notre affaire de collecter ce qui y était marqué. Les affaires allaient bien. Puis, un soir, on a été malchanceux: on est tombés sur une auto-patrouille juste à la sortie. C'était notre meilleure soirée. Quand je suis passé devant le juge, il m'a dit que j'étais un récidiviste puis que c'était sérieux. Surtout un récidiviste armé. De toute façon, sa générosité, j'en voulais pas. Il m'a donné deux ans. Si je savais écrire, je raconterais au monde ce que j'ai vécu en dedans. Il y en a qui appelleraient ça de la science-fiction. À présent que je suis sorti, j'ai trouvé un emploi régulier: je conduis un camion d'huile. J'essaie de me tenir tranquille le plus possible mais je sais pas combien de temps ça va durer. Je m'aperçois qu'il y a pas grand chose à faire en étant honnête: on crève, c'est pas long. Si j'étais tout seul, ça pourrait toujours aller, mais c'est pas le cas. De toute façon, je me tiens toujours prêt, regardez ça.

Il ouvrit son paletot et je pus voir à l'intérieur le bout de la crosse d'un revolver. Pour lui, il venait de me faire une marque de confiance extrême.

Mais c'était le genre de confiance dont j'aurais pu me passer. Il m'avait toujours fait peur et ce n'était là rien pour me rassurer. Il en profita pour me demander:

— Est-ce que je pourrais vous emprunter $5. Je vais vous remettre le tout ensemble, la semaine prochaine. Je pense que vous pouvez me faire confiance comme moi, je viens de le faire.

Je n'étais pas tellement intéressé à une discussion avec lui alors je lui remis les $5. Roberto vint lui dire:
—Ti bumm, va t'asseoir. T'es dans le chemin. On t'a assez vu. Tu déranges M. Laudais, puis moi, je suis obligé d'aller servir en arrière du bar. Fais comme les autres, puis reste à ta place. Sinon, va boire ailleurs: tu vas voir qu'eux autres, ils vont t'asseoir.

Marc le regarda avec un air féroce, se tourna vers moi comme s'il m'en avait voulu de ne pas intervenir en sa faveur, puis s'en alla s'asseoir. Roberto me demanda:
— Voulez-vous que je le sorte? Ça me ferait tellement plaisir de le talocher un peu. Je peux pas le sentir, le petit maudit.

Je me contentai de lui répondre: « Fais bien attention, Roberto. »

Il y avait un grand gars qui avait été pris à faire un coup. Je ne me rappelle pas trop ce que c'était. Mais comme ce n'était pas la première fois qu'il se faisait prendre, ça avait été sérieux. Il avait dû comparaître devant le comité de discipline; on avait fait venir ses parents et finalement, il avait été expulsé du pensionnat. Ça avait causé tout un émoi, car ce n'était quand même pas quelque chose de fréquent. Tout le monde en avait parlé pendant un certain temps et je me souviens que je l'avais vu sourire pendant qu'il préparait sa valise pour nous quitter. Ça m'avait donné l'idée d'essayer de me faire mettre à la porte. Si on ne voulait pas me sortir, j'allais les forcer à le faire. Je me mis donc à trouver toutes sortes de coups possibles et imaginables et il ne manquait pas de gars pour m'aider à les réaliser. Seulement, il était toujours plus prudent de ne pas trop embarquer de gars dans le coup. Je me rappelle qu'un jour aux travaux manuels, j'avais subtilisé un pot de colle en ayant un but très précis en tête. La cabine du surveillant de dortoir était située dans un coin, complètement à l'autre extrémité et l'un d'entre eux avait l'habitude de laisser ses souliers à la porte avant de se coucher. Ce soir-là, j'avais surveillé son entrée et je m'étais glissé sous les lits en apportant mon pot de colle. Il y avait des gars qui ne dormaient pas car en passant, j'entendais de temps à autre un matelas craquer à un rythme régulier. J'avais enduit ses semelles de colle tout en pensant, en riant intérieurement, à sa réaction. Ça ne tarda pas à arriver, car le lendemain matin, il nous fit aligner le long du mur, les mains étendues devant nous et le coupable ne fut pas long à trouver évidemment. C'était un pauvre petit gars de deuxieme année qui ne s'était pas lavé les mains après les travaux manuels et qui, à cause de ça, devait écoper d'une correction sur la partie inférieure de sa personne.

À un autre moment, j'avais placé une braquette sur le siège du professeur qui, en s'assoyant, avait eu comme réflexe: « Berthiaume, dehors. » Berthiaume, c'était le dur de la classe et la direction lui avait fait connaître certaines sensations semblables à celle que le professeur avait éprouvées en s'asseyant. J'avais donc décidé avec un air repentant d'aller me déclarer coupable de ce forfait, mais la direction se contenta de me féliciter de mon honnêteté et de ma franchise tout en me mentionnant de ne pas parler aux autres de ce que j'avais fait. « Un péché qu'on regrette est un péché pardonné », ou quelque chose du genre. Mais je ne regrettais pas du tout et j'avais la ferme intention de recommencer, le plus tôt possible, mais, je savais que cette fois, il y aurait quelqu'un qui m'aurait à l'œil, et je ne demandais pas mieux.

J'avais reçu l'acte d'accréditation et j'en avais fais part à mon avocat qui m'avait dit: « Tout est en règle, Mike. Rencontre-les et arrange-toi le mieux possible. » J'avais retardé pour les appeler et je savais qu'ils étaient impatients. C'est Gino qui communiqua avec moi pour me dire:

— Les papiers sont en règle. Est-ce qu'on peut se rencontrer demain soir?
Je m'arrangeai pour retarder la rencontre à la semaine suivante mais Gino était furieux. Je lui fis comprendre qu'il était impossible de me libérer avant ça.

Quand il se présenta la semaine suivante avec son ange gardien, je lui dis:
— Mon avocat insiste pour être présent lors de la signature de l'entente et il ne pouvait venir ce soir. Je communiquerai avec vous dès qu'il pourra venir.

Il me regarda droit dans les yeux:
—M. Laudais, nous ne sommes pas à votre disposition pour jouer ce petit jeu-là. Notre temps est précieux et nous en avons assez perdu à ce jour. Je crois que vous serez à même de regretter le geste que vous venez de poser.

Je n'eus même pas le temps de réagir qu'ils étaient déjà partis. Je regrettais déjà l'attitude que je venais de prendre car je ne pouvais prévoir jusqu'où elle m'entraînerait. Ma première idée avait été de jouer serré pour pouvoir obtenir de meilleures conditions, mais je ne prévoyais pas que tout se passerait si vite. Qui étaient ces gens? Comment allaient-ils réagir? Je commençais à craindre d'avoir été un peu trop loin. Je pouvais toujours les rejoindre pour leur dire que j'étais prêt mais je reculais alors d'un pas et partais perdant. Je décidai de laisser passer quelques jours avant de leur donner signe de vie. J'étais cependant inquiet. Je n'étais pas de taille à me mesurer à des gens de cette trempe.

Roberto était content. Il venait d'apprendre que le frisé à qui il avait changé un chèque, s'était fait attrapé et qu'il était en prison.

— Évidemment, ça me redonne pas mon argent, mais ça va lui apprendre à rouler les honnêtes gens. Ça a l'air que c'était pas la première fois qu'il faisait ça. Il y en a un paquet qui se sont fait attraper. Juste ici, j'en connais trois qui y ont goûté. Il est aussi bien de ne plus se remontrer la face ici quand il va sortir parce qu'il pourrait bien se faire défriser. Il faut se méfier de tout le monde dans ce maudit métier-là. Vous savez jamais quand quelqu'un va vous frapper dans le dos. On a pas d'amis là-dedans à aucun moment. Vous par exemple: vous vous méfiez pas assez des gars. Je vous l'ai déjà dit: vous les écoutez trop, puis ils en profitent. Vous ferez jamais un gars de taverne. Avez-vous vu le gros Italien rouge dans le coin? Ça fait seulement trois bières qu'il commande puis il est complètement saoul. Il passe son temps à se lever pour aller à la toilette. La prochaine fois qu'il se lève, on va aller voir ce qu'il fabrique.

Dès que l'Italien entra à la toilette, on le suivit. Il avait une bouteille de vin à la main et il était en train de la finir à même le goulot. Roberto descendit une claque sur la bouteille: « Si tu veux cuver du vin, va faire ça chez vous. Nous autres, on est pas intéressé. On vend de la bière ici. Pas de compétition. Dehors. » Le pauvre bonhomme avait le caquet bas. Il n'était pas en état de se défendre; aussi n'offra-t-il aucune résistance. Je l'avais déjà vu deux ou trois fois mais ce n'était pas un régulier. Roberto me dit en revenant:

— Maudit Italien de salaud. Un gars comme ça, ça vous fait honte d'être de la même race que lui. Moi, je suis pas un vrai Italien: c'est juste si je sais parler et puis je prends jamais de vin. Lui, c'en est un vrai d'Italie qui vient nous empester avec sa senteur de pepperoni puis de vin qu'il a fait dans sa poubelle. Il aurait dû rester dans son pays au lieu de venir nous écoeurer ici.

Un soir, Ti bumm était là et il était fatigant. Il était constamment debout et il parlait fort. Roberto lui avait demandé deux fois d'aller s'asseoir. Il l'avait écouté en marmonnant. La troisième fois, Roberto l'apostropha:

— Écoute, Ti bumm, j'en ai assez de te voir debout tout le temps à déranger tout le monde. Si je te vois encore bouger d'un pouce, c'est moi-même qui vas te clouer sur ta chaise, tu comprends? Ça fait assez longtemps que t'écoeures tout le monde ici, il commence à être temps que quelqu'un te remette à ta place. M. Laudais t'a assez enduré, moi je suis pas obligé de faire pareil.

L'autre lui répliqua:

— C'est pas un petit vieux comme toi qui va me dire quoi faire. Quand on a pas un cheveu sur la tête, on laisse parler les jeunes...

Il n'eut pas le temps de continuer. Roberto avait sauté dessus dans l'espace d'un éclair. Son tablier dans lequel il gardait toujours $30 de monnaie alla voler au milieu de la place éparpillant les pièces dans tous les coins. Il n'était pas gros mais il savait se battre. Il avait immobilisé tout de suite Ti bumm en lui plaçant un genou sur la gorge, et lui avait rabattu une taloche qui lui avait fendu la lèvre. L'autre était par terre immobile; il me regardait les yeux sortis des orbites, pendant que Roberto lui disait:

— Pour un petit vieux, tu vois que je suis encore capable, hein, Ti bumm?

Mais il avait cessé de le talocher et ne faisait que le retenir: je n'eus pas à intervenir. Aussitôt que Marc se releva, il se dirigea vers la porte avant, puis se retourna en pointant un doigt tremblant dans la direction de Roberto et de moi. Je savais qu'il était armé et je savais aussi qu'il était prêt à n'importe quoi après avoir subi une telle humiliation.

— Vous deux, je vous attends. Vous allez regretter ce que vous venez de faire.

Il resta un instant à la porte, nous menaçant de son poing, puis disparut. Je savais qu'il me tenait autant responsable de ne pas être intervenu que si je l'avais retenu ou frappé. Roberto ramassa son argent avec calme, aidé de quelques clients qui lui tapaient dans le dos.

— Je crois qu'il l'a pas volé. T'aurais pu taper plus dur, Roberto. C'est un bon débarras.

— Tu ferais mieux de faire attention, Roberto, c'est un petit traître. Il peut t'attendre n'importe où et te frapper par en arrière.

— Moi, j'aurais aimé ça que tu lui règles son compte pour tous nous autres: moi, ce petit-là, j'ai envie de frapper dessus aussitôt que je le vois. Mike aurait jamais dû le laisser entrer.

— Faites-vous-en pas les gars: il remettra pas les pieds ici, ou je l'attends d'aplomb cette fois-là.

Je n'avais pas une grande sympathie pour Marc, mais j'avais peur de lui. Un peu plus tard, il réapparut dans la porte avec son gorille qui avait perdu son sourire. Il eut juste le temps de dire:

— Casse-leur la gueule à ces deux-là.

Je pris le téléphone et signalai la police pendant que Roberto s'avançait pour leur dire:

— Vous deux vous êtes barrés ici. Un pas de plus, puis la police arrive.

Je montrai le téléphone à Gil et l'autre sortit immédiatement. Gil resta surpris: il ne comprenait plus rien.

— Depuis quand que je suis barré ici? J'ai jamais rien fait.
Roberto lui répondit:

— Si tu rentres seul pour prendre une bière, ça va.

Je raccrochai le téléphone pendant que Roberto servait le gros et lui expliquait ce qui s'était passé. Aussitôt Gil devint l'air mauvais: c'était la première fois que je le voyais comme ça. Il serra les poings, mit sa bière de côté en disant:

— Le petit maudit, il m'a raconté des histoires. Il voulait me faire barrer d'ici. Puis il se précipita dehors les poings fermés.

Les clients qui étaient près de la vitrine nous ont raconté qu'il n'avait donné qu'un seul coup de poing à Marc et que c'était mieux ainsi. Quand il entra, il avait retrouvé son sourire. Il s'assit à sa table et me salua. J'étais honteux d'avoir été témoin de cette scène. Marc n'avait que deux amis au monde et les deux l'avaient abandonné le même soir. Maintenant, il était laissé à lui-même.

XIV

Lorsque j'entrai à la maison, j'étais las physiquement et moralement. Je ne voyais pas le jour où je pourrais m'en sortir. Chaque jour
m'apportait de nouveaux embêtements. Le seul espoir que j'avais à l'hori-
zon était cet acheteur dont ma femme m'avait parlé et que je devais
rencontrer dans quelques jours. Il m'avait rappelé pour remettre notre
rencontre une semaine plus tard ayant eu un dérangement de dernier
instant. J'étais prêt à faire pas mal de concessions car je n'en pouvais plus
de vivre dans ces conditions. Si j'avais pu établir un juste équilibre entre
ma famille, le commerce et ma profession... Mais ce n'était pas le cas.
Cette place et les gens qui l'habitaient, me hantaient, me poursuivaient
sans relâche dans toutes mes autres activités de sorte que j'y étais toujours
présent. Cette force l'emportait sur toutes les autres. J'étais tellement
fatigué. J'aurais voulu dormir, dormir profondément, dormir longtemps,
et me réveiller dans un monde différent, transformé. Mais quand je me
réveillais, je retrouvais toujours les mêmes figures, qui faisaient partie
d'un autre monde mais pas de celui que je cherchais. Lorsque je me couchai
ce soir-là, j'aurais voulu que ce soit pour la dernière fois. N'avez-vous
jamais eu le sentiment d'être rendu au bout de votre chemin? Je m'endormis enfin, mais lorsque je fus réveillé brusquement par le téléphone, j'eus
l'impression de n'avoir que sommeillé, et pourtant j'avais eu toutes sortes
de visions. Le téléphone à cette heure! Je sentais mon cœur battre très fort,
il fallait qu'il se produise quelque chose de sérieux pour que quelqu'un
m'appelle à cette heure. Mais en fait quelle heure était-il donc? Pas tout à
fait minuit. J'étais certain qu'il était beaucoup plus tard que cela. Lorsque
mon épouse me passa l'appareil, toutes sortes d'appréhensions se bousculaient dans ma tête. Roberto était au bout du fil.

— M. Laudais, est-ce que vous pouvez venir tout de suite? La grande
vitre avant est brisée. La police est ici.

Je m'habillai en vitesse et ne prit même pas le temps de penser.
Mais en chemin, j'eus le temps de me poser certaines questions. Était-ce un
moyen de pression ou bien une simple vengeance? Je ne me sentais plus de
taille à lutter contre qui que ce soit. Si on se mettait à jouer de cette façon, je
n'avais plus aucun argument. Puis je pensai à Ti bumm, qui m'avait dit, il y
avait quelques heures seulement: « Vous allez regretter ce que vous venez
de faire » et à la raclée qu'il avait reçue de Gil par la suite. Oui, Ti bumm
avait certainement envie de se venger. C'est encore lui qui avait la meil-

leure raison. D'ailleurs, j'avais toujours eu peur de lui et de son air de désaxé. Je sentais que ça finirait mal.

Sur le moment, je devins furieux contre lui que j'avais essayé d'aider malgré tous les autres, que j'avais écouté afin de partager ses difficultés et qui, à la première occasion, venait me frapper dans le dos. C'était peut-être les autres qui avaient raison dans le fond. Il ne méritait pas qu'on l'aide. J'aurais sans doute dû les écouter à bien y penser, au lieu de l'écouter, lui. Il ne méritait pas la confiance que je lui avais accordée. Encore hier, je lui avais prêté de l'argent, et voilà comment il me remerciait. J'avais fait tout ce que je pouvais pour lui, maintenant c'était à la police à s'occuper de lui. Oui, mais je pensais à ce qu'il m'avait dit au sujet de la prison et aussi à ce qu'il voulait m'en dire: avec quel esprit il en était sorti. Évidemment, il avait provoqué Roberto; mais n'était-il pas normal qu'il se venge après l'humiliation qu'il avait subie? Non, je ne pouvais pas le renvoyer en prison. Après tout, il était le soutien de sa mère et de sa petite soeur. Et j'avais vu tellement de haine dans ses yeux quand il m'avait mentionné son séjour en prison; je n'avais pas le droit de le renvoyer là. Imbécile! J'étais là à me préoccuper de son sort pendant que lui ne se préoccupait guère des soucis qu'il me causait.

Lorsque j'entrai dans la place, il était minuit trente. Le commerce aurait dû être fermé depuis minuit. La police était là et pourtant plusieurs clients étaient encore attablés devant leur bière, dont les éternels Tom, Arthur, Vincent, Christian et compagnie qui en profitaient pour prolonger leur veillée ou abréger leur vie! Le laveur de planchers avait quand même commencé à placer les chaises sur les tables pour ne pas perdre de temps. Il faisait sombre car la moitié des lumières étaient fermées. Il faisait aussi très froid, car on était au coeur de l'hiver et la grande vitrine était complètement défoncée. Des éclats de verre jonchaient le plancher. Roberto se dirigea vers moi avec les deux policiers. Je n'eus pas le temps de m'enquérir de la situation car déjà ils me demandaient de m'identifier et me posaient les questions de routine. Puis ils demandèrent à Roberto de raconter à nouveau devant moi ce qui s'était passé:

— À 22 heures environ, un type est entré ici avec un sac à marché. Il était déjà pas mal éméché. C'était la première fois que je le voyais ici. Il m'a demandé un verre et je l'ai servi. Quand il s'est levé pour aller à la toilette, il s'est accroché dans son sac qui est tombé par terre; il a alors ramassé péniblement des saucisses et un pot de moutarde. Quand je lui ai apporté son deuxième verre, il l'a fait culbuter sur lui d'un geste gauche. Alors quand il m'en a demandé un autre, j'ai refusé de le servir. Il a commencé à gueuler à propos de l'injustice des gens et je lui ai demandé de sortir. Quand j'ai vu qu'il continuait à gueuler plus fort, je l'ai sorti moi-même. Ça a pas été très difficile dans l'état où il était. Si j'avais su, je l'aurais laissé boire, ça aurait été moins de trouble.

— Je pense que tu as fait ce que tu avais à faire Roberto. Continue. Continue.

— Ça faisait quelques minutes que je l'avais mis dehors quand on a entendu un grand fracas. La vitrine a volé en éclats et le pot de moutarde est venu atterrir au milieu de la place. On a été très chanceux qu'il y ait pas de blessés parce qu'il y avait des clients pas loin de là. L'un d'eux a passé à un cheveu d'être atteint par le pot de moutarde brisé. Des éclats de vitre, il y en avait partout et puis pas un seul a subi une petite coupure. Il y avait seulement Arthur qui braillait parce qu'il y avait de la vitre dans son verre et qu'il voulait que je lui en donne un autre sans le faire payer. Je me suis précipité au téléphone pour appeler la police et je dois dire qu'ils ont été très rapides parce qu'ils étaient ici un instant après. Ils ont pas eu de misère à ramasser le type au pot de moutarde: il était encore assis sur le bord du trottoir avec son sac quand ils sont arrivés.

C'est curieux, mais je me sentis comme soulagé. J'étais presque content qu'il en soit ainsi. Je préférais cela à la situation que j'avais imaginée. Mais j'étais ausssi honteux, honteux d'avoir accusé instinctivement Ti bumm. Évidemment le lien était facile à faire, mais j'avais fait comme tous les autres: j'avais cherché un coupable avant de connaître les faits et j'en avais choisi un, bien sûr, qui était marqué par le destin.

Un des officiers de police me dit:

— Il faudrait que vous soyez au Palais de justice, demain matin à 9 heures 30. pour signer une déposition. Nous avons le nom des témoins qui recevront un avis de comparution. Bonne nuit, M. Laudais.

Il fallait maintenant que je m'organise pour bloquer la vitre temporairement. Chacun voulait m'aider: ils voulaient surtout rester encore un peu plus longtemps et se faire payer une bière. Arthur braillait encore:

— Je venais juste de me faire servir une bière et je n'avais pas commencé à boire.

Je lui servis une autre bière pour lui fermer la gueule. Je gardai avec moi un gars qui était menuisier et que je connaissais peu. Il courut chez lui chercher quelques outils. Je renvoyai poliment les autres membres inutiles, à leur plus grand regret. Nous trouvâmes des grands panneaux de bois à la cave avec lesquels nous pûmes réussir à couper le froid. Je voulus payer mon menuisier mais il refusa. Je lui servis deux bières qu'il prit rapidement et je me retrouvai seul. Je décidai de coucher sur place, étant donné que les mesures de sécurité étaient inadéquates. Tom m'avait offert de monter la garde toute la nuit, mais il aurait fallu que je demande à quelqu'un d'autre de surveiller Tom. Je m'assis sur une chaise et m'appuyai la tête sur une table. Même avec mon paletot, il faisait froid. Il m'était impossible de dormir, même si j'étais exténué.

Il me vint à l'esprit le jour où, moi aussi, j'avais voulu me venger du traitement qu'on me faisait subir. J'avais sept ans et j'étais enfermé dans ce maudit pensionnat de malheur. Je n'étais pas maltraité mais j'y étais malheureux. Chaque jour, je traînais ma peine et le soir, je m'endormais péniblement en pensant jalousement à ceux qui étaient auprès de leurs parents. Je voulais me venger, peu importe de quelle façon. Pour moi, le pensionnat était responsable de mes peines, ce maudit pensionnat qui me retenait de jour en jour et dans lequel je souffrais profondément. Chaque jour, je cherchais un plan. Je ne voulais pas de ces petits coups que l'on faisait souvent et qui consistaient à placer des oeufs dans les poches de notre surveillant, à lui lancer de l'encre dans le dos pendant qu'il se promenait dans les rangées, à placer le bureau en équilibre sur le bord de sa tribune pour qu'il bascule au premier contact ou mille autres encore que l'on imaginait sans même se forcer. C'était trop facile et ça ne faisait pas assez mal. Moi, j'étais blessé et je voulais en blesser d'autres. C'est effroyable ce qu'un enfant peut avoir de méchanceté au coeur. L'enfant dont on a chanté la beauté et l'innocence peut devenir féroce si les circonstances le poussent à l'être. Mais comment donc un enfant de sept ans pouvait-il se venger? Je me souviens encore, éclairé que par les lampions, j'étais à la chapelle pour la prière du soir. Il faisait sombre. On n'entendait que le murmure des enfants qui répondaient ensemble. Je ne priais pas; je cherchais. J'étais seul: je ne voyais que la lumière des lampions qui vacillait. C'était lugubre cette lumière pour un enfant de sept ans ou peut-être pour n'importe qui. Je fixais les lampions et peu à peu une idée prit forme dans mon esprit. Je l'avais trouvée. Le feu, c'était la solution: bien sûr, le feu! Il fallait que je mette le feu. Et je crois que j'esquissai un sourire dans la noirceur en répondant avec les autres « Deo gratias ». Il ne me restait qu'à mettre mon plan à l'oeuvre. J'y songeai pendant mes nuits d'insomnie. Il fallait d'abord que je me procure du feu. Comme j'étais servant de messe, ce n'était pas très difficile étant donné qu'on avait à allumer les chandelles sur l'autel. On pouvait trouver des allumettes aussi facilement qu'on pouvait boire du vin de messe. Pour plus de sécurité ou pour bénir mon geste, je me munis même d'un lampion; ainsi le feu ne risquait pas de s'éteindre. Il ne me restait qu'à choisir l'endroit où je pourrais allumer l'incendie et attendre le moment propice. Il y avait attenante à la bâtisse principale une remise dans laquelle se trouvaient des fenêtres, des vieux matelas, du bois pour faire des réparations, des outils, enfin mille et un objets qu'on peut trouver dans un tel endroit. C'est là qu'on plaçait nos traîneaux et nos skis pendant l'hiver: l'accès y était facile. Je me souviens encore du jour où je mis mon plan à exécution. Il neigeait.

Je devais avoir froid car je me rappelle que je tremblais. J'avais sur moi mes allumettes, mon lampion ainsi que du papier journal. J'avais tout prévu: j'y avais tellement pensé. Pas un seul moment, je n'avais hésité même si j'avais très peur. J'avais glissé tout bonnement sur la pente enneigée et tout à coup je m'étais dirigé vers la remise comme pour aller porter mon traîneau: c'est ce qu'on faisait régulièrement. Pendant que j'étais là, quelqu'un vint me rejoindre: « Qu'est-ce que tu fais, tu ne glisses plus? » « Non, j'ai froid, je me réchauffe un instant. » Je dus remettre mon plan au lendemain car c'était trop risqué que je me fasse prendre. Le jour suivant, je recommençai mais dès que j'entrai dans la remise, j'allai me cacher derrière un amas de planches et de matelas. Quelqu'un vint et mon coeur battait très fort. Je demeurai immobile essayant de voir ce qu'il y avait autour de moi qui pouvait me cacher. Si la personne s'avançait, j'étais découvert. Au-dessus de moi, je pouvais voir un grand panneau de bois suspendu par des cordes aux poutres du plafond. J'entendis enfin la porte se refermer et je me retrouvai seul. Je plaçai le papier près du matelas et j'y mis le feu. J'étais très nerveux; j'avais hâte que tout cela soit fini. J'attendis que le matelas soit bien pris avant de quitter les lieux. Je jetai un coup d'oeil dans l'entrebâillement de la porte pour m'assurer que personne ne me verrait sortir et juste comme j'allais pour mettre le pied dehors, j'entendis un grand fracas derrière moi qui me fit sursauter. Mon coeur battait tellement vite: je me demandai ce qui venait de se produire. Je me retournai pour constater que le grand panneau suspendu s'était décroché et était tombé juste sur le feu. Je fus pris de panique et me mis à courir. J'arrêtai quand je fus à bout de souffle. Je n'essayai plus jamais de mettre le feu mais mon sentiment ne s'était pas éteint. Je crois que je devais le transporter toute ma vie. Mais aujourd'hui, quand jc m'y arrête et que j'y pense bien, je constate que la différence entre mon sort et celui de Ti bumm, ou des autres comme le bonhomme au pot de moutarde probablement, ne réside que dans un bout de ficelle. Le bonhomme aussi avait voulu se venger de tous les maux de la terre et il l'avait fait sans penser que celui qu'il atteignait, n'était pas responsable de ses malheurs.

Il faisait froid et je ne pouvais dormir. Je n'avais pas de café. Je pris une bière: c'est tout ce qu'on pouvait trouver dans cette sale place de perdition. Je n'avais même plus envie de m'appuyer pour essayer de dormir. Au matin, il fallait que je fasse remplacer la vitrine et que j'aille me présenter au palais de justice. Quand est-ce que cette ronde infernale allait se terminer?

Je vis le jour se lever et les murs me semblaient encore plus laids qu'à la lumière du néon. Bientôt Roberto arriva.

— C'est à peine si j'ai eu le temps de me rendre chez nous et de fermer les yeux. La bière sera pas chaude aujourd'hui, c'est certain. J'espère qu'ils vont fourrer le bonhomme en dedans pour une couple de mois. Vous êtes assuré au moins?

Ça ne m'était même pas passé par l'esprit encore. C'est vrai, il fallait que je m'occupe d'aviser mon assureur, aussi.

Il y avait un vitrier à deux pas de chez nous. Je lui demandai d'aller prendre les mesures et de poser la vitre le plus tôt possible. Il m'assura que le tout serait complété dans le courant de la journée. J'appelai ensuite la compagnie d'assurances qui, après vérification de mon dossier, m'affirma que la vitrine n'était pas assurée pour une telle éventualité. Le tout allait me coûter $288. Dans la situation où je me trouvais, c'était difficile à avaler.

Je me rendis au Palais de justice. C'était une bâtisse immense où un tas de gens circulaient mais où personne ne pouvait vous donner d'informations. Il me fut extrêmement pénible d'obtenir les renseignements nécessaires. Enfin, je pus rejoindre le juge qui avait le dossier en main. Je voulais avoir des informations. C'était la première fois que je me présentais devant une cour de justice. Je lui demandai:
— Qu'est-ce que je dois faire? Il me répondit sèchement:
— Mon ami, sachez prendre vos responsabilités.

J'essayai d'obtenir des informations mais je reçus toujours la même réponse. Enfin, j'eus à comparaître devant le juge. C'était la première fois que j'avais à faire face à ce pauvre type qui m'avait causé du tort sans trop le savoir. Quand je fus face à lui, je pensais le haïr pour le mal qu'il me causait mais en fin de compte, il me faisait surtout pitié. Il était assez âgé, n'avait pas l'air malpropre et avait un langage qui me surprit. Tout ce qu'il put réussir à dire, fut:
— Je ne me rappelle de rien. Je ne sais pas ce qui s'est passé. J'étais complètement saoul et je ne peux pas me souvenir de quoi que ce soit.

Le juge lui demanda $50 de cautionnement, ce à quoi le bonhomme répondit:
— Pauvre votre Honneur, je n'ai pas un sou devant moi et je n'ai pas d'emploi. Il m'est impossible de payer quoi que ce soit.
Ce à quoi le juge rétorqua:
— Vous allez devoir rester en prison en attendant votre procès…si vous ne pouvez pas payer votre cautionnement.

Le pauvre bonhomme était-il coupable ou non coupable, ça n'avait pas d'importance. Il avait à payer sa dette pour ne pas avoir d'argent. Je me mis à le prendre en pitié. Était-il responsable de ce qui s'était produit? Qu'est-ce qui l'avait amené à poser un tel geste? Et moi, j'étais là devant lui en tant que justicier. Parce que quelqu'un m'avait permis d'apposer une signature sans trop savoir ce que je faisais, j'avais le droit de l'envoyer à l'ombre. Il me regardait et il n'avait pas l'air de m'en vouloir. Il devait avoir la même réaction que moi:« Il n'est pas responsable. » Quand je le vis prendre le chemin des cellules, je crois que j'eus plus mal au coeur que lui. C'était la première fois que j'étais placé dans une telle situation et je n'aurais jamais pensé que j'aurais pu réagir de la sorte. J'aurais dû m'en foutre complètement. Le bonhomme était un parfait inconnu, ce n'était même pas un client et je ne le reverrais probablement jamais après le procès. Et pourtant, je ne pouvais rester indifférent. Il me regarda avec le sourire et se dirigea vers la prison, sans mot dire. Le juge avait remis le procès à quinze jours au plus tard. C'était le temps des fêtes, ce qui signifiait que je devais lui faire passer Noël en prison.

La veille de Noël, je dis à mon épouse: « Je vais aller cautionner pour lui; je n'ai pas le droit de lui faire passer Noël en prison. »

Quand je me présentai aux cellules pour faire sortir le bonhomme, je reçus la réponse suivante:
— Il ne veut pas sortir. Il dit que c'est le premier Noël depuis longtemps qu'il va passer à la chaleur. Il y a personne qui veut le voir dans sa famille. Il dit qu'il aime autant être à la chaleur que d'être sur le trottoir.

Je n'avais jamais connu un bonhomme comme ça. Moi, je voulais seulement l'aider. Je pense que j'ai songé un moment à aller le chercher et à l'emmener chez nous. Mais lui, il n'en demandait pas autant que ça. Il voulait manger et ne pas avoir froid. À aucun moment, je n'avais lu de la haine sur son visage quand il m'avait regardé. Il avait même souri. C'était peut-être sa façon à lui de m'exprimer son mépris. C'était peut-être pour lui aussi les moments les moins pénibles de sa vie qu'il allait vivre pendant cette période. J'abandonnai donc mon projet de le faire sortir pour cette période. Il semblait que je pus peu pour lui.

Quand je retournai à la taverne à la fin de la journée, le syndicat avait essayé de communiquer avec moi. Je reçus de multiples questions quant à ce qui s'était passé en cour.
— Le vieux maudit, qu'il paye pour ce qu'il a fait. Il mérite rien d'autre que ça. C'est de sa faute si on a gelé tout l'avant-midi.
— J'espère qu'ils vont le garder un bout de temps en dedans. Un vieux maudit comme ça, c'est une nuisance publique.
Je décidai de ne rappeler le syndicat que le lendemain. J'avais eu assez d'embarras pour une seule journée. La vitre était installée, c'était au moins un problème de réglé.

Pendant la veillée, je regardai avec pitié les gars devant moi qui s'amusaient à jouer au « capitaine Plouffe », ce jeu stupide qui consiste à choisir un gars et à lui faire faire un rituel de simagrées qui doivent être accomplies dans l'ordre, sans quoi le gars doit avaler la bière qu'on place devant lui d'un trait. Ça faisait trois fois que Brad ratait le jeu en oubliant de se toucher le nez de ses deux pouces et les autres se tordaient de rire en le regardant ingurgiter avec peine sa bière qu'il n'avait pourtant pas l'habitude de prendre en se faisant prier. C'était le jeu idéal pour partir des chicanes, car plus le gars ingurgitait, plus il oubliait de faire les signes correctement et plus il prétendait qu'il les avait faits. Il y avait deux capitaines qui le surveillaient de près afin de signaler le moindre oubli. Cette fois-ci, Brad oublia de frapper sur la table. Il était rendu à je ne sais combien de bières d'un seul coup et il commençait à être sérieusement ébranlé, car avant de commencer le jeu, inutile de dire que chacun avait pris sa ration. Je craignais toujours que la querelle éclate car à certains moments, les voix s'élevaient.

— J'ai touché à la table. Vous êtes trop « drunk » pour me voir. Je vous dis que I touched the table. Votre maudite bière, j'en veux plus. I'm full of it. Je sais pas par où elle va me sortir.

— Brad, t'as accepté de jouer au point de départ, tu vas aller jusqu'au bout. Envoie. Cale ta bière.

— You're a bunch of lousy stinkers, that's what your are, all of you.

— Eh! Brad, dis donc ça en français, qu'on te comprenne. On veut bien te payer une bière, mais il faut que tu sois poli avec nous autres.

Brad, c'était vraiment pas un gars du groupe. Il venait surtout le matin avec ses gars du travail. Il revenait de temps à autre après l'ouvrage, mais il ne restait ordinairement pas tellement longtemps. Parce que dès qu'il avait pris quelques bières, il devenait triste. Je savais que c'était sa fille qu'il avait perdue qui lui restait derrière la tête, mais je n'avais jamais eu l'occasion de m'asseoir et d'échanger longuement avec lui et je savais bien que ce n'était pas ce soir que c'était pour arriver. J'avais hâte que ce jeu stupide se termine.

— As-tu peur, Brad, de dire ça en français, ce que tu viens de dire?

— Oui, Brad, on aime bien ça comprendre ce qu'on se fait dire. On aime bien ça jouer, mais pas se faire jouer. Je te demande de répéter ce que tu viens de dire, Brad.

Les gars avaient changé de ton et je commençais à être inquiet de la tournure des choses. Je vis Brad se lever tranquillement en chancelant, puis il empoigna son verre et le vida d'un trait. Puis il dit:

— Mangez donc tous de la marde, puis il s'écrasa de tout son poids sur la table, la faisant basculer dans un bruit de verres brisés au grand étonnement de tous ceux qui venaient de l'entendre.

Quand je communiquai avec Gino C., il avait changé de ton.

— Nous aimerions vous rencontrer. Nous aurions une nouvelle proposition à vous faire.

— Ce ne sera pas possible avant lundi prochain.

— Écoutez, M. Laudais. Nous savons que vous avez travaillé comme bartender depuis que vous êtes propriétaire. Nous sommes prêts à accepter que vous calculiez le temps que vous avez été derrière le bar et ne payiez vos employés que comme garçons de table pour ce temps-là.

—O.K. J'accepte cette condition. Maintenant, vous devez savoir que j'ai eu des difficultés financières dernièrement. Je suis prêt à rencontrer vos conditions si vous me permettez de prendre deux mois pour payer la rétroactivité aux employés.

Il connaissait mes difficultés financières; aussi malgré ses protestations, nous n'eûmes pas trop de difficulté à nous entendre. Moi, ce que je voulais surtout, c'était gagner du temps. Nous signâmes la convention le lendemain; ceci mettait fin à une longue période de tension. Nous échangeâmes des sourires et des poignées de main mais ce n'était pour moi que la manifestation extérieure de l'hypocrisie sociale.

Je reçus à la maison un coup de téléphone qui me creva le coeur. Il provenait de mon acheteur éventuel. Il me fit comprendre qu'il avait trouvé un autre endroit apte à l'intéresser et qu'il me donnerait signe de vie s'il était intéressé à nouveau. Je savais très bien qu'il avait suivi le commerce de près récemment. Je m'imaginai facilement qu'il avait dû constater ce qui s'était passé dans les derniers jours et qu'ayant pris peur, il avait changé de décision. Il laissait une porte ouverte mais j'avais rencontré suffisamment de présumés acheteurs ces derniers temps, pour apprendre à connaître leurs réactions et savoir que je n'avais plus à me faire d'illusions à propos de celui-ci. Pour moi, c'était un dur coup. J'avais misé beaucoup sur cette rencontre. J'avais rêvé de ce qui pourrait se produire à la suite d'une telle entrevue. C'était l'effondrement de projets longtemps pensés. J'avais cru que je pourrais recommencer ma vie, recommencer à vivre surtout. Mais ce n'était qu'une illusion. J'étais prêt à accepter toutes sortes de concessions; je voulais bien perdre pour gagner une vie nouvelle. J'avais attendu ce moment depuis longtemps. J'y pensais depuis des jours et surtout des nuits. J'avais commencé à penser à la douceur que je pourrais connaître au foyer, au repos que je retrouverais chaque soir, à mes enfants à qui je pourrais sourire chaque jour, à mon épouse que je pourrais retrouver plus souvent. J'avais essayé de retrouver la vie comme elle avait été auparavant, une vie saine et sans peine où l'on ne peut imaginer qu'il existe autre chose en dehors. Je pense que j'avais déjà connu certains moments de jouissance seulement à cette pensée. Je n'avais peut-être pas le droit à cette jouissance car à peine l'avais-je connue que je devais en subir les conséquences. Tout était à recommencer. Mais autant au début, j'avais cru à ma bonne étoile, autant le désespoir s'emparait de moi. J'avais déjà cru pouvoir transformer le monde mais je m'apercevais que c'était le monde qui me transformait. Peu à peu, je m'assimilais aux gens qui m'entouraient.

XV

Le temps des fêtes fut pour moi un mélange de tristesse et de joie. Je ne m'étais jamais tellement préoccupé de ce qui se passait à l'extérieur de chez moi pendant cette période. J'avais vécu mon petit bonheur sans trop apercevoir la tristesse des autres. Bien sûr, je savais qu'il y avait des gars qui avaient froid, qui avaient faim, des gens qui étaient seuls, mais pour moi tout ça se passait très loin. Pour la première fois, cette année-là, je vécus parmi des gens qui étaient seuls. Il m'était impossible de les oublier; ils m'entouraient à chaque instant. Noël fut une période de rapprochement et de tendresse, chez nous. Il y avait longtemps qu'on n'avait pas eu le temps de s'arrêter, de se regarder, de se voir. Les enfants m'entouraient et je sentis une joie que je n'avais pas connue depuis longtemps. Je crois que je réussis pendant une courte période, et pour la première fois, à oublier le commerce et ses activités, sans toutefois parvenir à oublier ceux qui le fréquentaient. Si Noël est un temps de paix, je connus cette paix pour quelques jours, mais je savais très bien que ce n'était qu'un moment qui ne pouvait durer. Demain, j'aurais de nouveau à faire face à la réalité. Mais, je savourai ces quelques instants avec délice, comme mes clients savouraient la bière que je leur apportais et surtout ses effets qui les éloignaient pour quelques instants d'un monde qu'ils ne pouvaient plus voir. Je retrouvai mon épouse comme je l'avais connue et moi, comme j'avais déjà été. Comme j'avais changé en peu de temps! Je me demandais si j'avais eu à rencontrer le personnage que j'étais, si je l'aurais reconnu! Je regrettais presque ces quelques moments que je connaissais, car je savais que le lendemain serait plus brutal. Valait-il la peine de connaître le bonheur pour se le voir retirer ensuite ou n'était-il pas préférable de vivre dans une médiocrité construite où l'on s'entraîne au malheur de chaque jour? La question m'aurait paru choquante, voire même insensée, il y a peu de temps. Pourtant aujourd'hui, je me la posais en toute sincérité. Tom menait une vie où chaque jour était le calque de l'autre. Il ne connaissait certes pas le bonheur. Mais était-il malheureux? Pour lui, le bonheur, c'était probablement qu'un client lui envoie un verre de bière. Moi, j'avais visé plus haut, j'avais voulu avoir plus que ça et donner plus que ça. Et pourtant, on se retrouvait ensemble au même endroit, avec seulement un comptoir pour nous séparer, et le plus malheureux des deux, n'était pas nécessairement celui qu'on pense.

Jusqu'à présent, nous avions essayé de vendre le commerce seul, par l'intermédiaire d'annonces dans les journaux. Je dis bien nous, car mon épouse avait à s'occuper en majeure partie de ce travail ingrat. Elle était constamment harcelée par des gens intéressés ou non. Les explications étaient longues et difficiles à donner, mais pour nous, chaque appel représentait un acheteur éventuel. Les agents d'immeubles, bien sûr, nous appelaient fréquemment pour nous offrir leurs services. Jusqu'à présent, nous avions refusé de leur mettre l'affaire entre les mains à cause du montant important qu'il aurait fallu leur verser et du secret que nous voulions garder autour de la vente de notre commerce. Jusqu'à maintenant, ils s'étaient contentés de communiquer avec nous en se faisant passer pour acheteur, mais ils étaient faciles à détecter, leurs questions prenaient toujours une teinte particulière. Mais il y en a toujours qui se montrent plus importuns que d'autres.

J'étais à parler au bar avec Fred un jour quand l'un d'eux se présente et me laisse sa carte:

— J'ai entendu dire que votre commerce était à vendre: je crois que je pourrais vous aider. J'ai justement un acheteur...

— Vous faites erreur, Monsieur, le commerce n'est pas à vendre. On vous a certainement donné de mauvaises informations. Je viens d'arriver ici et je n'ai nullement l'intention d'en repartir tout de suite. Bonjour.

— Mais pourtant, j'ai appelé...

— Vous avez compris ce que je viens de vous dire. Et de toute façon, si j'avais envie de vendre, je ne passerais certainement pas par vous. Je vous ai dit bonjour.

Le gars me regarda surpris et s'en alla tranquillement. Je déchirai sa carte devant Fred en disant: « Ces gens-là, ils trouvent n'importe quelle excuse pour entrer quelque part. » Mais en même temps, je me disais en moi-même: « Si c'était vrai qu'il avait un acheteur! » Je chassai cette pensée en songeant que c'était là leur moyen d'approche favori. Mais l'idée avait quand même fait son chemin chez Fred. Et je ne fus pas long à en sentir le contrecoup. En effet, les clients commençaient à me dire:

— Eh Mike, t'as pas l'intention de nous lâcher. Tu viens juste d'arriver avec nous autres. On commence à te connaître puis à bien s'arranger. T'aimes pas ça ici?

— Bien oui, voyons les gars. Qui vous a raconté ces histoires-là? Ne vous laissez donc pas embarquer par les racontars de tout le monde. Parce qu'un imbécile d'agent est venu ici, il y en a qui se sont fait des idées. Je l'ai mis dehors, le type en question. Si j'étais intéressé à vendre, je ne l'aurais certainement pas renvoyé.

Ceci suffisait à en rassurer quelques-uns mais il demeurait tout de même un certain doute. Il y en a même qui m'accrochaient au passage pour me dire:

— Mike, je trouverais ça dommage si tu partais. C'est pas arrivé souvent qu'on a eu un gars pour parler avec nous autres; en fait, c'est jamais arrivé. Toi, même si t'es pas un gars comme nous autres, tu nous écoutes puis tu nous dis pas de fermer notre gueule. On dirait que t'es là pour plus que seulement vendre ta bière. T'es peut-être un peu rusé, puis tu sais qu'en nous laissant parler, on va avoir plus soif puis on va boire plus, hein, Mike?

— As-tu vraiment l'intention de vendre, Mike? Je sais que t'as eu des difficultés récemment, mais ça va se replacer. C'est le début qui est difficile, là-dedans. Après ça, l'affaire marche toute seule. Ton pire temps est passé. Lâche pas, Mike.

Quand j'entendais des choses comme ça, j'avais l'impression de servir un peu à quelque chose. Ça m'apportait un certain réconfort. Et il m'arrivait même de me trouver un peu lâche de n'avoir pu durer plus longtemps que ça. Mais, dès le début, j'avais su que je n'étais pas fait pour ce genre de vie. Je prenais tout trop à coeur et j'essayais constamment de ne pas blesser l'un ou déplaire à l'autre. Il aurait fallu que je puisse être beaucoup plus indifférent et ne pas avoir de sentiments devant les gars qui me faisaient face, que je puisse leur dire: « Arthur, va t'asseoir et laisse-moi tranquille », « Vincent, va brailler ailleurs que sur mon épaule » ou encore simplement « Ferme ta gueule ». Mais alors je n'eus plus été Mike.

Il était vrai que j'avais fait effectuer la plupart des réparations nécessaires: ce mauvais moment était passé. Mais il y avait aussi des choses à jamais brisées qui ne pouvaient jamais être réparées: je ne pouvais plus supporter cette idée. Il n'en restait pas moins que je n'avais aucun acheteur sérieux en vue pour le moment. Il y avait bien des types qui m'avaient rencontré et qui continuaient à suivre le commerce de près. Je les voyais venir ordinairement à des heures régulières: ils s'assoyaient environ une heure et repartaient. Mais je ne me faisais plus d'illusions sur ces gens, et je les considérais peu sérieux. Il arrivait qu'au bout d'un certain temps, je ne vois plus reparaître l'un d'eux et ainsi je n'étais pas trop déçu. J'en ai vus qui sont venus ainsi pendant trois mois régulièrement et qui m'appelaient de temps à autre pour avoir un renseignement supplémentaire. Puis tout à coup, ils disparaissaient sans laisser de nouvelles, ou bien mieux, me donnaient un coup de téléphone pour me dire qu'ils avaient trouvé autre chose. J'ai rencontré ainsi des douzaines d'acheteurs en perspective et bien peu d'entre eux savaient ce qu'ils faisaient ou pourquoi ils le faisaient. Certains d'ailleurs me faisaient pitié: j'avais envie de les renvoyer chez eux. Je savais qu'ils n'auraient pas tenu une semaine dans mon bordel. Mais je n'étais quand même pas pour me mettre à m'apitoyer sur le sort de mes acheteurs. Chose certaine, c'est que dans ces conditions, je devrais remettre l'affaire à un agent d'immeubles très bientôt. Je me donnais encore un mois d'essai.

Mon gars de l'électricité était devant moi avec son sourire perpétuel. Dès que je le voyais apparaître, je lui plaçais ses quatre bières sur le comptoir. Il me parlait un peu, prenait sa bière rapidement et s'en allait. Je ne l'ai jamais vu traîner chez nous. Il me parlait surtout de sa mère avec qui il restait et de sa petite vie en face de son appareil de télévision. C'était un gars sans problème.

— Ton compte d'électricité a certainement dû baisser, Mike. Ton compteur était défectueux et maintenant tout est en règle. Je pense que tu vas faire une bonne économie. Ça vaut la peine de pouvoir s'arranger entre nous autres, tu sais. C'est bien plus simple comme ça. Il y a rien comme l'entraide, mon vieux Mike. Si tout le monde comprenait ça, ça irait mieux dans le monde. Mais il y en a qui aiment mieux taper sur les autres que d'essayer de les aider. Quand on se parle, comme nous autres par exemple, on est capable de bien s'arranger. J'aurais bien pu te dire de t'arranger avec tes troubles pour ton compteur mais je vois pas pourquoi j'essaierais pas d'aider un gars qui travaille avec nous autres. Salut, Mike. Je peux pas rester longtemps, ma mère m'attend et puis, il y a un bon programme à la télévision.

Les gars se moquaient un peu de lui, mais lui, il trouvait ça drôle. Ce qui les embêtait surtout, c'est qu'il n'était pas comme eux autres. Il avait sa petite vie sans histoire, son petit bonheur à lui. Eux, ils ne croyaient pas à ça.

— Un gars qui reste tout seul avec sa mère, comme lui, ça doit avoir des maudits problèmes. Il peut même pas rester prendre sa bière le temps qu'il veut. Et puis, il a des drôles de manières. Il doit se masturber à tour de bras. Qu'est-ce que tu veux qu'il fasse d'autre, tout seul avec sa mère à la maison? Il serait bien mieux de rester ici à prendre un verre avec nous autres.

— Ça a l'air qu'à force de se masturber, un gars peut perdre les pédales. Moi, j'aime mieux mourir saoul que mourir fou.

— C'est pas drôle d'être pris comme lui. Pour moi, il reste pas longtemps quand il vient parce qu'il a honte, il a peur que ça paraisse. T'as remarqué, il a des boutons dans la figure.

— Dans le fond, c'est un gars qui fait pitié, toujours tout seul. Qu'est-ce que tu veux qu'il lui raconte à sa mère?

— Oui, mon vieux, ça c'est un pauvre type; c'est un gars qui a des maudits problèmes puis qui s'arrange pour pas les montrer.

— Oui, t'as bien raison. Nous autres, quand on a des problèmes, on les règle ici à mesure, puis le lendemain, on est prêt à recommencer. Lui, il les empile jour après jour. Je serais pas surpris d'apprendre une bonne fois qu'il lui est arrivé quelque chose: un gars peut pas vivre comme ça tout le temps, enfermé entre quatre murs avec sa mère. Il faut que ça pète, un moment donné.

— Je vous écoute parler puis je m'étais jamais rendu compte trop, trop qu'il était arrangé comme ça. C'est vrai que c'est un pauvre gars dans le fond, même s'il fait semblant de rire tout le temps.

Il me faisait penser à un petit gars que j'avais connu là-bas, et qui faisait vraiment contraste avec les autres. La plupart des gars étaient au pensionnat parce qu'ils n'avaient pas le choix; leurs parents les avaient mis là pour une raison ou pour une autre et ils essayaient d'endurer leur mal le mieux possible. Quelques-uns s'adaptaient rapidement et n'y pensaient plus après quelques jours; d'autres passaient leur mécontentement en faisant des coups, d'autres s'écrasaient et enduraient leur sort en silence, mais peu étaient heureux du sort qui leur était réservé. Ce gars-là était toujours satisfait de ce qui lui arrivait. Il s'appelait Paul et il disait qu'il voulait devenir prêtre. Il était souvent l'objet de moqueries de la part des grands qui l'appelaient « le petit saint ». Mais il ne se préoccupait pas tellement de leurs railleries ou du moins, il ne le laissait jamais voir, et il se contentait généralement de répondre avec le sourire. C'est maintenant que je me rends compte jusqu'à quel point le fait d'accepter son sort et d'en être satisfait peut déranger les autres qui voudraient que vous soyez comme eux. Je me souviens d'avoir envié son sourire et d'avoir été jaloux de son bonheur. C'était un petit gars exceptionnel et il réussissait très bien; seulement il se mêlait peu aux autres lorsque c'était le temps des jeux. Il restait seul dans son coin à lire, et les grands s'arrangeaient souvent pour lui lancer un ballon sale afin de l'éclabousser un peu. Mais il se choquait rarement: il perdait son sourire pour quelques instants mais le retrouvait vite. Les grands avaient essayé toutes sortes de tours pour lui faire perdre patience: ils avaient dévissé ses pattes de lit pour qu'il s'écrase au premier contact, avaient broché ses manches de chemises et toutes sortes de choses aussi stupides auxquelles j'avais participé quelquefois, car comme tous les autres, je lui en voulais un peu, je crois, d'être ce qu'il était. Mais, jamais personne n'avait réussi vraiment à lui faire perdre patience afin d'apporter quelque jouissance à qui que ce soit, jusqu'au moment où un grand avait eu une idée plus brillante que les autres. Il en avait parlé au groupe qui lui avait tapé dans le dos et l'avait félicité de son ingéniosité. On attendait tous avec impatience le moment où ça se produirait. Cela arriva pendant une étude: tout était tranquille et je sais qu'il y en avait plusieurs qui guettaient Paul du coin de l'oeil en espérant qu'il se produise quelque chose. Puis lorsqu'il eut terminé son travail, il leva la main comme c'était l'usage pour demander la permission d'ouvrir son bureau et de prendre un livre de lecture. Comme c'était un bon travailleur, on lui accordait toujours la permission. Il sortit un grand livre illustré qui lui appartenait et auquel il tenait beaucoup et je vis alors le livre se décomposer à ses pieds en pièces détachées. Le grand avait arraché les feuilles et les avait découpées en morceaux. Paul se mit à pleurer, lança le livre par terre dans un accès de colère et cria à haute voix:« Bande de salauds ». Il y en avait peut-être qui étaient contents mais je sais que ce jour-là, je connus ce que c'était que la honte.

Il y en avait un autre qui venait faire son tour de temps en temps puis qui était toujours heureux. Il s'appelait Marcel. C'était pas un jeune: il avait une soixantaine d'années. Il était toujours content de son sort. Il faisait vraiment contraste dans ce milieu. Il venait s'asseoir environ une heure par semaine avec les copains puis il leur disait:

— Maudit, les gars, ce que la vie est belle. On est chanceux de pouvoir être ici et de vivre comme ça. Il y a des gars qui sont en train de se faire démolir à la guerre pendant que nous, on est bien au chaud. Je sais pas si vous l'appréciez, les gars. Il y a un paquet de gens sur la terre qui se lèvent le matin puis qui ont rien à manger. Tout ce qu'ils font toute la journée, c'est d'essayer de trouver quelque chose pour pas crever. Je sais pas si vous vous en rendez compte que vous êtes chanceux. Moi, je me lève le matin et je pense que j'ai encore une belle journée devant moi. Je trouve ça fantastique de pouvoir vivre comme ça, de pouvoir être libre.

C'était une sorte de poète, Marcel. C'était presque choquant de l'entendre. Il venait étaler sa joie à la vue des gens. Je crois même des fois qu'il venait afin de se convaincre combien il était chanceux de ne pas être comme les autres qui l'entouraient. Il voulait peut-être leur transmettre un peu de sa joie de vivre, mais il réussissait surtout à les aigrir. Les gars pensaient que ce que Marcel disait, ça ne se pouvait pas.

— Lui, il s'ennuie tout seul toute la journée avec sa femme. Il travaille plus, puis il a passé l'âge de faire des jeux avec sa vieille. Je pense qu'il trouve le temps long toute la journée. Il s'assoit puis il se chante des romances. Quand sa femme lui donne la permission de faire une petite sortie, le vieux est tellement content qu'il sent le besoin de le dire à tout le monde. Il découvre l'Amérique à toutes les fois qu'il met le nez dehors. Mais quand il retourne à la maison, ça ne doit pas être drôle, son affaire.

— Moi, mon vieux, j'aime autant être libre, puis rentrer à la maison quand je veux, puis pas avoir à demander la permission pour sortir. Comme ça, quand je sors, je perds pas le nord puis j'ai pas besoin de crier à tout le monde que je suis libre puis que je suis content de l'être. De toute façon, le petit vieux, il a pas grand chose à faire pour se préoccuper des gars qui sont à la guerre puis des autres qui cherchent de quoi manger. Nous autres, on a d'autres choses à penser qu'à ça, ici. Je comprends que c'est triste, mais chacun a ses problèmes, puis ceux-là, on peut rien y faire. Il a des drôles de problèmes, le bonhomme, s'il pense à ça.

C'était dur à accepter pour eux qu'un gars comme Marcel puisse réellement exister.

Quand mon gars de l'électricité quitta le bar — au fait, je retrouve son nom, il s'appelait Julien — Arthur vint le remplacer. Il ne perdait pas une chance de venir me raconter ses petites affaires. Je vaquais à mes occupations mais je l'écoutais tout de même; la conversation était souvent entrecoupée. Il avait l'air en bonne condition ce soir-là. Ses yeux avaient l'air tellement pâles à côté de son gros nez rouge. Au début, il m'avait toujours vouvoyé et appelé M. Laudais. Mais maintenant, il me tutoyait de plus en plus et m'appelait Mike, sauf lorsqu'il se sentait mal à l'aise et qu'il se mettait à hésiter entre les deux.

— J'ai revu ma femme aujourd'hui. Je lui ai dit que j'aimerais reprendre avec elle. Je crois pouvoir me trouver un emploi régulier bientôt. Tu sais, le vendeur de pièces d'automobile, il a besoin de quelqu'un pour classer ses morceaux quand ils arrivent, puis tenir de l'ordre dans son magasin et même répondre à un client à l'occasion. Il m'a dit que si j'étais capable de m'habiller convenablement, je pourrais passer le voir. Évidemment, ce n'est pas la fin du monde, mais ça serait assez pour que je fasse vivre ma femme. Je lui en ai parlé et elle n'a pas dit non. Moi, je suis bien prêt à faire mon possible si quelqu'un veut bien m'aider. Si je viens ici, puis si je prends un verre de temps à autre, c'est parce que je n'ai rien d'autre à faire et que je m'ennuie. Quand je vais travailler, ça va changer tout ça. J'ai expliqué ça à ma femme et je crois bien qu'elle a compris. Je pourrais commencer à travailler la semaine prochaine et recommencer aussitôt une nouvelle vie avec ma femme. Tu ne me verras pas souvent ici, Mike. Ah! prendre un verre à l'occasion, ça va; venir saluer les amis, correct. Mais fini de traîner ici toute la journée. J'ai seulement un problème dans le moment, c'est de trouver de l'argent pour m'acheter du linge propre. Je comprends très bien que je ne peux pas me présenter comme ça: les clients vont avoir peur de moi.

Je savais très bien à quoi il voulait en venir. Je continuai à m'occuper à l'arrière en prétendant ne pas avoir saisi l'astuce. Les clients venaient me voir de plus en plus fréquemment pour emprunter, mais après tout, je n'étais pas la banque et mes moyens étaient plus que limités. Je lui dis:

— Je suis content pour toi, Arthur. Je sais que tu n'as pas été chanceux et que tu mérites d'être encouragé. Je suis sûr que ça va marcher mon vieux.

— Oui, mais pour que ça marche, M. Laudais, il faudrait absolument que je me trouve d'autres vêtements et j'ai besoin d'argent pour en acheter.

Je savais que prêter à Arthur, c'était prêter à fonds perdus. D'un autre côté, ce gars-là avait besoin d'aide et qui d'autre allait la lui donner.

— Écoutez, M. Laudais, je m'excuse de vous demander ça, mais est-ce que vous ne pourriez pas m'avancer l'argent? Je pourrais vous le remettre la semaine suivante, à ma première paye. Je n'ai pas le choix, Mike; je n'ai personne d'autre à qui demander cela. Je ne suis quand même pas pour aller emprunter l'argent à ma femme et lui demander ensuite qu'elle vienne rester avec moi. Je lui ai dit que je me débrouillais pas mal. Je ne voudrais pas rater cette chance-là, parce qu'il me manque quelques maudites piastres. Tu es le seul qui peut me donner un coup de main, Mike.

Évidemment, présenté de cette façon-là, ça me donnait une drôle de responsabilité. Et pourtant, je n'étais pas dans une situation financière pour me permettre de telles fantaisies. Je réfléchis un peu avant de lui répondre. Arthur était à peu près de ma taille quoiqu'un peu plus gros. J'avais à la maison un veston encore propre que je ne mettais plus pour travailler, et une paire de souliers qui pourrait très bien lui faire. Je pourrais lui donner quelques dollars pour qu'il se procure un pantalon et il serait ainsi habillé convenablement.

— Reviens me voir demain, Arthur, je crois que je pourrai trouver quelque chose pour toi. Il parut déçu.

— Tu n'iras quand même pas acheter tes vêtements, ce soir. Les magasins sont fermés et tu ne commences pas à travailler demain matin à ce que je sache.

— Non, mais tu comprends, pour moi, c'est un événement et puis j'aimerais fêter ça un peu avec les gars. Ils ne me verront peut-être pas pour un bout de temps.

Il me disait cela avec une conviction et une naïveté désarmante. Je me sentis rougir un peu et je pris sur moi de rester calme.

— Écoute-moi bien, Arthur. Si je te prête de l'argent, c'est pour essayer de te sortir du pétrin, pas pour que tu t'y enfonces encore un peu plus. Je veux que tu comprennes bien que cet argent ne va servir qu'à t'acheter des vêtements pour que tu puisses travailler et recommencer à vivre normalement, rien d'autre. Si on ne s'entend pas là-dessus, ça ne sert à rien de continuer à discuter.

— Excuse-moi, Mike, mais je voulais seulement payer une tournée avant de partir, rien de plus. Je voulais que les gars gardent un bon souvenir de moi!

— Quand on n'a pas les moyens de s'habiller, Arthur, on n'a pas les moyens de payer des tournées. Si tu es intéressé, reviens me voir demain. Salut.

Il alla s'asseoir avec Christian comme un enfant coupable. Je regrettais presque d'avoir été aussi brusque avec lui mais je voulais vraiment l'aider et il avait besoin d'être secoué. Christian lui commanda une bière et il la leva à ma santé. Il était vraiment tranquille, Christian, depuis la visite des petits copains. J'espérais sincèrement qu'il puisse continuer ainsi. Son ami Roch l'accompagnait rarement maintenant et Christian allait plutôt s'asseoir avec des habitués de la place et leur payait une bière en compensation, comme s'il pensait qu'il fallait qu'il paye sa place. Tom était toujours un vieux fidèle et les waiters ne l'appréciaient guère plus qu'auparavant. Il s'était trouvé un petit emploi et au lieu de frapper à la porte à 8 heures, le matin, il arrivait à 10 heures. Je ne savais trop ce qu'il faisait mais j'étais content pour lui. Je m'étais toujours demandé comment il faisait pour dormir la nuit, lui qui était tellement habitué d'avoir un verre à la main toute la journée. Mais évidemment, je n'étais pas avec lui pour contrôler ses agissements et rien ne me prouvait jusqu'à quel point il dormait. Sa peau était une espèce de cuir froissé, de couleur jaune: ça me faisait penser à une espèce d'animal dont je ne pouvais trouver le nom. Je me demandais toujours comment un homme pouvait ingurgiter autant de liquide sans en crever d'un seul coup. S'il avait fallu lui présenter en eau ce qu'il consommait dans une journée en bière, et lui demander de l'ingurgiter, il aurait protesté avec force en disant que c'était impossible pour un humain d'en avaler autant, à moins d'avoir été croisé avec un chameau. Il n'était jamais triste, Tom, et rarement gai; les sentiments ne l'étouffaient guère. Je pouvais quelquefois le voir une journée complète devant moi sans le voir jamais changer de figure. Quelle tristesse qu'une vie ainsi perdue!

Le lendemain matin, Arthur vint me voir assez tôt. Je lui avais apporté mon veston et mes souliers. Il vint à l'arrière du comptoir pour les essayer. Les souliers étaient parfaits; le veston était un peu serré mais ça ferait quand même l'affaire. Je lui donnai $10 en lui disant:

— Va chez Lanni et achète-toi un pantalon qui ira avec le veston. Rapporte-moi la facture. Je t'attends.

Lanni était tout près de chez nous. Il ne fut pas parti très longtemps. Quand il revint, il me montra le pantalon qui me semblait très convenable. Je lui demandai de venir l'essayer avec le veston. Il semblait un nouvel homme. Je lui demandai de porter tout de suite son nouvel ensemble. Il me dit:

— Non, je me sens mal à l'aise. J'ai perdu l'habitude. J'ai l'impression que les gars riraient de moi. J'aime mieux m'habituer tranquillement.

Je lui demandai alors de me produire la facture et il me présenta l'étiquette attachée au pantalon. Le prix marqué était de $7.95. Il me remit la monnaie.

— Ils ne t'ont pas donné de facture, Arthur. J'aurais aimé l'avoir en main.

— Non. Le seul prix inscrit étant celui-ci, je n'ai pas demandé autre chose.

Il me remercia discrètement en me rappelant que s'il obtenait son emploi, c'était grâce à moi et qu'il me remettrait l'argent aussitôt qu'il le pourrait. Il commanda deux bières et alla s'asseoir avec Tom.

Je n'étais pas pleinement satisfait. Quelque chose me semblait curieux dans son histoire. J'avertis Roberto que je devais m'absenter pour quelques minutes et m'en allai chez Lanni. Je trouvai les pantalons en question. Il y avait une pancarte au-dessus indiquant: VENTE MOITIÉ PRIX $3.95. Je regardai l'étiquette qui indiquait $7.95. Le vendeur m'indiqua que ces pantalons avaient de légers défauts mais étaient de bonne qualité. J'étais furieux. J'avais essayé d'aider ce maudit Arthur pour qu'il puisse repartir à neuf et il avait tenté de me rouler. Bien sûr qu'il devait me remettre l'argent, mais s'il avait essayé de me jouer, c'est qu'il n'avait pas tellement l'intention de me le rembourser ou bien alors qu'il se proposait de se payer une bonne tasse ce soir-là. Il méritait que je lui enlève tout et que je le laisse dans sa merde. En entrant, je me dirigeai vers lui. J'étais rouge de colère:

— Arthur, tu me dois $4 et remets-les moi immédiatement. Ce que tu viens de faire, j'appelle ça une saloperie et je vais t'en faire une moi aussi. Les vêtements que j'ai en arrière, je les rapporte et tu ne les auras pas. Tu ne mérites pas qu'on te donne un coup de main. J'ai essayé de t'aider puis tu m'as joué dans le dos. Ne compte plus sur moi, Arthur.

Il me remit les $4 avec peine et essaya de s'expliquer mais je ne voulais pas l'entendre. Cependant, je savais très bien que le lendemain, je regretterais mon geste de colère; j'essaierais de le comprendre et je lui rapporterais ses vêtements pour qu'il puisse avoir son emploi et retrouver son épouse. Déjà en m'en allant à la maison, je regrettais d'avoir été aussi brusque. Il était peut-être normal qu'un gars de la sorte essaie de se payer ce petit luxe: c'était le geste d'un enfant de dix ans. Je réussis quand même à me convaincre de le laisser patienter un peu avant de lui remettre les vêtements.

XVI

Mon laveur de planchers venait de m'avertir qu'il déménageait dans un autre secteur et qu'il ne pourrait continuer à me rendre ce service. Ça me donnait environ une semaine pour me trouver quelqu'un d'autre. J'étais vraiment désolé car il faisait du très bon travail. Je n'avais absolument rien à lui reprocher depuis qu'il était à mon emploi. C'est probablement la seule personne qui soit passée chez nous et qui ne m'ait causé aucun souci à aucun moment. Au début, je l'avais suivi de près. Fred avait bien essayé de lui passer quelques « erreurs » d'inventaire sur le dos mais chaque fois, j'avais retrouvé l'erreur et montré à Fred qui était le responsable de sorte que par la suite, il ne se servit plus de lui comme bouc émissaire. Je m'aperçus bientôt que je pouvais lui faire entièrement confiance. Malheureusement, j'aurais voulu pouvoir le garder plus longtemps. Évidemment, ce n'était pas les gars intéressés qui manquaient: ils pouvaient se faire ainsi un petit revenu supplémentaire intéressant sans que ce soit trop difficile. Mais ce n'était pas aussi simple de trouver quelqu'un à qui je puisse me fier. Après tout, je devais lui confier les clefs et le laisser seul après les heures de fermeture. Je n'avais pas encore oublié ma première expérience. Je ne pouvais me permettre de confier une telle responsabilité à un gars comme Tom, par exemple, que j'aurais pourtant bien voulu aider: j'aurais certainement eu des problèmes d'inventaire le lendemain. Je n'avais personne de précis à l'idée pour le moment. Je savais seulement que le petit gars serait difficile à remplacer.

Arthur vint me voir le lendemain. Il était tout penaud et se traînait les pieds plus que jamais. J'étais bien décidé à ne rien lui accorder pour le moment. Je le saluai sèchement et continuai à travailler derrière le comptoir. Je voyais bien qu'il voulait me parler mais je n'en fis pas de cas. Il m'appela:

— M. Laudais, M. Laudais, je voudrais vous parler.

Je lui jetai simplement un coup d'oeil pour lui montrer que je l'entendais et je continuai à m'occuper. Il poursuivit d'une voix très basse:

— Je suis passé devant chez Monette, ce matin. Le propriétaire m'a vu et m'a dit qu'il était prêt à m'essayer. Il veut que je commence le plus tôt possible. Il aurait voulu que je commence aujourd'hui, mais vous comprenez, je ne pouvais pas y aller. Je m'excuse, Mike, pour hier mais je ne voudrais pas tout gâcher à cause de ça. Je vais te rembourser tout au complet dès la semaine prochaine.

Je m'arrêtai brusquement et le regardai droit dans les yeux.

— Que tu me rembourses ou non, Arthur, ce n'est pas tellement ça qui est important, comprends-tu? Hier, tu as essayé de me jouer et ça, je ne l'accepte pas. Moi aussi, j'en ai des problèmes, mais j'essaie de m'en sortir. Et jusqu'à présent, je ne l'ai jamais fait aux dépens de personne qui est ici. Et ça, tu le sais, Arthur. Quand un gars s'aide lui-même, qu'il fait tout ce qu'il peut, il réussit à s'en sortir.

Je trouvais que cette phrase sonnait extrêmement faux, même si je venais de la lui servir. Elle me faisait penser aux recettes toutes faites de certains éducateurs de ma jeunesse. « Quand quelqu'un s'aide, il réussit à s'en sortir! » J'y avais déjà cru. Mais je crois que c'est facile de servir ça aux autres quand on n'est pas dans le pétrin soi-même: c'est peut-être une bonne façon de ne pas essayer d'aider ceux qui en ont besoin ou une façon élégante de leur dire:« Démerde-toi, mon vieux. » Mais maintenant, je n'y croyais plus tellement, à ce que je venais de lui dire. C'était sorti comme ça spontanément, probablement une réminiscence de mon passé.

Il y a les autres autour de vous qui vous guettent et cherchent à vous bouffer; il y a les événements dont vous n'êtes pas maître et qui vous tombent dessus. J'en voyais des gars, chaque jour, qui n'avaient jamais réussi à s'en sortir; des gars costauds, des gars qui parlaient fort, des durs qui n'étaient que des faibles dont les autres avaient su profiter. Ces gars-là étaient des types finis.

— Reviens, lundi matin à 8 heures, Arthur. J'y aurai pensé en fin de semaine et on en reparlera à ce moment-là. Je ne veux plus en discuter aujourd'hui.

Puis je me ravisai avant de le laisser partir et je lui dis plus doucement:

— Si tu veux, tu peux aller avertir Monette que tu seras prêt à commencer lundi matin.

J'avais l'intention de laisser les vêtements à Fred afin que celui-ci les remette à Arthur, lundi matin, étant donné que je ne pouvais être là. Ainsi, il serait prêt à commencer à travailler dès lundi.

— Arrange-toi pour être ici à 8 heures, lundi matin. Salut, Arthur.

Je voyais qu'il aurait voulu continuer à discuter mais je n'en avais pas le temps et surtout pas le goût. Il alla s'asseoir avec deux gars que je connaissais peu, qui lui payèrent une bière.

J'avais reçu des nouvelles de la Cour au sujet de mon bris de vitre et je devais m'y présenter le lundi suivant. Christian et Roberto devaient aussi comparaître comme témoins. Je dus m'arranger pour réorganiser les heures de travail de mes employés. Christian était furieux d'avoir à perdre une demi-journée d'ouvrage mais il avait reçu un subpoena de la Cour et il n'avait pas le choix. Je ne pouvais rien y faire. Il bougonnait:

— Ça m'apprendra à ouvrir ma grande gueule. J'aurais dû foutre le camp au plus vite et pas me mêler de ça. Ça me rapporte rien, moi, d'aller là. Je vas perdre une demi-journée de salaire.

Roberto n'était guère plus content:

— Je vas être obligé de travailler deux soirs de suite à cause de ce maudit petit vieux-là. Ça vous donnera rien: de toute façon, c'est un bon à rien. Vous serez jamais payé. On aurait bien dû le laisser faire puis dire à l'assurance que c'était un accident, qu'on savait pas comment ça s'était passé. Ça aurait été bien moins de trouble.

J'étais désolé de leur causer ce dérangement mais je n'en étais pas responsable.

Un soir, j'étais appuyé au comptoir. Tout était tranquille: j'étais à jeter un coup d'oeil sur le journal. Fred était à parler avec quelques clients. Tout à coup, Ti bumm entre en trombe et se dirige directement vers moi. J'eus peur sur le moment. Je lui dis immédiatement:

— Tu sais que tu es barré ici. Tu ne peux pas revenir ici. Dépêche-toi de t'en aller.

— Je veux pas faire de trouble. Je veux juste que vous m'écoutiez une minute. Je veux savoir si c'est vous qui m'avez barré ou Roberto. J'ai toujours été correct avec vous; je vous ai jamais fait de trouble. Je comprendrais pas pourquoi vous m'auriez barré. Est-ce que c'est vous ou Roberto? Si c'est Roberto, je le comprends parce que je sais que j'ai pas été correct avec lui. J'avais pris un verre et puis je sais qu'il est pas capable de me sentir, alors je l'ai provoqué. C'est important pour moi de savoir qui m'a barré.

— Tu as insulté Roberto. C'est un de mes employés et il a parfaitement le droit de ne plus vouloir te voir ici. Tu as causé du trouble ici et moi je n'en veux plus. Je crois que c'est assez clair ainsi.

- Comme ça, si c'est Roberto qui m'a barré, je peux revenir quand Fred est ici. Je ne lui ai jamais fait de trouble à Fred.

— Écoute. Tu es toujours debout. Tu déranges tout le monde. Moi, je ne peux plus endurer ça ici. S'il fallait que tout le monde se promène comme toi et parle fort, ce serait un beau fouillis. On t'a averti assez souvent, Marc, et puis c'est toujours à recommencer. Je t'ai donné je ne sais combien de chances et tu n'as pas su en profiter.

— Je suis prêt à vous promettre que je vas m'asseoir et que je bougerai pas. La première fois que je bouge, vous me mettez dehors pour de bon.

— Arrange-toi avec Fred. C'est lui qui peut te dire s'il veut te garder. C'est lui qui prend ma place quand je ne suis pas ici: c'est à lui de décider.

Je fis venir Fred au comptoir et Ti bumm lui exposa ses conditions. Je dis à Fred:

— Fred, c'est toi qui as à décider. Tu es parfaitement libre de faire ce que tu veux. Ce n'est pas moi qui te demande de le laisser entrer, c'est lui qui veut revenir.

Instinctivement, il aurait répondu qu'il ne voulait plus le voir. Mais il hésita un instant. Il savait que j'avais toujours cherché à protéger le petit. Puis, comme pour me faire une concession à moi, il me répondit:

— Moi, M. Laudais, je suis prêt à le laisser entrer mais à condition qu'il s'écrase dans son coin et que je n'entende plus parler de lui. Je veux même plus qu'il me parle, sauf pour commander une bière: comme ça on pourra pas s'engueuler. À part ça, il est plus question de lui laisser de chance; la première fois qu'il écoute pas ce qu'on dit, dehors. Et puis, il y aura pas de retour. S'il est capable de comprendre ça, qu'il aille s'asseoir.

— Tu comprends exactement ce que Fred te dit, n'est-ce pas?

Il fit signe que oui.

— Arrange-toi pour savoir précisément quand Fred travaille et ne mets jamais les pieds ici quand Roberto y est. C'est ta dernière chance, Marc.

Il me regarda avec les yeux d'un condamné, me dit merci ainsi qu'à Fred, se commanda une bière et alla s'asseoir. C'était la première fois que je le voyais l'air soumis et non arrogant. C'était aussi la première fois que je l'entendais dire « merci ». Les clients l'examinaient, surpris de voir qu'il revenait s'asseoir chez nous après ce qui s'était passé, pendant que Fred me disait:

— Je pensais jamais qu'il remettrait les pieds ici, celui-là. Le petit maudit, il a besoin de suivre exactement ce que je viens de lui dire, sinon, il va recevoir des visiteurs, ça sera pas long.

Le lundi, quand je rentrai, je demandai à Fred si Arthur était passé prendre les vêtements. Il me dit qu'il était venu vers 10 heures, avait enfilé deux bières et était reparti avec les vêtements. Il n'avait parlé de rien. Je demeurai surpris. Je savais que Monette était sur son chemin avant d'arriver à la taverne. Il lui avait peut-être fait faire quelques courses ou ranger des choses avant qu'il ne vienne chercher ses vêtements. Mais je me demandais comment il se faisait qu'il n'ait pas parlé de quoi que ce soit à Fred. Il avait dû se passer quelque chose! Tôt dans la soirée, David arriva. Il venait de la taverne en face.

— Les gars s'amusent de l'autre bord. Arthur est complètement saoul. Il a de la misère à se tenir debout. C'est pas un habitué de l'autre côté: alors les gars se moquent de lui. Et puis, ils lui disent:« Il va falloir que tu retournes « chez Mike », parce que tu vas être barré d'ici, ça sera pas long, Arthur. » Je me suis assis avec lui un peu; il s'est imaginé une histoire. Il dit qu'il était censé commencer à travailler aujourd'hui mais quand il s'est présenté, le patron lui a dit qu'il avait trouvé quelqu'un d'autre samedi passé. Il m'a dit que c'était Monette qui était censé l'engager. Ça se peut pas parce que je le connais, Monette, et puis c'est un gars raide: il engage pas des types comme Arthur, surtout habillé comme il l'est. Il est trop strict pour ça. Pour moi, il a rêvé ça. Je lui ai demandé à quelle place il avait pris son argent pour fêter comme ça. Il m'a répondu qu'il avait vendu du linge à un autre client puis que ça lui avait rapporté $5. C'est une histoire qui a pas de bon sens parce qu'il a même pas de linge à se mettre sur le dos. De toute façon, il est pas obligé de me dire la vérité. Je me demande ce que ça veut dire qu'il est rendu en face: il est toujours venu ici. En tout cas, c'est pas de mes affaires. Sacré Arthur, ça c'est un pauvre gars. Il est drôle quand il est saoul; ça vaut la peine de le voir.

Il alla conter ça à d'autres clients et je les vis partir quelques instants plus tard. Je savais qu'ils allaient voir le spectacle! Le spectacle d'un gars ruiné, d'un gars qui aurait peut-être pu s'en sortir s'il avait eu quelqu'un pour l'aider au bon moment. Mais voilà! J'avais voulu exercer ma petite vengeance personnelle, j'avais voulu lui faire payer la faute qu'il avait commise, j'avais voulu qu'il vienne me voir en suppliant, qu'il vienne s'excuser et me demander mon aide, j'avais voulu me sentir important. Et maintenant, il avait tout perdu, le pauvre Arthur. Je pouvais être fier de moi-même. J'étais furieux. Qu'il ait vendu les vêtements, ça n'avait pas tellement d'importance. Je crois que c'était même normal pour un pauvre type de réagir ainsi: c'était probablement en même temps, sa petite vengeance à mon égard. Mais qu'il ait perdu un emploi presque sûr à cause de mon attitude, c'était dur à accepter. Du même coup, il perdait son emploi et surtout la possibilité de retourner avec son épouse, mais aussi sa confiance en moi et le reste de confiance qu'il pouvait avoir encore en la vie, en l'humanité. Et maintenant, qu'est-ce que je pouvais faire? Aller voir Monette pour lui demander d'essayer de le reprendre? Je ne le connaissais même pas. Maudite saloperie! Et pourtant, je voulais l'aider. Je me sentais coupable de ce qui lui arrivait et je voulais faire quelque chose pour lui, mais quoi?

Roberto vint me déranger dans mes sombres pensées:

— Avez-vous trouvé quelqu'un pour remplacer le laveur de planchers, M. Laudais? Je pourrais peut-être avoir quelqu'un qui ferait l'affaire. C'est un...

Il continuait à parler mais je ne l'entendais plus. Et pourquoi pas? Pourquoi pas donner sa chance à Arthur? Il pouvait être un bon travailleur. Il s'agissait que quelqu'un lui fasse confiance. Pourquoi pas moi au lieu d'un autre? Je ne connaissais pas plus le bonhomme de Roberto après tout. Je répondis à Roberto pendant qu'il parlait encore:

— Oui. Je crois que j'ai trouvé quelqu'un qui fera l'affaire.

Et en disant ceci, je sentis un certain soulagement et une certaine fierté de cette décision.

— Est-ce que c'est quelqu'un d'ici, quelqu'un que l'on connaît, M. Laudais?

— Oui. Tu le connais. Je crois qu'il peut faire du bon travail. C'est Arthur.

— Vous êtes pas sérieux. C'est un bon à rien. Il travaille pas. Il y a personne qui veut le voir à présent. Encore aujourd'hui, il est complètement saoul de l'autre côté. David vient juste de nous le dire. On va avoir des problèmes avec nos inventaires. C'est même plus un client de la place maintenant. Je vois pas pourquoi vous voudriez l'encourager: il vous encourage même plus ici. Ça a pas d'allure.

— S'il est saoul de l'autre côté, c'est justement parce que quelqu'un ne lui a pas fait confiance et puis s'il est rendu là dans sa vie, c'est justement parce que quelqu'un d'autre ne lui a pas fait confiance. C'est un gars fini parce que tout le monde lui dit ou lui fait sentir qu'il est fini. Peut-être que si quelqu'un se décide à lui dire:« Tiens, Arthur, prends les clefs: je te laisse la baraque entre les mains », qu'il va se sentir un peu plus important, puis qu'il va commencer à agir comme un gars un peu plus important. Il a le droit d'avoir sa chance comme n'importe qui d'autre. S'il fallait que je rejette tous ceux qui ont trompé ma confiance ici, il y a des fois que je me retrouverais tout seul. En tout cas, j'ai l'intention de l'essayer.

— Vous êtes le patron ici, mais je crois que vous faites une erreur. En tout cas, en autant que j'ai pas à payer pour la bière qu'il prend dans le frigidaire... Moi, le gars que j'avais à vous proposer, c'est un bon travaillant et un gars très honnête. On aurait pas de problème avec lui. Je le connais bien.

— Je te remercie Roberto. Je veux essayer Arthur et si j'ai des problèmes avec lui, on verra alors pour ton gars.

Je voulais essayer de contacter Arthur, mais ce n'était pas le temps aujourd'hui. Peut-être ne voudrait-il plus revenir chez nous! J'essaierais alors de lui laisser un message par un gars qui le connaissait. Il fallait absolument que je le rejoigne au plus tôt.

Enfin vint le jour où j'eus à comparaître devant la Cour. Ce n'était pas la première fois. J'avais déjà comparu là-bas dans « ma prison ». C'est-à-dire que ce n'était pas exactement une cour de justice. On appelait ça le comité de discipline. Mais c'était tout aussi drôle ou tout aussi triste. J'avais été pris à voler des allumettes dans le lieu sacré: évidemment, il fallait bien avoir du feu si l'on voulait fumer. Comme j'avais déjà reçu plusieurs avertissements divers, je devais maintenant faire face au comité. C'était considéré comme extrêmement sérieux et je me souvenais que c'était l'étape que le grand avait franchi avant de se faire mettre à la porte. Moi, je ne demandais pas mieux, mais je tremblais quand même un peu. Il y avait la directrice qui siégeait, grosse et imposante à l'arrière d'un bureau énorme et de chaque côté d'elle, deux membres, du personnel qui étaient reconnus pour leur sévérité.

— Est-ce que vous vous rendez compte de la gravité de votre acte?

Je baissai la tête et les yeux. Je me foutais pas mal de la gravité de mon acte. « Répondez », me dit-elle avec autorité. Je fis signe que oui machinalement.

— Est-ce que vous vous rendez compte du tort que vous causez?

Même réponse mécanique.

— Est-ce que vous avez l'intention d'améliorer votre conduite?

J'hésitai avant de répondre puis je décidai que la prochaine fois que j'irais à la confesse, j'accuserais un mensonge de plus. Mais mon signe ne devait pas être très convaincant car elle reprit:

— Est-ce que vous allez vous améliorer? Répondez.

J'avais envie de lui lancer un « non » à plein pouvoir mais je me fis quand même aller la tête comme ces pantins qu'on voit dans les vitrines de jouets. Puis après l'interrogatoire, j'eus le droit au sermon traditionnel qui se terminait à peu près comme ceci:

— Mon petit Laudais, vous avez eu toutes les chances et vous n'avez pas su en profiter. Vous êtes parti dans le mauvais chemin: il va falloir que vous changiez de voie. Nous ne pouvons tolérer qu'un élève serve de mauvais exemple aux autres. Vous subissez l'influence de mauvais compagnons et vous servez de modèle aux autres. Nous avons à prendre une décision à votre sujet mais auparavant, il va falloir que nous fassions venir vos parents pour discuter de votre cas qui est extrêmement sérieux. Si vous commencez ainsi à votre âge, vous finirez mal, mon petit Laudais. C'est ainsi qu'on devient de la graine de bandit.

C'est ainsi que j'eus droit à une visite supplémentaire de mes parents, mais j'eus droit aussi à un maudit sermon. On décida de me garder mais il fallut, sur pression de mes parents, que je m'excuse, que je promette de ne plus recommencer et que je demande à ce qu'on veuille bien me garder. Cette dernière partie me faisait surtout mal au coeur. Puis pour clore la séance, on me fit comprendre que je devrais recevoir une bonne correction pour me convaincre du bien-fondé de ce que je venais de dire. Je reçus donc la courroie sur les fesses, ce qui était la consécration chez les grands lorsqu'on leur en montrait les marques. Ceci leur faisait dire que la directrice était vicieuse parce qu'elle prenait plaisir à regarder des parties qu'elle n'aurait jamais dû voir.

On m'avait assigné un avocat qui échangea quelques mots avec moi. Christian et Roberto m'accompagnaient. Le premier avant-midi, on attendit sur le banc et l'on nous indiqua de revenir l'après-midi à 14 heures.

Roberto et Christian étaient furieux. Les deux policiers qui étaient là le soir du bris devaient témoigner aussi. Nous allâmes dîner ensemble et l'un des policiers me dit:

— Vous savez, nous allons tous perdre notre temps ici. Le bonhomme va passer en cour et ils vont l'acquitter. Ça finit toujours comme ça. Il va avoir fait quinze jours de prison et ils vont le reconnaître non coupable.

On revint l'après-midi à 14 heures et la cause fut remise au lendemain. Ça me permit tout de même de voir un spectacle dont je n'avais jamais été témoin à date. J'étais assis un moment donné et je me plaçai un bras sur le dossier du banc. Un policier passa à côté de moi et me dit en me poussant le bras brusquement:

— Mon ami, si vous ne savez pas vous tenir, sortez d'ici tout de suite.

Je le regardai avec répugnance mais je n'avais pas le choix. Je vis défiler une longue série de gens devant moi et tous, l'un après l'autre, se déclaraient coupables. Mon avocat, à côté de moi, qui était un habitué de ce genre de causes me prédisait les condamnations à voix basse: « $150 d'amende ou quinze jours de prison. » « Acquitté ». « Deux mois en dedans. » Il me commenta les causes ainsi pendant une journée sans se tromper. Il savait exactement d'avance ce qui allait se passer. J'étais renversé.

À un certain moment, une prostituée fut appelée à la barre. Son nom fut appelé deux fois de suite sans qu'elle ne réponde. Finalement le policier de garde répondit:« Elle est à la toilette, votre Honneur. »Ce à quoi le juge répondit: « Cause remise. »

Je vis comparaître un groupe d'Italiens qu'on accusait d'avoir été trouvés dans une maison de jeux. On leur lut l'acte d'accusation individuel-lement et lorsqu'on leur demanda s'ils étaient coupables, ils ne pouvaient répondre parce qu'ils ne parlaient pas français. C'était un spectacle inusité.

Il y avait des gens qui plaidaient coupable pour des accusations qu'ils ne comprenaient même pas. Ils devaient, soit payer en argent $10, $25, $100 soit en temps de quinze jours à cinq ans. C'était la plus belle mascarade qu'il m'avait été permis de voir.

Le lendemain, nous fûmes transférés à la Cour des causes matri-moniales. Je ne savais pas que ça durerait aussi longtemps. Les policiers étaient impassibles. Ils savaient que ça ne passerait pas avant la troisième journée. Mes témoins étaient nerveux. Je vis trois gars condamnés pour avoir été trouvés dans une maison de jeux, parce qu'ils avaient tiré lequel paierait la bière dans une taverne. Puis il y eut toute la série de crises entre maris et femmes.

— T'es une vache. Tu t'es jamais occupé des enfants, maudite putain.

— T'as jamais été capable de me faire vivre, espèce de salopard.

— Monsieur le Juge, il m'a donné une raclée avant de partir. Je veux plus le voir.

— Elle couchait avec mon beau-frère, votre Honneur. Je veux plus la faire vivre.

J'en vis défiler ainsi de toutes les sortes. Il y avait des situations que je n'avais même pas imaginées dans ma vie. J'avais hâte que la comédie finisse et que mon tour vienne.

Les policiers avaient raison. Il vint la troisième journée. Roberto était furieux; son horaire était complètement à refaire. Il devrait travailler plusieurs soirs de suite. Christian aurait à travailler en temps supplémentaire pour rattraper le temps perdu. Ils maudissaient le vieux tous les deux.

— Ils n'avaient pas besoin de nous autres pour le condamner. C'est évident qu'il est coupable. Je vois pas ce qu'on peut ajouter là-dedans.

— Ils avaient juste à lui donner un mois puis à nous foutre la paix. Qu'est-ce qu'on fait ici au juste?

Enfin, notre tour vint l'avant-midi de la troisième journée. Ce fut assez rapide. On me demanda de m'identifier et si j'avais vu les faits. Puis ce fut le tour de Roberto qui eut à rapporter les événements. Il raconta ce qu'il m'avait dit le soir où c'était arrivé. Le bonhomme, de son côté, était complètement impassible. Les policiers furent appelés à témoigner. Christian ne fut même pas appelé. Ce fut Roberto qui fut interrogé le plus longuement. L'avocat de la défense lui demanda:

— Est-ce possible que quelqu'un d'autre ait pu passer par là à ce moment précis et lancer le pot de moutarde à travers la vitre?

— Voyons, j'ai vu le pot de moutarde tomber de son sac et puis...

— Ce n'est pas ce que je vous demande. Répondez exactement à ma question. Est-il possible que quelqu'un ait saisi le pot de moutarde pendant les quelques minutes qui ont séparé votre contact avec mon client et le bris de la vitre?

— Oui, c'est toujours possible. Il s'est passé quelques instants avant que la vitre soit brisée.

Il n'en fallait pas plus pour le juge. Le bonhomme fut libéré. Les policiers me dirent:

— On savait que ce serait exactement comme ça.

Christian était dans tous ses états:

— J'ai perdu trois jours d'ouvrage pour ce vieux maudit-là. J'ai même pas témoigné et il est acquitté. C'est pas juste. Il aurait pu prendre au moins un mois pour mon déplacement. C'est la dernière fois que je viens ici. La prochaine fois que je verrai un accident arriver, je vous garantis que je saurai quoi faire.

Quand Roberto et Christian revinrent à la taverne, ils en avaient long à raconter aux autres. Les clients apprirent en long et en large tout ce qui s'était passé.

Le lendemain en arrivant, Roberto vint me trouver et me conta qu'il avait eu un accrochage.

— Vous savez pas qui j'ai eu comme visiteur aujourd'hui?

Juste à lui voir l'air, je savais qu'il n'était pas satisfait.

— Non. Qui?

— J'ai eu la visite de Ti bumm, ce petit maudit crasseux-là. Je pensais que je lui avais fait comprendre clairement que je voulais plus jamais le rencontrer. Je lui avais fait dire par Gil que si jamais, il me rencontrait dans la rue, il serait mieux de changer de trottoir, vite. Vous savez qu'aujourd'hui, je devais travailler toute la journée pour reprendre le temps où j'ai été en cour. Je prenais donc la place de Fred. Il était de bonne heure: il y avait seulement Tom qui était là. J'étais à la cave en train de placer des caisses: j'y ai été seulement que quelques instants. Quand je remonte, j'arrive face à face avec Ti bumm qui entre par la porte arrière. Il me regarde les yeux tout détraqués et me dit en bégayant: « Salut, Roberto. Je voulais te dire… » Mais moi, je sais que c'est un petit maudit traître. Je lui ai pas donné de chance de continuer. Mais cette fois-là, je l'ai pas manqué. Je lui ai descendu ça à ma force en plein sur la gueule. Il a culbuté dans les bouteilles vides. Je pense qu'il a essayé d'en saisir une mais avant qu'il ait eu le temps de bouger, je lui ai donné toute une raclée. Puis, je l'ai accroché par les cheveux et je l'ai lancé dans la ruelle. Ce petit chien-là, il s'imagine pas qu'il va revenir faire sa loi ici. On lui a donné assez de chance, à présent c'est fini. Regardez-moi le poing. Je me le suis éraflé. Mais ça me fait rien. Ça fait du bien de tapocher un Ti bumm comme ça. En tout cas, si vous en entendez parler, vous saurez ce qui s'est passé exactement.

Oui, je le savais bien ce qui s'était passé. Ti bumm, comme plusieurs autres du coin, venait en prendre une petite vite comme ils disaient, le matin, avant d'aller travailler. Il s'était rendu chez nous, croyant trouver Fred. Personne ne l'avait averti du changement. Et il avait dû subir une raclée parce que, sans le savoir, il n'était pas au bon endroit au bon moment. Il aurait peut-être voulu s'excuser à Roberto pour l'autre jour mais il n'en avait pas eu le temps. J'avais toujours eu de l'antipathie pour Ti bumm, mais je trouvais quand même dommage ce qui venait de lui arriver. Pour une fois, on aurait pu le laisser parler. Je savais comment il devait se sentir dans le moment et je craignais ce qui pouvait arriver. C'était un désespéré et il avait peu à perdre dans la vie. Je crois que le seul sentiment qui pouvait le forcer à vivre était la vengeance maintenant.

En entrant à la maison, j'avais eu un appel d'un type qui voulait absolument me rencontrer. Ma femme me dit qu'il avait insisté pour me rejoindre le plus tôt possible, même s'il avait pris peu de renseignements sur les conditions d'achat. Elle avait donc fixé le rendez-vous au dimanche suivant. Je trouvais ça curieux, car ordinairement les gens prenaient beaucoup d'informations avant de se présenter en personne. Ma femme semblait très confiante:

— Il était certainement très intéressé pour vouloir te voir aussi rapidement. C'est peut-être quelqu'un qui a déjà suivi la taverne de près. Si ça pouvait être la fin de nos soucis. Si ça ne marche pas cette fois-ci, il va falloir la mettre dans les mains d'un agent.

— Oui. Si ça pouvait être la fin de nos soucis. Je crois qu'on l'a bien mérité.

Mais je dis cela sans conviction. J'avais fini de me faire des illusions. Je savais par expérience que la déception n'en était que plus forte. Je n'osais plus croire en ce qui pourrait arriver. J'avais appris à croire seulement en ce qui arrivait et à ne vivre que pour chaque instant. C'était ça la rançon du contact avec les gars de chez nous.

XVII

Je n'eus pas besoin de faire de démarches pour rejoindre Arthur. Il revint de lui-même le lendemain de sa cuite. Il n'avait pas l'air particulièrement gai mais ne semblait pas m'en vouloir. Il me salua et je l'appelai. Tout de suite, il se sentit mal à l'aise et se mit sur la défensive:

— Écoute, Mike, j'étais déçu de ce qui m'arrivait; j'étais pas mal saoul et je ne savais pas trop ce que je faisais. Je m'excuse, mais...

— Ce n'est pas de ça que je voulais te parler, Arthur. Je voulais seulement te dire que mon laveur de planchers s'en va et puis que je n'ai personne pour le remplacer.

— Je ne connais personne qui pourrait faire ça, c'est-à-dire qu'il doit y avoir des gars de la taverne ici qui seraient capables mais tu les connais autant que moi. Je n'ai personne à l'idée en particulier. J'aurais aimé te rendre service, Mike.

Et il esquissa un mouvement pour aller s'asseoir.

— Non, non. Attends un instant. Tu ne me comprends pas, Arthur. J'ai trouvé quelqu'un qui pourrait faire l'ouvrage mais je ne lui ai pas demandé encore s'il acceptait.

— Pourquoi me dis-tu ça, Mike. Ça ne me regarde pas. C'est pas à moi à lui demander s'il accepte. Tu es capable de le faire toi-même.

— Bon alors. C'est fait. La demande est faite. Ça fait ton affaire?

— Je ne comprends pas ce que tu veux dire. Quelle demande?

— Bon, écoute Arthur, s'il faut tout t'expliquer et te traduire: est-ce que tu acceptes de prendre la place de mon laveur de planchers qui s'en va?

Il s'arrêta et hésita un instant avant de me répondre comme s'il n'avait pas bien compris.

— Tu veux dire que tu me demandes de venir travailler pour toi, c'est ça?

— Bon, enfin, tu as compris quelque chose. C'est ça. C'est exactement ça.

— Eh bien. Je ne sais pas. Je ne peux pas répondre comme ça.

— Tu veux dire que je t'offre de travailler et que tu n'es pas capable de me donner une réponse?

— Non. Mais je ne sais pas si je peux laver un plancher. Je n'ai jamais fait ça de ma vie. Peut-être que je pourrais, peut-être que non.

— Bon sens de bon sens, Arthur, n'importe qui est capable de faire ça. Il s'agit d'avoir du coeur un peu. Tu veux travailler ou tu ne veux pas?

— Bien oui, bien sûr que je veux travailler mais je ne veux pas faire de la cochonnerie. Si je fais quelque chose, je veux le faire convenablement.

— Bon, c'est simple. Tu n'as qu'à rester avec mon laveur actuel pour apprendre pendant quelques jours. Tu lui donneras un coup de main et ça te permettra de pratiquer un peu. Ce n'est pas tellement long à apprendre, tu sais.

— Bon, d'accord, Mike. Je peux rester avec lui ce soir, si tu veux.

— Quand tu voudras, Arthur. Seulement, il y a une chose que je ne veux pas que tu oublies: il n'est pas question de prendre un verre à l'ouvrage, pas un seul. Je ne te donnerai pas une chance. La première fois, ça sera fini et après ça, ne compte plus jamais sur moi. Tu comprends ça? Et puis il n'y a absolument personne qui rentre ici pendant que tu y es, à aucun moment et sous aucun prétexte. Si tu comprends bien ça, on va bien s'arranger.

— Ça va, Mike, je te remercie.

Il partit pour s'asseoir mais revint pour me dire:

— Tu pourras enlever le montant des vêtements sur ma première paye, Mike.

— Je ne veux plus entendre parler de ça, Arthur, à aucun moment. C'est fini ça.

Il m'esquissa un sourire qui en disait long mais derrière lequel il restait toujours un voile de tristesse.

Roberto avait pris des arrangements avec Fred pour reprendre le temps où il avait été absent à cause de sa comparution en cour. Ils avaient réorganisé l'horaire ensemble car il n'était pas question que Roberto ne reprenne son temps que le soir puisque c'était le meilleur temps pour les pourboires. Quant à moi, tout ce que je voulais, c'est qu'ils trouvent satisfaction.

Durant la semaine, je reçus une visite inusitée. En revenant de la cave, j'aperçus mon bonhomme au pot de moutarde qui était au bar. Je sursautai. Je n'avais guère envie de le rencontrer: il m'avait causé assez de dérangements comme ça. En me voyant, il me dit immédiatement:

— Bonjour, M. Laudais. Je ne sais pas si vous me reconnaissez.

Je le reconnaissais et n'étais pas prêt de l'oublier. Je lui reconnaissais aussi un certain courage, une certaine témérité, je dirais, de revenir se présenter ainsi chez nous comme si de rien n'était. Il poursuivit:

— Vous m'avez surpris, M. Laudais, surpris et déçu à la fois l'autre jour en cour.

Son langage me surprit: c'était celui d'un homme cultivé et il ne reflétait nullement son apparence. J'étais intrigué et je voulais qu'il poursuive:

— Qu'est-ce qui vous a déçu de ma part, monsieur?

Je trouvais la situation extrêmement paradoxale. Le bonhomme venait briser une vitre chez moi, me causait un tas d'ennuis et se permettait de venir me dire par la suite que je le décevais.

— J'ai constaté, M. Laudais, lors de votre déposition que vous étiez un enseignant. Or, je ne peux concevoir qu'un enseignant, un éducateur, qui doit oeuvrer auprès des jeunes et les influencer, puisse se tenir dans un endroit comme celui-ci, quelle qu'en soit la raison. J'ai appartenu moi-même au monde de l'éducation et il eût été impensable à ce moment-là qu'une telle situation puisse se produire.

Je trouvais assez curieux qu'un type de son espèce vienne me faire la morale chez moi. J'aurais pu le faire sortir ou tout simplement ne pas l'écouter mais je voulais en savoir plus long.

— Moi, monsieur, j'étais un citoyen respectable. J'avais un bon emploi et tout pour réussir et effectivement, parce que j'ai commencé à me tenir dans des endroits comme celui-ci, j'ai tout perdu. Ma famille ne veut même plus me voir. Vous ne pouvez faire autrement qu'être intoxiqué aux contacts des autres. Je me suis fait des amis dans ce milieu et regardez où ça m'a mené. Déjà sans vous connaître, je peux vous dire que vous êtes en train de vous faire absorber par le milieu. Ce n'est pas un milieu d'éduca-tion ici, c'est un milieu d'abaissement. Vous ne réussirez jamais à les relever mais eux vont réussir à vous descendre. Je peux vous dire déjà que vous n'êtes plus le même éducateur que vous étiez avant d'arriver ici. Vous avez changé comme homme, j'en suis sûr, et ce changement a transpiré chez les enfants que vous avez à rencontrer. Il est inacceptable que vous cumuliez ces deux fonctions. J'espère que vous aurez l'honnêteté d'en abandonner une des deux.

Je trouvais son intervention choquante mais j'admirais son aplomb. Je lui répondis:

— Quand je suis ici, monsieur, je n'y suis pas pour la même raison que vous y étiez. Nos intentions ne sont pas les mêmes.

— C'est pire, monsieur. Si les gens comme vous n'existaient pas, nous ne serions pas ici. Il y a toujours des gens pour exploiter la faiblesse des autres. Mais je trouve ça d'autant plus révoltant lorsque c'est quelqu'un qui est censé s'occuper de relever le niveau des gens.

Je trouvais ses termes assez forts et son attaque assez directe même si je me sentais peu visé, étant donné qu'effectivement, je cherchais à partir par tous les moyens.

— Si je n'avais pas rencontré des gens pour me pousser à continuer quand j'ai commencé dans cette voie, je n'en serais pas rendu là au-jourd'hui, monsieur. Si la nature ne m'a pas pourvu de moyens de défense assez forts pour me défaire de ce joug, je n'en suis pas responsable. Mais ceux qui ont su tirer parti de ma faiblesse sont des êtres beaucoup plus méprisables que je ne le suis et ils sont rendus encore plus bas que moi.

Je savais que le bonhomme me visait mais je ne pouvais lui en tenir rancune. Il est difficile d'accepter la responsabilité de l'échec de sa vie. Il est normal d'en jeter le blâme sur quelqu'un d'autre.

— Apparemment, je vous ai causé du tort l'autre jour. Je n'en suis pas responsable car je ne m'en souviens pas. Mais vous et vos semblables m'avez causé un tort encore beaucoup plus grand et vous en êtes responsables parce que vous savez ce que vous faites.

Fred s'était approché du bar pour servir et avait entendu le bonhomme. Il me dit:

— Voulez-vous que je le mette dehors, M. Laudais? On a pas besoin de types comme ça ici. Il a pas de leçon à vous faire. Laissez-vous pas ennuyer. Je vais le mettre à la porte.

— Non, laisse-le tranquille, Fred. Pour le moment, il ne me dérange pas.

— Vos employés peuvent me jeter à la rue parce que je gueule un peu trop mais cela ne servira pas à apaiser votre conscience. En fait, vous n'aimez pas voir exposer devant vous jusqu'où peut aller la bassesse de votre travail. Je suis un peu généreux en parlant de « travail ». Il est vrai que la putain considère ce qu'elle fait comme du « travail ». Je suis heureux d'avoir refusé que vous me sortiez de mon trou, car je suis au courant, vous savez. Ce serait trop facile. Vous poussez quelqu'un à la rivière puis vous lui tendez une perche et tout le monde vous considère un héros. Je n'en veux pas de cette aide, monsieur; je crache dessus. Tout ce que je veux maintenant, c'est de montrer à ceux qui m'ont mis dans le trou ce que je suis devenu. Qu'ils me regardent et qu'ils gardent mon image en mémoire pour le reste de leurs jours. Je veux hanter les gens comme vous, leur rappeler constamment qui j'étais et ce que je suis devenu. Vous ne me verrez peut-être plus ici, mais vous vous souviendrez de moi encore longtemps. Vous aurez à faire un choix et tant que vous ne l'aurez pas fait, vous entendrez ce que je viens de vous dire. Pendant ce temps, je continuerai à hanter d'autres comme vous et à leur faire voir ce qu'ils sont vraiment. C'est la seule mission qu'il me reste à accomplir. Vous, vous avez au moins l'honnêteté de m'avoir écouté. D'autres m'ont jeté dehors avant que je ne puisse parler, parce qu'ils savaient très bien qui j'étais et pourquoi j'étais là. Mais s'ils m'ont chassé, c'est que je leur faisais peur et ainsi j'ai réussi à atteindre mon but. Quant à vous, je reconnais que vous avez une certaine forme de délicatesse que les autres n'ont pas mais c'est probablement pour mieux attirer les pauvres gens dans votre guet-apens. Maintenant, servez-moi une bière, s'il-vous-plaît.

— Je ne veux pas être complice de votre faiblesse, monsieur. Ce serait vous encourager que de vous servir et je n'en ai pas le droit.

170

— Il est trop tard, monsieur, le mal est déjà fait. Il est trop tard. Vous vous êtes fait complice dès que vous avez choisi de faire ce satané métier. Il est vraiment trop tard.

Il répéta ceci en allant s'asseoir et j'envoyai Fred le servir. Fred revint me voir:

— C'est un vieux maudit fou, ce bonhomme-là, un vieux malade. Vous auriez pas dû l'écouter, M. Laudais. Il est tellement plein d'alcool qu'il radote sans arrêt. Quand un gars a juste des sottises à dire, il serait bien mieux de fermer sa gueule et de ne pas embêter les autres. Moi, je l'aurais mis dehors aussitôt qu'il a ouvert la bouche. Et puis même je l'aurais mis dehors aussitôt qu'il a ouvert la porte. Il a un courant d'air dans la toiture, le bonhomme. Ça prend du front pour venir insulter les gens comme ça, chez eux. Je sais pas comment vous faites pour endurer ça. Si je peux me permettre de vous dire ça, je trouve que vous écoutez trop les clients. Nous autres, s'il fallait se permettre d'écouter tous les gueulards qui passent ici, on deviendrait à moitié fou, comme la plupart d'entre eux d'ailleurs.

— Oui, Fred, c'est vrai. Mais il y en a qui ont d'autres choses à dire que des folies.

— Je comprends pas qu'un gars instruit comme vous puisse apprendre des choses d'un tas d'imbéciles comme ça. En tout cas, vous savez ce que vous avez à faire.

Le vieux bonhomme m'avait surpris par sa philosophie et par sa façon de la transmettre et je dois avouer que son intervention m'avait bouleversé. C'était une espèce d'illuminé, une espèce de fou, comme disait Fred, mais un fou drôlement clairvoyant. Je lui envoyai une bière à la grande surprise de Fred et il me regarda avec un air qui voulait me transmettre tellement de choses.

Le lendemain de son accrochage avec Marc, c'était un vendredi, lorsque j'entrai, Roberto me demanda:

— Avez-vous vu ma voiture?

Je lui répondis:

Bien sûr, elle est à l'arrière.

— Non. Je veux dire, avez-vous remarqué quelque chose de spécial?

— Non, je suis passé à côté distraitement. Je n'ai pas vu quoi que ce soit.

— Venez avec moi, je vas vous montrer ce qui lui est arrivé.

En arrivant près de la voiture, je constatai que toute la peinture était cloquée un peu partout. Je me demandais bien ce qui avait pu se passer.

— Hier soir, en prenant ma voiture, il faisait noir. Je n'ai rien vu de particulier. Mais ce matin, en la sortant du garage, je l'ai vue dans cet état. Ça a pas pu être fait pendant la nuit puisque personne ne peut entrer dans mon garage. Ça a été fait hier soir. Et vous savez avec quoi ça été fait? C'est un produit pour décaper la peinture qui a été versé un peu partout par quelqu'un qui savait exactement ce qu'il faisait. Et vous savez par qui ça a été fait? Moi, je le sais précisément et il va me payer ça cher. Je vais le trouver et je vais lui faire regretter chacune des taches qu'il y a sur la voiture. Quand je vais avoir fini avec lui, il pensera plus jamais à toucher à ce qui m'appartient.

Je savais que Roberto était très fier de sa voiture sport et qu'il était profondément blessé, surtout en songeant à celui qui aurait pu faire ça.

— C'est un beau gâchis, Roberto. Mais, tu sais, n'importe qui pourrait avoir fait ça. Il y a un tas de gens qui passent par la ruelle et qui avaient la possibilité de vider le liquide, par malfaisance. Il fait noir ici le soir. Personne n'a de chance d'être vu.

Il devint mauvais et haussa la voix.

— Oui, mais il y en a un seul parmi tous ceux-là qui m'en veut et c'est lui qui a fait ça. Mais il va le regretter pendant longtemps. Je comprends pas que vous essayez de l'excuser. Vous savez très bien qu'il est coupable et il a pas besoin d'être protégé: c'est un petit salaud, un petit chien, un petit maudit chien. Et puis, un chien, ça a besoin d'être dompté, à coups de pied et à coups de bâton. Quand il fait sa crotte par terre, on lui met le nez dedans jusqu'à ce qu'il étouffe. Ce petit enfant de chienne-là, ça fait assez longtemps que je l'endure, maintenant c'est fini. L'autre jour j'aurais pu lui casser la gueule et puis c'est à peine si je l'ai touché. Je voulais plus en entendre parler jamais. Mais maintenant, c'est plus la même chose. Il a eu sa chance et il a pas su en profiter. Je finis de travailler, ce sera pas long et puis après ça, je vas le trouver même s'il faut que je passe la veillée et la nuit à le chercher. Je l'avais averti de plus se présenter devant moi, puis il est venu me narguer. Il a eu ce qu'il méritait. Il avait pas d'affaire à essayer de se venger, le petit Chriss.

— Tu ne penses pas que tu serais mieux d'attendre un peu, Roberto. Peut-être que tu vas apprendre ce qui s'est passé ou au moins, tu vas pouvoir te calmer un peu. Je trouve qu'il est un peu tôt pour partir en guerre sans savoir ce qui est arrivé exactement. On regrette d'agir par impulsion quelquefois, tu sais, Roberto.

— Je sais pas pourquoi vous essayez de le couvrir. Il y a pas de raison…

— Bon Dieu de bon Dieu, je n'essaie pas de le couvrir, lui. J'essaie de te couvrir, toi, Roberto. Tu es aveuglé. Tu ne vois pas clair. C'est dangereux dans ce temps-là. On risque de se mettre les pieds dans les plats. J'essaie simplement de te faire comprendre qu'il serait mieux d'attendre. Il est dangereux le petit; tu ne sais pas de quoi il est capable. Il va toujours vouloir se venger mais la prochaine fois, ça ne sera peut-être pas en envoyant de l'acide sur ton auto. Il a la rage dans le coeur. Il en veut à toute l'humanité. Peut-être que si tu l'avais connu un peu, ça t'aurait aidé à comprendre ce qu'il fait. Si c'est lui qui est coupable, il cherchera à avoir le dernier mot. Et s'il est innocent, si, par hasard, tu t'es trompé, sa vengeance sera d'autant plus féroce. Attends, Roberto.

— À 16 heures, vous n'êtes plus mon patron et je peux faire ce que je veux.

Je savais maintenant qu'il était inutile de discuter avec lui. Il n'avait qu'une idée en tête et il n'était même pas intéressé à m'écouter. Après tout, il était assez vieux pour se débrouiller tout seul. Quoique je lui dise, il ne voulait pas m'entendre.

Moi aussi, j'avais connu, il y a longtemps, ce sentiment qui vous étreint, vous aveugle et vous fait oublier tout le reste. Je l'avais peut-être connu par la suite, même certainement, mais je me rappelais plus particulièrement de cette fois-là. J'avais reçu de chez moi, à l'occasion de mon anniversaire, un bien très précieux, plus précieux que n'importe quel autre cadeau que j'avais reçu à date et que je devais recevoir pour longtemps: une montre. À cette époque, c'était absolument exceptionnel d'avoir une montre à cet âge, une vraie montre qui donne la vraie heure et que vous remontez fièrement chaque soir. J'en étais tellement orgueilleux que les autres me regardaient avec envie. Elle représentait pour moi plus qu'une simple montre. Elle représentait le temps qui me restait à vivre à cet endroit de malheur, le temps qui me séparait du moment où je me retrouverais enfin chez nous. Je me rappelle de ma réaction lorsque je l'avais reçue, du serrement de cœur que j'avais eu alors et de l'émotion qui m'avait étreint. Chacun me demandait pour la voir de plus près. Chaque soir, je la remontais et la plaçais avec tendresse sur le petit bureau à côté de mon lit, comme on m'avait recommandé de le faire. Puis je la regardais une dernière fois, avant de me coucher, en pensant à ceux qui me l'avaient donnée. Tout à coup, un bon matin, je me lève et la montre n'était plus là. Tout de suite, je me sentis mal: on m'avait volé ma montre et instinctivement un nom me vint à l'idée. Oui, c'était lui, bien sûr. Pas de doute là-dessus. Lambert: ça ne pouvait pas être un autre. Tout le monde le savait dans la classe que c'était un voleur: Luc avait retrouvé ses crayons de couleur dans son bureau l'autre jour. Le petit bâtard de Lambert: le petit voleur. J'allais m'arranger pour la retrouver tout seul, ma montre, mais il allait payer pour ça. Je me mis à penser comment je pourrais me venger de ce qu'il venait de me faire. La rage me montait au cœur; j'en avais les mâchoires serrées. Il fallait que je lui fasse mal comme il venait de me faire mal, avant de récupérer mon bien. Je pensai à vider un pot de colle dans son tiroir à linge, mais ça ne serait pas assez. Pourquoi pas déchirer ses cahiers? Non, ça lui ferait une excuse pour ne pas travailler. Quoi donc? Oui, pourquoi pas? Il avait un jeu avec lequel il s'amusait bien et qui lui gagnait des amis. J'allais le démolir, son sale jeu et lui enlever ses amis du même coup. C'est ça. Il ne me restait qu'à trouver le moment propice pour le lui subtiliser sans me faire prendre. Je savourais déjà le plaisir que j'aurais à le défoncer. Puis, par la suite, je m'arrangerais pour retrouver ma montre. Je décidai de m'habiller; je saurais bien trouver le moment. J'étais à faire mon lit, préoccupé par toutes sortes d'idées et de plans, quand j'aperçois, coincé entre le bureau et la couverture, ma montre que j'avais dû accrocher dans mon sommeil et qui avait échoué à cet endroit insolite. Sur le moment, je fus très fier de ma découverte, mais par la suite, je le fus moins de moi-même.

Vers 15 heures 45, je vis Gil entrer. Il venait nous visiter tous les jours même si Ti bumm ne venait plus mais il restait un peu moins longtemps. Je savais que Marc et lui s'étaient trouvé une autre place pas tellement loin de chez nous. Il venait toujours me voir au bar avec son sourire énigmatique et il me tendait la main chaque fois. Il parlait toujours à plein pouvoir. Sa voix était grosse comme ses manières:

— Salut, patron. Toi, t'es un bon gars. Je suis content de connaître un gars comme toi. Je comprends pas que Ti bumm a voulu te faire du mal. Je lui ai cassé la gueule pour ça, puis je pense qu'il a compris qu'il s'était trompé parce qu'il me parle de toi des fois et puis il t'en veut pas. Même qu'il a l'air de trouver que t'es un gars pas mal bien. Il m'a dit qu'il avait fait ça parce qu'il était saoul. C'est pas un mauvais gars Ti bumm, tu sais, patron. Il faudrait pas que tu lui en « veules ».

— Je ne lui en veux pas du tout, Gil. La seule chose que je voulais, c'est qu'il reste tranquille. Il dérangeait tout le monde. Je ne peux pas endurer ça ici.

— Non. Je sais bien. Il est fatigant des fois. Mais si les autres voulaient lui donner une chance! Ils l'ont mis dehors en face et puis ici, il y avait personne qui voulait lui parler, à part toi. Il était obligé de se lever pour aller les voir et essayer de leur parler. Moi, quand je suis tanné de l'entendre, je lui mets une main sur l'épaule et puis il a peur: il ferme sa boîte. Mais les autres, quand ils en ont assez de l'entendre, c'est pas ça qu'ils font. Je sais pas ce qu'il avait fait hier, ici, mais il a reçu une maudite raclée. Moi, je veux plus m'en mêler parce qu'il m'a conté des blagues l'autre jour. Mais à chaque fois qu'il commence à aller mieux un peu, il y a quelqu'un pour lui foutre la main sur la gueule. Il est rendu mauvais. Il veut battre tout le monde et puis il est gros comme une puce: il pourrait pas faire grand mal à personne. C'est pas un mauvais gars, Ti bumm, tu sais, patron, c'est pas un mauvais gars.

—Non, je sais bien, Gil.

Puis je m'approchai un peu pour lui demander discrètement:

— Tu sais où il est dans le moment, Gil?

— Oui, il travaille plus tard, il fait du temps supplémentaire. Mais je dois le rencontrer entre 19.30 et 20 heures.

174

Il avait dit ça à haute voix, assez pour que plusieurs puissent l'entendre, y compris Roberto. Je lui fis signe discrètement de baisser le ton.

— À quel endroit, dois-tu le rencontrer, Gil?

Il baissa le ton pour me dire:

— On a trouvé un nouvel endroit où ils laissent rentrer le petit. Ça s'appelle « Le Tonneau », on est pas reçu avec des claques sur la gueule. Puis en se retournant vers Roberto, il dit à haute voix:

— Au « Tonneau », on est pas reçu avec des claques sur la gueule. On peut boire tranquille.

Moi, j'étais déçu, et Roberto était satisfait. Je me contentai de dire à Gil:

— Ne pars pas sans venir me voir, tu comprends, Gil, c'est très important.

Ce soir-là, Roberto prit tout son temps pour faire l'inventaire et il resta un certain temps pour parler avec des clients. Il avait tout son temps devant lui. Je crois qu'il savourait les moments qui allaient se présenter. Il ne me parla pas mais me salua en partant.

J'avais eu un téléphone assez curieux cette semaine-là. Quelqu'un m'avait appelé et m'avait posé des questions à propos d'un certain Louis R. Il prétendait qu'il avait déjà travaillé chez moi et me dit qu'il serait important que je puisse lui transmettre des informations. Évidemment, je ne connaissais rien du Louis R. en question et je ne pus lui apporter aucune aide. Je reçus un autre téléphone le lendemain d'un autre type concernant le même individu et je lui donnai la même réponse. J'étais perplexe. Serait-ce l'ancien « propriétaire » ou bien un waiter qui avait travaillé chez nous antérieurement. De toute façon, ça ne me concernait guère. J'en parlai cependant à Fred qui chercha un instant et me dit ne jamais avoir entendu parler d'un tel individu.

— S'il avait travaillé ici ou bien si ça avait été un client, j'en aurais entendu parler certainement. C'est la première fois que j'entends ce nom-là. Je pourrais demander à des clients s'ils le connaissent. Ça peut être quelqu'un qui est parti d'ici depuis longtemps.

Lorsque j'en parlai à Roberto, il eut une réaction différente.

— Louis qui, vous avez dit? Louis R. J'ai jamais entendu ce nom-là et je suis sûr qu'ils se trompaient de place parce que si ce gars-là avait déjà été ici, j'en aurais entendu parler. Est-ce que vous savez qui voulait avoir ces informations? De toute façon, personne a d'affaire à vous demander des renseignements comme ça. Vous êtes pas obligé de répondre. S'il y en a qui ont des choses à découvrir, qu'ils les trouvent eux-mêmes, sans embêter les gens comme vous. La prochaine fois qu'ils vous appelleront, vous devriez leur fermer la ligne au nez.

Son attitude me surprenait. Il semblait très agressif et j'avais l'impression qu'il avait quelque chose à cacher. Il était fort possible qu'il connaisse Louis R.

— De toute façon, si vous avez encore des nouvelles d'eux, vous me le direz. Comme ça je pourrais chercher à savoir si quelqu'un le connaît ici. Mais je suis certain qu'ils se trompent de nom ou bien de place. C'est certainement pas ici.

Il commençait à m'intriguer, ce Roberto. Qui était-il au juste? Vous travaillez avec quelqu'un pendant une certaine période de temps et vous ne le connaissez même pas. Il m'avait bien fait quelques confidences mais ça ne l'engageait à rien. Je commençais à me demander sérieusement quel était son jeu. Il me donnait de plus en plus l'impression qu'il n'était pas tranquille. J'aurais voulu en savoir plus long sur lui.

Arthur avait commencé son entraînement avec mon laveur de planchers. Déjà, il paraissait transformé. Il était venu me voir, mais il n'était pas resté attablé devant sa bière pendant des heures. Il me parlait de l'espoir qu'il avait de retrouver sa femme.

— Partout où je demande de l'ouvrage, on me demande des références et je ne peux leur en fournir. Maintenant que j'ai un petit emploi, je crois que tu pourras leur donner de bonnes références pour moi, Mike, parce que j'ai l'intention de faire du bon ouvrage. Je pensais que ça serait plus difficile que ça. Ce n'est pas la fin du monde de laver un plancher. Même les femmes peuvent faire ça, hein Mike?

Je le vis rire un peu et ça faisait du bien de sentir revivre un bonhomme comme ça. Comme mon ancien laveur m'avait demandé de s'absenter pour préparer son déménagement, Arthur prit la relève dès le lendemain de son entraînement. Par mesure de précaution, je demandais à mes employés de fermer les valves sur les lignes de bière; je ne voulais pas induire ce pauvre Arthur en tentation inutilement. Je savais que ce serait un défi pour lui de se retrouver seul dans un pareil endroit. Il avait quelque chose à me prouver, mais encore bien plus à lui-même.

J'étais censé rencontrer mon acheteur dans deux jours. Je ne voulais pas me faire d'illusions, mais je ne pouvais faire autrement que d'y penser. Si par hasard, c'était mon jour de chance! Je savais qu'il devait venir, je le croyais, j'espérais encore. Du moins, encore un peu!

XVIII

Le soir où Roberto m'avait montré les dégâts sur sa voiture, je le vis quitter avec énormément d'appréhension. J'avais peur de ce qui allait se produire. Je n'aurais pas dû me préoccuper de ces gens-là mais après tout, c'étaient des êtres humains et je trouvais extrêmement pénible de les voir s'entredéchirer, qui qu'ils soient.

Dès que je vis Roberto quitter, sous le coup d'une impulsion incontrôlable, je demandai au gros Gil de sauter dans ma voiture et de venir avec moi jusqu'où il devait rencontrer Marc. Je savais que Roberto n'était pas pressé: il avait le temps, car quand Ti bumm entrait dans une taverne, il n'en ressortait pas de sitôt. D'un autre côté, Roberto voudrait probablement contacter Ti bumm avant que Gil n'arrive. Je me demandais comment il essaierait de s'y prendre pour le faire sortir car il n'irait certainement pas le rejoindre à l'intérieur. Mais ma préoccupation à moi, c'était de rejoindre Marc avant que Roberto n'arrive parce que je savais que lui se trouverait certainement un moyen, même s'il devait le guetter toute la nuit. J'aurais voulu connaître les intentions de Roberto. Je filai à grande allure guidé par Gil, afin de devancer Roberto et je lui demandai de garder le plus grand silence au sujet de ce que je faisais dans le moment. Je pense que le pauvre Gil ne comprenait pas grand chose à ce qui se passait: c'était beaucoup trop rapide pour lui. En chemin, je dis à Gil:

— Tu vas rentrer et dès que tu vois Ti bumm, dis-lui que quelqu'un lui court après, et que c'est important qu'il décolle tout de suite. Dis-lui de ne pas poser de questions et demande-lui de disparaître de la circulation aux environs pour un certain temps. Je te ferai signe quand il sera temps qu'il revienne à la surface. Demande-lui de t'écouter tout de suite. Quant à toi, Gil, je te défends de dire quoi que ce soit à mon sujet dans cette affaire-là. Tu comprends. J'essaie d'aider Ti bumm, de le sortir d'un maudit pétrin.

— Je sais, patron. Si tu fais ça, c'est parce que t'es un bon gars. T'as toujours essayé d'aider Ti bumm. Des bons gars comme toi, on en voit pas partout...

On était rendu:

— Fais ça vite, Gil. Ça presse. Laisse faire, je n'ai pas le temps de te donner la main. Dépêche-toi. Sors. Vite. Salut.

Toute la course n'avait pas duré très longtemps. Mais le temps et le parcours m'avaient semblé long, trop long. Je venais à peine de quitter pour retourner au commerce quand je croisai Roberto. Instinctivement, je me plaçai la main devant la figure. Je savais qu'il ne m'avait pas vu. J'avais hâte que cette damnée histoire soit terminée. Mais une histoire se termine-t-elle jamais ou ne reste-t-elle pas toujours présente dans l'esprit des gens? Je me demandais si j'avais fait ce que je devais faire. J'aurais pu réagir complètement différemment, bien sûr. J'aurais pu dire à Gil de rester avec Ti bumm et de le protéger. Mais je savais que Roberto était rusé et que Gil était facile à embrouiller. Je me souvenais du moment où Roberto s'était arrangé pour que le gros se retourne contre le petit. C'était une grosse bête. J'aurais pu lui dire: « Attends, Roberto et frappe » et je crois qu'il m'aurait écouté. Non! J'avais bien dit. Le mieux était de l'écarter du chemin. Le plus que je pouvais lui demander, sans le mêler, c'est ce que je venais de faire instinctivement. J'aurais tellement voulu me voir loin de cet endroit et pouvoir retrouver la quiétude du passé. Toute la séquence se déroulait dans ma tête. Je revoyais Ti bumm provoquer Roberto; Roberto se précipiter sur Ti bumm. Je voyais encore son regard ce soir-là lorsqu'il avait croisé le mien pendant que l'autre l'avait à sa merci. J'avais compris que c'était loin d'être terminé. Ce n'était que le début d'une vendetta insensée qui allait s'arrêter où et quand? Je pensais à Marc qui avait reconnu pour la première fois qu'il avait eu tort vis-à-vis de Roberto, à son attitude qui avait changé la dernière fois que je l'avais vu, au hasard qui avait fait que les deux se rencontrent et à la situation pénible qui en avait résulté. Je revoyais la voiture de Roberto et la haine qu'il avait dans les yeux et dans la voix en dénonçant le coupable ou celui qu'il pensait l'être. Je pensais à son départ vers la destination vengeance et je pensais aussi au geste insensé que je venais de poser. Si jamais Roberto apprenait la vérité, il me considèrerait alors comme le complice de l'autre et chercherait certainement à me causer des ennuis. Je commençais à le craindre, ce Roberto, lui et sa soif de vengeance et il était bien placé pour pouvoir facilement me causer du tort. Mais pouvait-on laisser un faible dans une telle situation sans chercher à l'aider? J'avais agi spontanément, sans réfléchir, mais je ne pouvais regretter ce que je venais de faire. Je ne pouvais m'empêcher de penser aussi au prolongement de cette histoire, aux différentes possibilités qui pouvaient se produire. Ti bumm pouvait se sauver mais il ne pouvait se cacher sous terre et Roberto essaierait de le retrouver coûte que coûte. Il était possible que Marc ne soit pas là ce soir et tout serait à recommencer. Il se pouvait aussi qu'il refuse de partir ou bien ne parte pas assez vite. Il s'en suivrait alors un accrochage dont personne ne pouvait prédire l'issue. Mais quel qu'en soit le « vainqueur », l'autre chercherait à se venger à nouveau et la ronde infernale pourrait continuer ainsi pendant longtemps. Aucun d'eux n'avait d'amour dans sa vie et ils avaient décidé de le remplacer par un autre sentiment aussi fort, la haine.

C'était un vendredi soir, notre soir le plus occupé ordinairement et je décidai de rester à la taverne jusqu'à la fermeture. Dehors, il faisait froid et c'est probablement la raison pour laquelle il n'y avait pas tellement de monde ce soir-là. On avait ordinairement des passants qu'on ne voyait qu'une fois à l'occasion mais ce soir, ils se dépêchaient probablement à rentrer se réchauffer chez eux. Je n'avais jamais vu un vendredi comme celui-là. Tout était calme. On retrouvait surtout ceux qui faisaient partie du décor coutumier. Gaspard n'avait pas l'habitude de traîner aussi tard. C'est un gars qui m'avait toujours intrigué ce Gaspard. Il s'assoyait seul, ne parlait pas ou très peu aux autres, mais écoutait. Il était toujours près du bar et me regardait toujours lorsque je parlais à un autre client. Il était habillé pauvrement et avait un regard triste. C'était un régulier: il venait chaque jour mais buvait raisonnablement et ne se déplaçait jamais. Le seul soir où je l'avais vu tituber, c'était le soir de l'ouverture officielle de la taverne où il était resté presque jusqu'à la fin. Je me demandais bien quelle sorte de type c'était. Il me saluait toujours poliment et échangeait quelques phrases d'usage en entrant mais jamais plus.

Régulièrement, il y avait un petit garçon d'environ dix ans qui venait l'attendre à la porte arrière. Il faisait pitié le petit, presque pas habillé, au froid. Quelquefois, peut-être quand il avait trop froid, il entrouvrait la porte et faisait « Psitt, Psitt » pour attirer l'attention de Gaspard qui le regardait un instant et se retournait tout de suite. Le petit l'attendait ordinairement pour partir. Il ne venait pas chaque jour mais était là assez souvent. Ce soir, je l'avais entrevu aux alentours de 18 heures, peut-être un peu après. Il avait appelé Gaspard « Psitt, Psitt » et lui avait fait signe de venir quand celui-ci l'avait regardé. Gaspard s'était approché et lui avait parlé quelques instants et le petit était reparti aussitôt. Je n'entendais pas ce qu'il lui disait mais j'avais cependant remarqué qu'il avait l'air très doux avec lui. Il y avait longtemps que je voulais le connaître, Gaspard. Je servis deux verres de bière et je me dirigeai vers sa table.
— Je peux prendre une bière avec toi, Gaspard?
— Mike, tu me fais bien plaisir. Ça fait longtemps que j'ai envie d'aller jaser au bar un peu avec toi comme il y en a d'autres qui font mais je me suis jamais décidé à le faire. Toi, t'es le patron, puis moi je suis rien qu'un pauvre gars. Justement, je me sens pas mal à terre, ce soir. Ça va me remonter de parler un peu avec toi. Assieds-toi, Mike.

Je remarquai tout de suite qu'il avait pris plus de bière que d'habitude à sa façon de parler.
— Je suis content que t'aies décidé de venir me parler, Mike. C'est quand même surprenant un gars comme toi qui vient parler à des gars comme nous autres. Je pensais jamais que tu viendrais t'asseoir avec moi.
— J'ai toujours cru que t'aimais mieux être tout seul, Gaspard. Je pensais que tu ne voulais pas être dérangé; c'est seulement pour ça que je ne

suis jamais venu te voir. Dis-moi, qu'est-ce que tu appelles « un gars comme moi »?

— Bien, je veux dire, toi, t'es un type instruit. T'as étudié. T'as appris un paquet de choses intéressantes. Tu parles convenablement. T'es capable de te présenter devant le monde sans avoir honte. T'as tout pour toi, Mike. Moi, je sais pas parler. Tout ce que je sais faire, c'est un petit ouvrage malpropre. Tiens, regarde-moi les mains. C'est tellement sale et depuis tellement longtemps, que ça part plus, maintenant. Penses-tu que je peux donner la main à quelqu'un avec des mains comme ça? Et puis, j'ai fini l'école en troisième année: c'est bien juste si je sais lire. T'imagines-tu que je suis capable de m'améliorer? Je suis dans ma crasse et je vais y rester pour le restant de mes jours. Je fais un petit maudit salaire de famine; je suis obligé de faire du temps supplémentaire pour réussir à faire manger mes cinq enfants. Les gens me font rire. Ils lisent les journaux et regardent la télévision puis ils viennent la face longue lorsqu'ils entendent parler du Biafra, du Vietnam ou de l'Afrique. La misère, c'est pas ça. La misère, elle est ici. Mike, la misère, c'est nous autres. C'est moi qui es pas capable de me sortir de mon trou, qui es condamné à faire toute ma vie la même cochonnerie d'ouvrage qui m'écoeure. Mais c'est pas juste ça, c'est pire que ça. Parce que moi, je suis comme ça, mes enfants sont condamnés à être pareils. Qu'est-ce que tu veux qu'ils apprennent à la maison? On peut rien leur montrer d'intéressant; on sait rien. Et puis à l'école, dans quelle école tu penses qu'ils sont, hein, Mike? Dans une école de pouilleux. Ils sont avec des pires qu'eux autres qui leur montrent à faire des coups. Excuse-moi, Mike. Tu viens t'asseoir avec moi une fois et je te raconte des choses qui sont pas très intéressantes pour toi. Je trouvais que t'avais l'air inquiet ce soir et puis je suis pas en train de te remonter.

— Non, non, Gaspard. J'aimerais ça qu'on continue à parler comme ça. Ça m'intéresse énormément de t'entendre conter ça, Gaspard.

— Je sais bien que t'as tes soucis, toi aussi, Mike. Tu sais, je parle pas fort, mais j'écoute. Je suis toujours assis ici et j'entends bien des choses. Seulement, je suis pas bavard. Par exemple, je peux te dire que tu essaies de vendre. J'ai remarqué des types qui sont venus ici pour ça. Tu fais bien, Mike. Si t'as une chance de décoller de cette maudite place de damnés, va-t-en au plus vite. C'est pas une place pour toi ici, Mike; t'es trop bien pour ça. Je sais qu'il y a des gars qui veulent t'embarquer dans des combines, mais laisse-toi pas avoir.

Sa dernière phrase m'intéressait. Je me demandais à quoi il faisait allusion. Je fronçai simplement les sourcils sans lui poser de question:

— Tu sais que le type avant toi, il faisait partie de l'Organisation. Ils ont déjà eu un pied à terre ici et ils l'ont perdu. Je sais pas trop ce qui s'est passé. Moi, tu sais, ces affaires-là, j'aime autant pas m'en mêler. Je sais qu'ils ont transporté leurs affaires en face et puis que ça va pas trop bien parce qu'ils se font déranger souvent. Ton type a été obligé de partir parce que la soupe était trop chaude. Je serais pas surpris qu'on le retrouve dans le fleuve une bonne journée. Ils ont encore des gens dans la place. J'ai observé pas mal de choses depuis que je suis assis ici.

J'étais abasourdi. Je me demandais si c'était les divagations de quelqu'un qui a consommé trop d'alcool, et dont l'imagination devient trop fertile ou bien s'il me racontait la vérité. Si lui connaissait cette situation, d'autres pouvaient la connaître aussi, peut-être plusieurs autres. Comment se faisait-il que je ne m'étais rendu compte de rien? Ou bien, je n'avais pas voulu voir. Je m'étais refusé à me poser des questions sur mes prédécesseurs, sur leurs agissements. Je me disais que ce n'était pas de mes affaires. Je voulais recommencer à neuf. Bien sûr, je trouvais curieux que je ne puisse entrer en contact avec eux directement. Mais je n'avais pas été plus loin. Je savais qu'il se passait des petits commerces en-dessous, chez nous, mais comme je ne pouvais rien y faire, je n'avais pas creusé plus profondément. Ce à quoi je n'avais pas pensé, c'était que ces gens pouvaient faire partie d'une organisation bien structurée qui essayait peut-être à nouveau de s'infiltrer chez nous et dont j'enrayais actuellement les activités sans trop m'en rende compte. Plusieurs incidents qui m'avaient paru fortuits alors, me revenaient à l'esprit. Dès mon entrée, j'avais connu toute une série de malchances qui avaient abouti au bris de ma grande vitre de façade. Bien sûr, on avait arrêté le bonhomme, mais pour reprendre la question de l'avocat de la défense, qui m'avait paru insipide auparavant, « n'était-il pas possible que quelqu'un d'autre ait lancé le pot de moutarde? » Oui, par exemple, quelqu'un qui surveillait de près tout ce qui se passait chez nous! Toute cette série d'incidents me paraissait maintenant bizarre, vu sous ce nouvel éclairage. Tout ceci se bousculait dans ma tête pendant que Gaspard me disait:

— Je pense que j'aurais pas dû te parler de ça, Mike. T'as l'air bien ennuyé. J'aurais pas dû faire remonter ça à la surface. T'avais probablement déjà oublié l'ancienne et son gars, puis leurs activités. De toute façon, c'est fini. Tu m'entendras plus en parler.

Mais justement, j'aurais voulu en savoir davantage. Je commandai deux bières à Fred pendant que Gaspard mettait la main dans sa poche comme pour payer.

— Laisse faire, Gaspard, c'est moi qui paye la tournée ce soir.

— Tu devrais voir mes enfants, Mike. Ils sont beaux comme des coeurs. C'est presque de valeur d'avoir mis au monde des enfants comme ça. Tiens, t'as vu mon plus vieux. C'est lui qui vient m'attendre ici des fois. Il me prend par la main et me la serre fort quand on retourne à la maison. J'ai l'impression qu'il comprend pas mal de choses. Je m'arrange bien avec lui et j'aimerais ça faire quelqu'un de lui. Seulement, il sait pas ce qu'on lui a pas montré. Ma femme fait bien son possible mais, tu sais, avec l'instruction que j'ai, je pouvais pas me permettre de marier quelqu'un qui en savait plus que moi. Je lui ai fait cinq petits, coup sur coup. Elle a même pas eu le temps de reprendre son souffle. C'est pas tellement pour le plaisir qu'on a eu à les faire, tu sais! Ma femme, ça l'intéresse pas tellement ce côté-là. Il faut dire qu'on connaissait pas grand chose quand on s'est marié. On savait pas trop ce qu'on pouvait faire et ce qu'on pouvait pas faire. Moi, avec les mains que j'ai, une femme peut pas s'attendre à ce que je sois délicat. Je pense que je l'ai pas mal écoeurée en partant. Après ça, c'est difficile de se rattraper. À présent, il y a plus grand chose d'intéressant entre nous. Quand elle a fini de faire son ouvrage, puis de prendre soin des petits, elle pense à dormir. On se chicane pas, jamais. Elle me raconte que sa laveuse a renversé, puis moi je lui raconte que je me suis pincé les doigts à l'ouvrage et puis ça finit là. Moi, je me sens coupable de les avoir embarqués avec moi. J'ai mal au coeur de la voir travailler comme ça, juste pour arriver à survivre. Et je sais qu'elle est malheureuse de pas pouvoir me donner ce qu'une femme peut apporter à un homme. On traîne notre peau ensemble. On en veut pas à l'autre mais on s'en veut à soi-même d'être ce qu'on est: des tout-nus qui mettent au monde d'autres tout-nus qui mettront au monde aussi des tout-nus. La même histoire se répète de l'un à l'autre et puis il y en a pas un qui est assez intelligent pour l'arrêter ou pour la changer. Mes enfants, ils sont pas malheureux. Ils savent simplement pas ce que c'est que le malheur ou le bonheur. Ce qui me met en maudit, c'est que je peux pas espérer leur apporter autre chose, jamais. Ce que j'avais à leur donner, je leur ai donné le jour où ils sont venus au monde.

— Mais tes enfants, ils sont bien à la maison. Ils sont contents de te voir. Ils sont heureux de retrouver leur mère. C'est peut-être ça leur bonheur à eux.

— Tu sais, Mike, la chaleur, ça s'attrape et puis le froid aussi. Dans la maison, chez nous, comme je te disais tout à l'heure, il a toujours fait froid. Ma femme, puis moi, on est ensemble par hasard; parce qu'un jour, on s'est rencontrés, puis ça nous était jamais arrivé de se frôler sur quelqu'un d'autre et de ressentir quelque chose de bon en-dedans. Mais la période du frôlement, ça dure pas longtemps. Tu te réveilles avec un petit, puis t'es pris pour le faire vivre, même si t'en as pas les moyens. Là, tu te mets à te demander qu'est-ce qu'on fait ensemble, qu'est-ce qui serait arrivé si on était restés chacun de notre bord. Il y a des fois que j'ai envie de dire à ma femme que je l'aime, mais ça a pas d'allure de lui dire ça, puis de la faire vivre comme je la fais vivre. Ce sentiment-là, on l'a chacun de notre côté, puis les enfants, ils le sentent. Un enfant, mon vieux, c'est pas bête. Ça comprend pas, mais ça sent. On dirait que c'est comme un animal qui sent le danger puis qui sait qu'il faut pas qu'il aille de ce côté-là. Des fois, je suis éveillé et je pense que je pourrais aussi bien rester avec la voisine ou bien la femme du coin. On aurait peut-être fait quelque chose de fantastique ensemble, pendant que chacun sur notre bord, on se traîne. Tout ça, c'est un coup de dé, Mike. Mais il y a juste une chose: c'est qu'on a pas grand chance de frapper un « six ». Il y en a qui tombent dessus, mais il y en a un maudit paquet qui tombent sur le « un ». Puis quand ça fait plusieurs fois de suite que tu frappes un « un », t'as plus les moyens de jouer, t'es obligé d'abandonner la partie.

— Mais, tu ne penses pas, Gaspard, que c'est plus facile de s'écraser et de tout abandonner plutôt que de continuer à se débattre pour gagner quelque chose?

— Gagner quoi, Mike? Moi, aussi, j'ai cru à ça pendant un bout de temps. C'est facile pour toi de dire ça, Mike. Tu vis pas dans le même monde que moi. Tu penses que j'ai pas essayé? Gagner quoi? Qu'est-ce que tu veux qui change? Ma femme changera pas: elle est comme ça, puis moi, je le savais pas, parce que je la connaissais pas quand on s'est mariés. Tu peux pas savoir comment quelqu'un va réagir avec un petit sur les bras parce qu'il faudrait que tu lui en fasses un avant. Et puis moi, t'imagines-tu que je vas changer à mon âge? T'imagines-tu que je vas me mettre à avoir des bonnes manières et à parler comme il faut tout à coup. Je reste dans un coin de crottés puis c'est pas entre nous autres qu'on va s'améliorer. Comment veux-tu que je puisse avoir un ouvrage convenable? Tout ce qui peut m'arriver comme changement, c'est que je perde mon emploi, puis que je me retrouve avec un autre à peu près pareil, parce que je sais faire rien d'autre chose.

— Oui, mais au moins tu as du travail puis tu n'es pas tout seul dans la vie. Quand tu rentres le soir, t'as quelqu'un qui t'attend. Tu entends respirer, parler, rire autour de toi. Il me semble que c'est quelque chose ça, Gaspard.

— Tu penses que respirer de la misère en groupe, ça aide, Mike? Tu penses que j'aime ça voir comment mes enfants sont habillés? J'envie le sort de Tom là-bas qui passe pour le gars le plus misérable ici. Lui, il a juste à s'occuper de lui-même. Il a pas à penser à personne. Il est à moitié soûl ou à moitié fou, alors il a pas connaissance de grand chose. Pour moi, ce gars-là, il est jamais heureux ou jamais malheureux; sa vie dépend seulement des programmes qu'il y a à la télévision. Lui, il dépend de la télévision, mais il y a personne qui dépend de lui. Je peux te poser une question, Mike?

— Bien sûr, Gaspard. Tu n'as pas tellement à être gêné avec moi. Vas-y.

— T'aimes ça ici, Mike? Tu te sens heureux dans ce monde de pouilleux?

— Eh bien, écoute, Gaspard. Je ne peux pas dire que c'est une joie quand je rentre ici. Pour moi, c'est un travail et puis je n'ai pas le choix, il faut que je le fasse.

— Tu peux pas me bluffer, Mike. Ça fait assez longtemps que je te regarde. T'es écoeuré de voir tout ça autour de toi. T'es écoeuré de sentir la misère à chaque verre de bière que tu sers. T'es toujours poli, puis t'écoutes les gars te raconter leur salade, mais dans le fond t'as hâte que tout ça finisse. Mais la taverne, toi t'es pas marié avec elle. Tu peux tout lâcher ça là puis recommencer ta vie. C'est ça la différence. Moi, il faut que je continue même si ça mène nulle part. J'ai pas le choix. C'est ça la misère, Mike. C'est pas les camps de concentration au bout du monde, où les gars ils ont encore de l'espoir: l'espoir de sortir un jour et de recommencer à vivre. Nous autres, on a même plus ça. On est condamnés à rester ce qu'on est. Les bonnes femmes, elles regardent la télévision ou elles lisent des romans, puis elles braillent sur des situations qui ne sont même pas vraies, pendant qu'à côté d'elles, il y a des drames qui se passent et que cette misère-là, elles la voient même pas. Toi, Mike, tu l'as vue dès que tu es entré ici et puis, tu sais que tu peux rien faire. C'est pour ça que tu veux foutre ton camp au plus vite et tu fais bien, parce que la misère, c'est comme la coqueluche; ça s'attrape. Le gars qui dit qu'il faut savoir accepter son sort, c'est parce que le sien, il est facile à accepter. C'est facile pour un patron de dire à son petit employé de savoir accepter son petit emploi et son petit salaire. Mais c'est un peu plus difficile d'accepter que t'es barré pour la vie et puis qu'à cause de ça, tes enfants vont l'être aussi.

Quand on était jeune, on nous disait: « Priez, priez; vous allez voir que tout va s'arranger. » Mais le bon Dieu, il devait être occupé ailleurs, peut-être avec des riches qui avaient des problèmes d'argent, parce que pour moi, il y a jamais grand chose qui a changé. On était probablement trop pauvres pour qu'il puisse faire quoi que ce soit. Alors, moi j'ai pas voulu le déranger plus longtemps.

C'était tout un gars, ce Gaspard. Il venait de me brosser tout un tableau d'une réalité que j'avais découverte depuis que j'étais entré chez « Mike ». J'aurais voulu protester mais j'en étais incapable tellement je savais que sa description était vraie. Il m'avait raconté ça presque avec soumission. Il aurait pu m'en vouloir d'appartenir à un autre monde, comme il disait, mais il n'en était rien. Peut-être qu'il sentait, au fond, que depuis que j'étais là, j'appartenais au même monde que lui… Je lui donnai la main et je le quittai. Mais j'avais en même temps le sentiment de l'abandonner à sa vie, à sa misère, à lui-même.

C'était un sentiment que je connaissais bien et que j'avais connu dès mon tout jeune âge alors que j'avais espéré à chaque jour que quelqu'un viendrait me délivrer. Chaque jour, pour moi, était le même et m'étouffait un peu plus. J'avais pensé au début que ça ne durerait pas longtemps mais lorsque le moment se présentait, je n'arrivais pas à exprimer mon désarroi et les miens n'arrivaient pas à le voir ou ne voulaient pas le voir. Dès que j'étais arrivé, j'avais eu le sentiment d'être trompé. J'avais espéré découvrir autre chose autour de moi, mais tout était toujours pareil: c'était toujours le même décor et surtout les mêmes personnes qui ne cessaient de nous répéter: « Il faut être fort si tu veux devenir un homme ». « Les hommes, ça ne pleure pas, voyons. » J'avais toujours été enfermé dans mon petit monde à moi où il n'y avait que tranquillité et paix et tout à coup, j'en avais découvert un autre où j'avais appris le sens des mots moqueries, haine, rancune, vengeance et aussi honte; la honte de faire des choses défendues parce qu'elles m'étaient défendues et la honte d'avoir découvert des sentiments que je ne connaissais pas encore et qui vous faisaient vous sentir coupables. Puis peu à peu, j'avais eu l'affreux sentiment que je ne m'en sortirais pas, que j'étais condamné à rester dans cet endroit que je détestais un peu plus chaque jour et que je n'avais même pas réussi à détruire. J'avais cherché un moyen de m'en sortir mais c'était trop fort pour ma petite tête et je m'étais réfugié dans l'indiscipline qui était pour moi la seule façon de me venger. Le pire, c'était le soir, dans cette terrible noirceur, quand je me retrouvais seul, sans personne à côté de moi et que je sentais infailliblement ma poitrine se soulever. J'avais cru d'abord que ça se passerait mais le même phénomène se répétait chaque soir. Au début, ça n'avait été que de la tristesse mais peu à peu, bien d'autres sentiments étaient venus se greffer sur ces sanglots.

J'avais appris que j'allais avoir une petite soeur et j'avais ressenti un immense bonheur, une espèce de grand vide que vous sentez tout à coup au sein de votre poitrine: du moins, il me semblait que c'était de la joie. Je me rappelle que j'étais demeuré bouche bée en apprenant cela, puis j'avais esquissé un sourire et je m'étais senti gêné car je me souvins tout à coup de ce que les grands disaient sur la façon de faire les bébés. Je regardai alors mes parents d'un autre oeil, c'est-à-dire que je n'osais plus les regarder, car il me vint à l'idée que c'était peut-être pour cette raison qu'ils m'avaient éloigné de la maison. Et alors, je ne pourrais pas sortir avant longtemps, pas avant qu'on puisse la placer à son tour pensionnaire. Au fait, pourquoi ils avaient fait une petite fille? Pourquoi pas m'avoir donné un petit frère avec qui j'aurais pu jouer, peut-être, un jour? Comme mes parents ne vinrent pas, une fois, un jour de parloir, le grand bonheur que j'avais ressenti en apprenant la nouvelle, fit place à d'autres sentiments tout aussi profonds: la jalousie, mais aussi un trou immense qu'on appelle l'abandon.

XIX

Le samedi, je rentrais ordinairement au commerce vers 9 heures et j'y passais la journée. J'y étais depuis environ trente minutes lorsque je reçus des visiteurs. Ils étaient deux. Ils s'identifièrent comme détectives et me demandèrent de les suivre. J'obéis et me rendis avec eux au poste de police. Je pensai tout de suite que l'affaire Roberto aurait des rebondissements mais je me demandais bien ce qui s'était passé. Est-ce que Roberto avait été trop loin? J'avais pourtant essayé de l'empêcher de réaliser sa vengeance. Je savais que quelque part, quelqu'un se devait d'arrêter. Rendu sur place, un autre officier me questionna mais de façon très courtoise.

— Vous savez que vous avez le droit d'avoir recours à un avocat. Vous n'êtes pas tenu de répondre à nos questions. Cependant, comme ce sont des gens de votre établissement qui sont en cause, nous aimerions, avec votre aide, pouvoir rétablir les faits qui se sont produits. Vous n'êtes pas directement impliqué mais vos déclarations pourront servir pour ou contre les personnes en cause.

Je n'étais guère habitué aux différentes procédures et de toute façon, je n'avais rien à cacher, ni personne à protéger. Je décidai donc de répondre du mieux que je pouvais à leurs questions.

— Vous connaissez Marc B. Je crois qu'il se tenait régulièrement chez vous.

Ça me faisait drôle de l'entendre appeler Marc B. C'était la première fois, et j'avais oublié qu'il pouvait avoir un nom.

— Si vous faites allusion à celui qu'on appelait Ti bumm chez nous, je le connais effectivement. Mais j'ignorais son nom de famille. Je dois cependant ajouter qu'il ne fréquentait plus mon établissement régulièrement.

— Est-ce qu'il y avait une raison particulière pour qu'il n'aille plus chez vous régulièrement?

— Oui. Il avait eu un premier accrochage avec Roberto. Celui-ci l'avait frappé et lui avait fait comprendre qu'il ne voulait plus le voir chez nous après que Ti bumm l'eût traité de « petit vieux ».

— Est-ce que vous pouvez nous dire quand c'est arrivé?

— Ah! ça fait une dizaine de jours environ, peut-être un peu moins.

— L'accrochage avait-il été violent? Est-ce que les deux s'étaient battus ou quoi?

— Non, non. Ça avait été très bref. Roberto avait tout simplement sauté sur Ti bumm et l'avait immobilisé, puis lui avait administré une taloche. L'autre n'a eu le temps de rien faire.

— Vous pouvez nous parler de ses agissements à la taverne: de Roberto, je veux dire, avec vous et avec les clients?

— Écoutez, je le connais peu; je n'ai jamais été là très souvent, vous savez.

— Je sais. Mais il a certainement dû vous faire une certaine impression.

— Disons qu'au début, je l'ai trouvé sympathique, mais que de plus en plus, il m'intrigue. Je me demande qui il est. Il a peu de sympathie pour les clients, en général.

— M. Laudais, avez-vous déjà entendu parler de Louis R., auparavant?

— J'ai eu un appel, une fois, à ce nom-là à la taverne. J'en ai même eu un autre au même nom, le lendemain. Mais c'était la première fois que j'en entendais parler. J'en ai dit un mot à Fred et à Roberto qui m'ont répondu qu'ils n'avaient jamais entendu parler de lui.

— Quelle a été la réaction de Roberto lorsque vous lui en avez parlé?

— Il m'a semblé un peu nerveux. Il a insisté sur le fait que ce n'était pas un gars de chez nous. Il m'a fait une drôle d'impression pour dire vrai.

— Quelle sorte d'impression précisément?

— En toute honnêteté, j'ai eu l'impression qu'il connaissait ce bonhomme mais qu'il ne voulait pas en parler. Il était très fuyant ce jour-là, je me souviens.

L'un des officiers se pencha vers l'autre et lui glissa quelques mots à l'oreille. Puis, il se retourna à nouveau vers moi:

— M. Laudais, je pense que vous pouvez maintenant savoir que votre Roberto D. et Louis R. étaient la même personne.

Je demeurai stupéfait. Je ne savais qui était le personnage de Louis R. mais je devinais qu'il cachait quelque chose de louche. Mais quelque chose d'autre m'avait frappé.

— Vous avez bien dit que Roberto « était » Louis R., si j'ai bien compris?

— En effet, les deux personnages n'existent plus. Louis R. a été abattu hier de deux balles à l'abdomen à l'arrière de l'établissement nommé « Le Tonneau ». Il a été transporté d'urgence à l'hôpital mais il était déjà mort. Nous recherchons présentement un suspect en rapport avec cette affaire. C'est à ce sujet que nous voulons vous poser certaines questions. Nous voudrions aussi savoir si c'est Roberto D. qu'on a voulu descendre ou Louis R.

J'étais atterré. La nouvelle m'apparaissait tellement brusque, aussi brusque que la première fois que j'avais vu la mort en face. Je ne pourrai jamais l'oublier. Il y avait des gars avec lesquels on pouvait difficilement s'entendre, évidemment, là-bas au pensionnat. L'un d'entre eux était le grand que j'avais fait punir par la direction et qui, par la suite, s'était vengé. Il était demeuré entre nous une espèce d'antipathie naturelle. Au début, on s'était ignorés, mais par la suite, tout était prétexte à agaceries et à insolences, d'autant plus qu'on faisait partie de deux clans différents et que ma seule force résidait dans les grands qui se trouvaient derrière moi pour m'appuyer. Je pouvais donc me permettre de lui répondre à l'occasion lorsqu'il me traitait de « petit pouilleux » en le qualifiant de « grand morveux », mais je pouvais surtout me servir de mon arme favorite, jouer des tours, sans trop craindre de me faire démolir. Je devenais de plus en plus habile dans cet art et chaque jour, mon imagination m'apportait de nouvelles suggestions. Un jour, c'était le couvercle de la salière dévissé qui lui apportait une désagréable surprise au repas; un autre, c'était la grenouille placée dans son pupitre qui lui causait certains ennuis; une autre fois, la douche d'eau qu'il recevait au dortoir dès que les lumières s'étaient éteintes. Et je recevais toujours l'appui et la protection des grands de mon groupe. Un jour, cependant, je commis l'imprudence de lui lancer une balle de neige pendant que j'étais éloigné de mon groupe. C'était la fin de l'hiver et la neige était fondante: je l'atteignis à l'oreille et il devint furieux. Quand il vit que j'étais seul, il se mit à me poursuivre. Ma seule retraite était dans la fuite. Je me mis à courir et j'avais peur. Je traversai la clôture qui entourait le terrain de l'école: j'étais en terrain défendu et je pouvais encourir une punition sévère, mais je voulais me protéger. Je le vis cependant traverser la clôture à son tour. Il y avait une espèce de petit boisé non loin de là, où il y avait une petite cabane où je pouvais me barricader. J'y avais déjà été avec des grands pour faire des jeux défendus. Je me dirigeai de ce côté en traversant l'espèce de mare d'eau stagnante qui me séparait de la cabane. Je le voyais se rapprocher et mon coeur battait très fort. Je commençais à me demander si je pourrais rejoindre la cabane à temps: si non, je savais alors quel sort me serait réservé. Je courais, je courais et j'étais à bout de souffle quand j'entendis un cri tragique derrière moi. J'hésitai à me retourner mais lorsque je le fis, il n'y avait plus rien derrière moi, plus personne. Pendant un instant, je fus paralysé, ne pouvant réaliser pleinement ce qui s'était passé, puis je regardai autour pour voir si je ne le verrais pas apparaître par miracle. J'aurais voulu le voir surgir derrière moi, m'empoigner et me corriger solidement. Mais il n'était plus là et lorsque je m'approchai tranquillement, je ne vis qu'un grand trou. Toutes sortes de choses me vinrent à l'esprit; je fus pris de panique et je me mis à courir, à courir, à courir...

      Je pouvais à peine y croire. Je pouvais m'imaginer ce qui s'était passé. J'avais d'ailleurs déjà averti Roberto que Marc était armé mais il n'en avait pas tenu compte. Il n'avait été préoccupé que par une idée fixe: se venger. Et voilà où cela l'avait mené. Je me demandais ce qu'il adviendrait de Marc maintenant. J'avais fait tout mon possible pour éviter la rencontre Marc-Roberto mais je n'avais pas réussi. Les deux étaient demeurés sur leur position respective. J'aurais quand même voulu savoir ce qui s'était produit lorsque j'avais quitté Gil. Je le saurais tôt ou tard, bien sûr, mais j'aurais voulu connaître le déroulement immédiatement. On me posait bien des questions mais j'aurais aimé qu'on m'apporte des réponses.

— Qu'est-ce qui s'est passé exactement?

— Nous sommes ici précisément pour essayer de déterminer les faits, M. Laudais.

— Officier, vous pouvez me préciser qui était Louis R.?

— Nous en reparlerons un peu plus tard. Pour l'instant, revenons où nous en étions. Vous avez dit tout à l'heure que Roberto avait eu un accrochage avec Marc. Est-ce que vous pourriez préciser ce qui avait suivi?

Je leur racontai alors ce qui s'était passé à la suite de la bousculade et je relatai les paroles de Marc à notre égard à sa sortie.

— Donc, il aurait dit à Roberto qu'il allait regretter ce qu'il venait de faire. C'est bien ça?

— C'est exactement ce qu'il a dit, mais vous savez, il venait d'être humilié devant les autres et il pensait surtout se servir de Gil pour se venger.

— Parlez-nous donc de Gil un peu.

— Bien. Écoutez. Je ne connais pas grand'chose sur lui. Je sais que c'est une espèce de gros ours, qu'il est très fort et qu'il n'est pas très brillant. Il était toujours avec Ti bumm. Chacun n'avait pas d'autre ami. Ce soir-là, il avait servi une raclée au petit parce qu'il ne lui avait pas dit la vérité. Et peut-être aussi parce que Roberto l'avait incité à le faire. Il lui avait parlé juste avant mais je ne sais pas ce qu'il lui avait dit. Mais ça n'a pas été plus loin que ça: je pense bien que le lendemain, ils étaient déjà ensemble. Vous savez, le gros, c'était une espèce de défenseur du petit et c'était le seul qui pouvait l'écouter.

— Comment il était, le petit, chez vous?

— Eh bien, c'est difficile à dire comme ça. Je peux vous dire qu'il avait de la difficulté à rester en place. Quand il se mettait à parler, il gueulait à plein pouvoir. Les clients ne l'aimaient pas et n'échangeaient pas avec lui. Il venait me parler assez souvent. Moi, je trouvais qu'il faisait pitié et je l'écoutais. Je me rendais compte qu'il n'avait à peu près personne à qui parler.

— De quoi vous parlait-il à ce moment-là plus précisément?

— Ah! vous savez, il était très aigri. Je pense qu'il n'a jamais eu tellement de chance. Il m'a parlé de sa famille, de son père, de la vie chez lui.

— Est-ce qu'il vous a dit qu'il avait fait un certain temps en dedans?

— Oui, il m'en a parlé. Et je crois que ça l'a profondément marqué. Il en veut à tout le monde depuis ce temps-là. Il juge toute la société responsable de ce qui lui est arrivé.

— Ah! vous savez, comme il ne peut pas prendre de responsabilités, il faut bien qu'il les rejette sur quelqu'un! Vous avez parlé d'un premier accrochage tout à l'heure, M. Laudais. Puis vous avez dit que Marc ne devait pas retourner chez vous. Est-ce qu'il se serait produit d'autre chose par la suite?

— Fred et moi, on lui avait permis de revenir, moyennant certaines conditions. Fred, c'est mon autre garçon de table. Mais un jour que les waiters avaient changé d'heure de travail, il s'est retrouvé face à face avec Roberto par un malheureux hasard.

— Vous pouvez me mentionner les conditions que vous lui avez imposées pour qu'il puisse retourner?

— On lui avait demandé de rester assis et de ne plus parler: disons que c'est surtout Fred qui avait à poser ses conditions, étant donné que c'est lui qui demeurait sur place. Moi, j'avais endossé Fred et j'avais dit à Marc de ne jamais se présenter quand Roberto était là. Malheureusement, il ne pouvait savoir qu'il y avait eu un changement.

— Qu'est-il arrivé lorsqu'il s'est retrouvé en face de Roberto?

— Celui-ci lui a administré une solide raclée et l'a projeté dans la ruelle.

— Savez-vous s'il a parlé à Roberto soit avant, soit après l'accrochage?

— Roberto m'a rapporté qu'il n'avait pas eu le temps de dire quoi que ce soit. De toute façon, il y avait longtemps qu'il y avait un conflit entre les deux, vous savez. Roberto ne pouvait pas sentir Ti bumm. Si ça n'avait été que de lui, il l'aurait mis dehors bien avant ça et sans raison majeure. Il y avait une incompatibilité entre les deux au point de départ. Dès la première fois qu'il l'avait vu, Roberto m'avait demandé de le barrer de chez nous. J'avais refusé car je n'avais aucune raison de le faire au début.

—Savez-vous si Roberto avait une raison plus précise de ne pas vouloir voir Marc chez vous?

— La seule chose qui me vienne à l'esprit, c'est que Marc et Gil avaient une amitié un peu particulière, si vous me comprenez bien, que Roberto le savait et qu'il ne pouvait endurer ce genre de chose. Je ne peux voir d'autre raison que celle-là.

— Oui, mais à ce moment-là, il n'aurait pas plus accepté de voir le gros.

Je ne m'étais jamais arrêté à penser à cet aspect. D'ailleurs, je ne m'étais jamais demandé vraiment pourquoi Roberto ne voulait pas voir Ti bumm. J'avais déjà suffisamment de problèmes comme ça, sans me mettre à m'interroger sur les inter-relations des gens qui fréquentaient ma place. Je répondis à tout hasard:

— Peut-être avait-il peur de Gil. Je ne sais pas moi.

— Est-ce qu'il réagissait de la même façon devant Gil et devant l'autre?

— À bien y penser, je dois avouer que non. Il a toujours bien traité Gil et même lorsque le gros venait seul, il allait lui parler. Non, je crois que vous avez raison, ce n'est pas ce qui le faisait détester Marc. Mais je ne peux trouver autre chose à part une certaine antipathie mutuelle qui s'est fait sentir au premier contact. Je me souviens que déjà la première fois qu'ils se sont vus, Roberto avait eu une réaction négative. Au fait, il l'appelait souvent le « p'tit chien ».

— Nous croyons qu'il y a une raison précise qui est tout autre que celle-là. Est-ce que vous étiez au courant que Roberto, à part d'être garçon de table, exerçait un petit commerce assez précis?

J'étais dans l'embarras, car je me souvenais bien de l'avoir pris un jour à apporter une ou deux bouteilles d'alcool. Mais j'avais cru que c'était un fait isolé et je lui avais d'ailleurs fait sentir que ça ne devait plus se reproduire. Je me souvenais aussi tout à coup de la visite d'un acheteur qui m'avait passé certaines remarques qui ne correspondaient pas à grand'chose pour moi à ce moment-là. Je n'avais pas compris tout à fait ses allusions et d'ailleurs je ne l'avais jamais revu, bien sûr. Mais maintenant, tout cela commençait à se préciser dans ma tête. D'ailleurs, dernièrement, j'avais eu certaines appréhensions et je m'étais posé un tas de questions. Peut-être pourrais-je avoir certains éléments de réponse maintenant. Je leur répondis donc:

— J'ai eu connaissance qu'il avait apporté de l'alcool une fois et je lui ai fait comprendre qu'il ne devait plus le refaire, mais c'est tout. À ma connaissance, il n'a jamais pratiqué aucun commerce particulier chez moi. Quant à ses activités extérieures, disons que je ne suis pas au courant de ce qu'il pouvait faire. J'ai suffisamment de problèmes comme ça chez moi, vous savez!

— Louis R. était suivi par nos agents depuis plusieurs semaines. L'enquête allait aboutir. Nous avions un mandat d'arrestation contre lui. Nous savons aussi qu'il n'y avait aucun commerce de ce genre qui se passait lorsque vous étiez présent. Nos agents ont surveillé pendant suffisamment longtemps. On voulait aussi mettre la patte sur les types qui travaillaient pour lui. On était juste sur le point de le faire.

— Je pourrais peut-être vous demander quel genre de commerce il faisait étant donné que ça se passait chez moi, à mon nez, sans que j'en aie connaissance?

— Vous l'avez déjà mentionné, M. Laudais. Il faisait le commerce de l'alcool frelaté, bien qu'il fut très rare qu'il en apportât chez vous. Il prenait plutôt des commandes et il les livrait dans ses heures libres; il a aussi fait le recel de nombreux objets qu'il réussissait à revendre par l'intermédiaire de gens qui se tenaient chez vous.

Tout cela s'était passé presque sous mes yeux et je n'avais rien vu parce que je faisais confiance aux gens. Je n'avais jamais cru que Roberto opérait de cette façon. Tout cela m'apparaissait presque invraisemblable. Bien sûr, je me méfiais de lui, surtout ces derniers temps mais ce n'était pas du tout sur le même plan: c'était surtout au point de vue humain qu'il m'avait déçu.

— Vous avez été surveillé pendant longtemps, M. Laudais, mais nous avons constaté assez rapidement que vous n'aviez rien à faire dans ce système. C'est pourquoi nous vous avons demandé votre collaboration aujourd'hui. D'ailleurs, nous avons cru, au début, que Roberto faisait partie d'un réseau et qu'il n'était qu'un intermédiaire, mais nous avons constaté qu'il travaillait pour son propre compte. C'est lui-même qui allait chercher la marchandise et qui la refilait. Son affaire n'en était pas une d'envergure. Ce n'était qu'une petite organisation de boutique à influence très limitée. Mais les profits ne revenaient qu'à lui seul. Vous auriez pu avoir de sérieux ennuis avec un type de ce genre, chez vous.

— Mais qu'est-ce que tout ça a à voir avec Marc au juste? Je ne comprends pas.

—Nous savons que Ti bumm a travaillé pour Roberto un certain temps, pas longtemps. Il avait refilé de la marchandise pour lui dans d'autres établissements des environs. Mais Roberto ne se fiait plus à lui pour une raison que nous ne connaissons pas. Il ne voulait donc plus le revoir pour aucune considération. Nous savons maintenant que Marc avait une raison de se venger, surtout à cause de la dernière raclée qu'il avait reçue de Roberto. Mais ce que nous cherchons à éclaircir c'est ce que Roberto pouvait bien faire à la taverne « Le Tonneau ». Apparemment, il n'avait pas coutume d'aller là. Nous savons qu'il ne prenait pas un verre. Était-il là par affaire? Ça nous semble extrêmement improbable, étant donné que ce territoire est intouchable et nous ne croyons pas qu'il se serait risqué à cet endroit pour faire du commerce. Est-ce qu'il vous avait parlé de quelque chose, car d'après ses allées et venues, il venait directement de chez vous?

Je savais que je ne pouvais aider Roberto maintenant, mais je voulais aider Marc, car personne ne l'avait fait jusqu'à présent.

— Je pourrais peut-être vous apporter des éclaircissements mais j'aimerais savoir pourquoi vous semblez soupçonner Marc particulièrement. Qu'est-ce qui s'est passé, là-bas?

— Nous n'avons pas dit que nous le soupçonnions plus particulièrement. Nous aimerions que vous répondiez à nos questions, M. Laudais.

— Non, non. Roberto ne m'avait parlé de rien avant de partir de chez nous, répondis-je avec le sourire.

— M. Laudais! Bon d'accord. Je crois que nous avons de bonnes raisons de le rechercher. Nous avons la description des gens de la taverne qui ont vu sortir Ti bumm en vitesse un instant avant les coups de feu, nous avons les paroles de Roberto avant de mourir qui a dit: « Descendez Ti bumm » et les événements qui s'étaient produits entre Marc et l'autre. Je crois que c'est plus que suffisant pour avoir des soupçons. Maintenant, nous aimerions connaître en détail ce que vous savez d'autre à ce sujet.

Ce que je pouvais dire ne pouvait qu'aider Marc, étant donné que Roberto n'avait aucune preuve que Marc avait causé des dommages à sa voiture et que c'est lui qui s'était rendu pour administrer une correction à l'autre. Il y avait donc provocation. Je leur racontai donc en détail l'histoire de la voiture et la réaction de Roberto. J'insistai sur le fait qu'il ne voulait rien écouter et qu'il voulait se venger avant tout. Je dus raconter comment j'avais essayé de protéger Marc, non par sympathie personnelle, mais pour éviter une violence inhumaine.

— Est-ce que vous pensez réellement que les dommages aient pu être causés pas d'autres que Marc?

— Écoutez. Depuis que j'ai mon commerce, je passe de surprise en surprise à chaque semaine. Ce qui me semblait invraisemblable m'apparaît soudain comme la réalité. Bien que toutes les apparences soient contre Marc, je crois que quelqu'un d'autre a quand même pu faire ça.

Je ne pouvais m'empêcher de penser à mon bonhomme au pot de moutarde qui avait été acquitté par le juge bien que tout le monde fut prêt à le condamner.

— Quand vous parlez de quelqu'un d'autre, à qui pensez-vous en particulier?

— Je ne pense à personne en particulier, mais, vous savez, Roberto n'était pas l'ami de tout le monde. Il y avait des clients qu'il détestait. Je puis vous dire que je l'ai déjà vu cracher dans le verre d'un client qui ne lui donnait pas de pourboire; ça se sent des choses comme ça, vous savez. Et puis, son petit commerce personnel pouvait très bien lui attirer des ennuis. C'est d'ailleurs ce que j'ai essayé de lui faire comprendre avant qu'il ne parte rejoindre Marc: que n'importe qui aurait pu faire ça; même un gars un peu trop saoul qui aurait fait ça simplement pour mal faire ou parce qu'il ne savait pas trop ce qu'il faisait. Il y a déjà quelqu'un qui a vidé du ciment dans mes urinoirs, monsieur. Et pourtant, il n'avait pas raison de m'en vouloir. Je venais à peine d'entrer. Je ne crois pas qu'on ait le droit d'accuser Marc comme ça. Il m'a déjà causé du tort et il s'en est excusé par la suite. Je crois qu'il avait besoin qu'on lui donne une chance. C'est ce que j'ai essayé de faire et je n'ai jamais eu de problèmes personnels avec lui.

—On dirait presque que vous essayez de prendre sa défense, M. Laudais. J'ai l'impression que vous n'êtes guère au courant de son dossier. D'ailleurs, il y a d'autres accusations qui sont portées contre lui, dont celle de trafic de drogues. Est-ce que vous avez une petite idée où il pourrait se trouver?

— Écoutez. Je n'étais quand même pas intime avec lui. Tout ce que je faisais, je me contentais de l'écouter et je dois vous ajouter que je ne le trouvais pas particulièrement sympathique. Il y a des moments où moi aussi, j'aurais voulu le voir loin de moi, mais il n'avait personne à qui parler.

—Nous sommes à la recherche de son copain Gil qui pourrait certainement nous apporter des éléments importants. Il est disparu de la circulation depuis le meurtre. Il était assis avec Ti bumm, d'après les témoins et puis quand les gars se sont précipités dehors pour voir ce qui se passait, il a disparu. Si quelqu'un chez vous sait où il se trouve, il serait d'une extrême importance que vous nous transmettiez cette information le plus tôt possible. Avec les renseignements que vous venez de nous transmettre, Marc serait à même de profiter d'une sentence assez clémente peut-être. Mais il faudrait lui mettre le grappin dessus le plus tôt possible car il est dangereux, vous savez. Il peut faire n'importe quoi surtout que maintenant, il va se sentir traqué. Si vous receviez quelque information que ce soit, il faudrait que vous nous la communiquiez pour le bien de tout le monde. Nous savons que nous pouvons compter sur votre collaboration et nous vous remercions d'avoir bien voulu nous aider.

— Messieurs, j'aimerais vous poser une question directe avant de partir. J'ai appris aujourd'hui des choses dont j'ignorais l'existence à l'intérieur de mon établissement. Vous connaissez ma profession; vous savez que je ne peux être là que de temps à autre et vous avez eu l'occasion de suivre la place de près. J'aimerais savoir si vous êtes au courant d'autres activités qui se passent à l'intérieur, à mon insu. Il me semble qu'il serait assez normal qu'en tant que propriétaire, je puisse en être informé.

— Nous pouvons vous dire qu'il s'est passé toutes sortes de choses chez vous avant que vous arriviez. Vous devez en être au courant. Maintenant, je crois que vous avez pris connaissance de ce qui se passait depuis votre arrivée et je puis vous affirmer que vous n'êtes pas concerné. Pour le moment, tout semble normal. Mais confidentiellement, vous devriez voir à ce que vos waiters poinçonnent la caisse à chaque fois qu'ils vendent une bière: il semble y avoir des « oublis ». Mais ça, ce n'est pas notre problème à nous.

Il me dit ça en souriant et je partis après avoir échangé quelques formalités.

Enfin, je me retrouvai seul et je me sentais complètement à plat. J'avais un tas de choses à digérer tout d'un coup. Je venais d'apprendre qu'un type qui avait travaillé à mes côtés venait de se faire descendre et qu'un autre gars que j'avais côtoyé en était tenu responsable. Je me sentais tellement pris au milieu de ces deux-là. J'avais essayé d'éviter des conflits entre eux continuellement, et je voyais où en était l'aboutissement de mes efforts. Je me demandais s'il valait la peine de se battre pour des gens comme ça ou s'il ne valait pas mieux les laisser à leur propre sort. Que serait-il arrivé au fait si je ne m'étais nullement mêlé de cette situation? Il y avait, bien sûr, toutes sortes d'hypothèses. Mais la situation n'aurait pu être pire qu'elle l'était maintenant. Pourquoi ne pouvais-je réagir comme les autres taverniers qui, lorsqu'ils étaient dérangés, se contentaient de dire: « Foutez-le à la porte, les gars. Il a assez gueulé pour ce soir. » J'aurais aimé être de la même race qu'eux. « Un commerce, c'est pas une affaire de coeur. On n'a pas à écouter les boniments de chacun. C'est une affaire de piastres. » « S'il y en a un qui vous dérange dans votre comptabilité, foutez-le par-dessus bord. De toute façon, des biberons, on a pas à courir après ça; ils viennent par eux-mêmes tout seuls, sans qu'on ait à les traiter de façon spéciale. » « Quand vous l'aurez mis dehors, une couple de fois, il viendra plus vous embêter. Chacun a assez de ses propres soucis, sans écouter ceux des autres. » « S'il faut se mettre à écouter les lamentations de chacun, on a pas fini d'avoir de la misère. » « Une taverne, c'est une place pour boire, c'est pas un confessionnal. » Oui, mais voilà! J'aurais voulu être capable de réagir ainsi. Mais pour moi, la vie, c'était un échange. Ça avait toujours été ça pour moi. Même le plus pouilleux de mes clients, malgré la répugnance que j'avais pour lui, avait quelque chose à me dire, peut-être quelque chose à m'apprendre. Et ce qu'il avait à m'apprendre, c'était peut-être le sens de la misère humaine que je n'avais pas connue comme telle mais que j'étais en train de fréquenter peu à peu, de découvrir aussi, et d'essayer de comprendre et d'aider. Je venais aussi d'apprendre qu'un type en qui j'avais mis ma confiance, puisque je le laissais seul pendant des journées complètes, venait de profiter de la situation qu'il exploitait à son avantage, à mes dépens. J'étais fort déçu. Je ne l'avais jamais soupçonné d'une telle activité. Comme dit le vieil adage: « Les méchants sont toujours punis. » Oui, mais ça m'apportait quoi que Roberto soit puni et soit dans sa tombe avec deux trous dans le ventre? Je n'avais rien à en tirer à aucun point de vue. Je me demandais ce qu'il avait cherché dans une telle aventure à part une certaine compensation finan- cière. Oui, mais il est vrai que c'était suffisant pour faire marcher la plupart des gens; les faire marcher, je devrais dire les faire courir. Combien n'étaient pas prêts à sacrifier tout, famille, dignité, amitié pour la piastre, la maudite piastre qui était le centre de leur vie? Roberto était un gars qui aurait pu, il me semble, faire une vie convenable. Évidemment, il n'avait pas l'emploi idéal et le salaire le plus fantastique, mais il était indépendant. Il aurait pu s'organiser une vie à sa mesure où la tranquillité aurait prédominé et où le souci du lendemain n'aurait pas existé. Après tout, il devait travailler certains soirs mais il y avait aussi des jours où il ne commençait à travailler qu'à 16 heures. Et puis il y avait sa fille dont il m'avait parlé brièvement. Il aurait pu lui consacrer plus de son temps et s'appliquer à en faire quelqu'un plutôt que de la laisser dans son pensionnat. Peut-être lui rappelait-elle trop sa femme! Mais la petite n'en était tout de même pas responsable et avait droit à un père. Il aurait pu se permettre de pratiquer certains sports, de mener une vie intéressante. Mais il avait voulu avoir plus d'ambition, c'est-à-dire avoir plus d'argent, toujours plus d'argent. Pourquoi au fait? Pour en profiter? Je ne sais pas. Peut-être pour se permettre d'être au-dessus des autres, de dominer les autres, d'écraser les autres, les faibles, ceux qui n'avaient pas réussi, qui n'avaient pas d'argent, qui avaient déjà été écrasés auparavant. J'avais déjà été touché par un gars comme Roberto. Je l'avais écouté et j'avais compati avec lui. Mais maintenant qu'il n'était plus là, je sentais surtout du dégoût à son égard. Il n'avait rien réussi à construire, il n'avait fait que démolir, y compris lui-même. C'était une triste réalité. Quelle pénible constatation que de voir ainsi des êtres humains se démolir entre eux, afin d'atteindre des buts tellement aléatoires.

Mais au fait, n'avais-je pas essayé d'obtenir la même chose que Roberto? Moi aussi, j'avais la sécurité et l'indépendance. J'aurais pu me contenter d'une certaine tranquillité mais je l'avais refusée pour essayer d'obtenir plus. Obtenir quoi, au juste? Obtenir plus d'argent, peut-être! Oui, je crois que c'est ça. Qu'est-ce que ça pouvait vouloir dire d'autre? Améliorer mon sort ou celui de l'humanité? J'en doute. J'avais donc à faire face à une réalité qui n'était guère plus brillante que la première, c'est-à-dire que j'avais agi comme Roberto et comme tous les Roberto du monde. J'avais voulu améliorer mon sort avant tout. J'avais pensé à moi avant tout. Et j'étais en train de le regretter amèrement.

XX

Je retournai à la taverne tôt l'après-midi. Je ne peux pas dire que j'étais pressé d'y remettre les pieds. Pour le moment, c'était la cause de tous mes malheurs et jour après jour, j'avais à faire face à de nouvelles situations qui me semblaient toujours plus pénibles les unes que les autres. Je me demandais jusqu'où la résistance humaine pouvait aller. Jusqu'à quel point pouvait-on endurer ce genre de situation sans flancher. À quel moment précis Tom avait-il perdu la raison dans son trou et était-il devenu ce qu'il était aujourd'hui? Il devait y avoir un déclic tout à coup qui faisait que les événements antérieurs remontaient à la surface et venaient se greffer sur la situation présente afin de mieux nous étouffer. Tom avait déjà été un gars lucide. J'aurais voulu revoir le film de sa vie et saisir à quel moment la transition s'était opérée. Ce n'était pas une transition brusque bien sûr, mais il y avait un événement à un moment précis qui venait déclencher le mécanisme. Était-ce lorsqu'il avait été témoin du massacre, lorsqu'il avait vu le type à côté de lui se faire transpercer; lorsqu'il était resté seul dans le silence de la nuit par la suite ou qu'il s'était promené pour palper les cadavres; ou bien encore était-ce au moment où il avait constaté qu'il était abandonné, qu'il avait survécu à tout ce cauchemar pour rien, pour se retrouver encore seul comme la nuit du massacre? J'aurais voulu savoir. Car j'étais parfaitement conscient que je ne pourrais durer éternellement ainsi. Je sentais que le déclic allait se produire, ce moment où vous n'avez plus envie de vous battre, de vous défendre parce que ça n'en vaut plus la peine, où vous décidez de tout abandonner et de vous laisser aller au gré des événements, où vous devenez un esclave face à la vie car vous avez perdu toute maîtrise de vous-même. J'avais éprouvé ce sentiment déjà auparavant, à maintes reprises, même, au cours de ma courte vie, mais jamais avec une telle intensité. Je me sentais maintenant assailli de toutes parts. L'affaire Marc-Roberto venait de me démontrer encore une fois l'échec de ma tentative d'aider les gens; les aider à se parler, à s'écouter, à se comprendre ou au moins à se supporter, à s'endurer. Je constatais chaque jour que ce que l'on reproche à l'un est souvent causé par le remords provenant de ce que l'on a fait soi-même. Roberto était furieux lorsque Marc venait m'emprunter de l'argent: il me disait que je ne le reverrais jamais cet argent. Et pourtant, je savais pertinemment que lui-même se servait à mes dépens mais sans avoir le courage de me demander pour « emprunter ». Combien de chances je lui avais données à Roberto!

Lorsque j'avais trouvé des bouteilles d'alcool, j'aurais pu le renvoyer. Évidemment, il y avait toujours un côté égoïste, étant donné que je n'avais personne pour le remplacer mais quand même! Je me souviens de ses inventaires qui ne balançaient pas et pour lesquels il trouvait toutes sortes d'excuses. Combien de fois j'avais joué les innocents afin de camoufler ses bévues! Il aurait pu comprendre, il me semble. Et pourtant, lui, quelle chance avait-il accordée à Marc? Il ne lui avait même pas permis de parler lorsqu'il était arrivé face à face avec lui. En fait, il avait surtout voulu prouver à lui-même et aux autres sa force, sa supériorité sur un pauvre type. Au fait, j'allais devoir le remplacer. Et pour le moment, personne ne me venait à l'esprit. Il faut dire que je me sentais pas mal vidé. J'avais cependant une crainte: c'est que le syndicat m'envoie quelqu'un et que n'ayant pas le choix, je sois forcé de le prendre. J'aurais préféré engager quelqu'un que je connaisse. Mais j'avais peu de temps. Je devais trouver un garçon pour lundi prochain et on était samedi. Mais j'y pense tout à coup; j'étais censé recevoir un acheteur le lendemain; celui qui semblait très intéressé, car il avait fort insisté pour me rencontrer. Peut-être serait-ce la solution à mon problème? C'est-à-dire que je devrais quand même trouver quelqu'un pour remplacer Roberto, mais je n'aurais pas à me montrer trop difficile, étant donné que ce serait une situation temporaire. Je n'osais espérer. Pour le moment, je devrais demander à Fred de prolonger sa journée de travail afin de remplacer Roberto pour raison majeure.

Avant de pénétrer dans la taverne, je demeurai quelques instants assis dans ma voiture. Le seul espace réservé pour stationner à l'arrière ne serait plus occupé par la voiture sport grise que j'étais habitué d'y voir. J'avais toujours laissé priorité à Roberto pour s'y stationner, étant donné qu'il devait rester plus longtemps que moi; je me trouvais toujours une place ailleurs, même si c'était souvent difficile. Aux nouvelles, on était en train d'annoncer qu'il y avait eu un meurtre la veille, à l'arrière d'un établissement commercial. On recherchait un suspect en rapport avec cette affaire. On disait qu'il s'agissait probablement d'un règlement de comptes. C'était bien un règlement de comptes, en effet, mais pas du tout au sens où on l'entend ordinairement: un règlement de comptes comme il s'en passe chaque jour entre des centaines d'individus, entre frère et soeur, entre mari et femme, entre parents et enfants, entre professeurs et élèves, où l'un doit prouver à l'autre qu'il le domine et où il tente de l'écraser. Mais celui-ci prenait une tournure beaucoup plus tragique parce que la vie d'un homme était en cause et que la liberté d'un autre était menacée. Mais il y avait quand même des centaines d'hommes en liberté et qui, pourtant, en avaient écrasé d'autres, en avaient fait des cadavres ambulants. N'était-il pas mieux d'être un Roberto que d'être un Tom?

Enfin, je me décidai à entrer. L'odeur me parut plus forte que d'habitude. Je me rappelai ma première visite lorsque j'avais fait l'inventaire avec le propriétaire et l'impression qui m'en était restée. C'était un mélange de fumée, de sueur et de bière auquel je m'étais peut-être habitué mais qui, maintenant, m'apparaissait irrespirable. J'avais mal au coeur. Les gens que j'avais voulu aider, avec qui j'avais compati, que j'avais peut-être même quelquefois aimés, et souvent endurés en silence, m'apparaissaient tout à coup comme laids et insupportables. Je crois que je retrouvais en un éclair le sentiment qui avait dû habiter Roberto pendant longtemps. Je les regardais et je les haïssais. Je les haïssais pour tout ce qui m'arrivait même s'ils n'en étaient pas responsables. J'aurais voulu me retrouver loin d'eux et surtout ne jamais les revoir. Comment envisager l'image de cette misère et constater en même temps son impuissance, sans se révolter intérieurement? Je comprenais ces images que j'avais déjà vues d'une personne qui se met à crier et à crier tout à coup et qui m'avaient paru insensées à ce moment-là. Pour moi, elles prenaient un sens soudainement car en entrant, c'est ce que j'eus envie de faire: me mettre à hurler, de toutes mes forces, pour ameuter les gens de la rue, de la ville et du monde et leur dire:

— Regardez de quoi ils ont l'air. Regardez-les. Toi, toi, vous… vous en êtes responsables. Regardez de quoi j'ai l'air moi aussi! Regardez ce qu'eux ont fait de moi! Je vous condamne à rester là et à nous regarder jusqu'à ce que vous ayez compris ce qu'est la souffrance humaine. Alors vous pourrez partir et vous ne serez plus jamais les mêmes.

Mais je ne dis pas un mot et je crois que je réussis même à sourire en entrant. La nouvelle avait déjà fait du chemin, bien sûr, et les commentaires aussi. On m'attendait avec impatience pour pouvoir confirmer les théories qu'on avait déjà élaborées. Seulement, je n'avais pas envie de parler. Je n'avais pas envie de condamner l'un et d'excuser l'autre. Eux ce dont ils avaient surtout besoin, c'était d'un bouc émissaire, d'un coupable qu'ils auraient pu déchiqueter et sur lequel ils auraient pu déverser leur haine. J'entendis peu à peu toutes sortes de bruits qui couraient déjà, depuis le matin, depuis la première nouvelle qu'on avait eue du meurtre, partant de divers groupes ici et là. Chacun d'eux prétendait bien sûr, avoir une information bien précise. On disait, par exemple, qu'il avait une maîtresse dans le coin et qu'il aurait été descendu par le mari qui l'avait appris. « Tu sais bien, Roberto, il aimait les femmes. Quand il en voyait une à la télévision, il s'amusait à nous raconter ce qu'il ferait avec elle si elle lui tombait dans les mains. J'ai toujours pensé qu'il pourrait lui arriver quelque chose s'il s'occupait trop de ces créatures. Il faut s'en tenir le plus loin possible. Moi, je suis sûr que c'est une affaire de femme. » « Ça ne peut pas être autre chose. De toute façon, il avait pas d'autres activités dans sa vie. » - « Je trouve ça de valeur d'aller crever bêtement comme ça à cause d'une femme. Il y en a pas une qui vaut ça. » - « C'est pas le mari qui devrait être enfermé; c'est la bonne femme, pour l'avoir fait marcher. »

« C'est de valeur pour Roberto. C'était un bon gars. A part son penchant pour les femmes, je pense qu'on pouvait rien lui reprocher. » - « T'as raison. Moi, il m'avait conté une couple d'affaires qu'il avait eues avec des femmes. A ce moment-là, moi, je l'enviais; je me disais qu'il était chanceux de pouvoir les avoir ainsi. Mais quand je vois ce qui lui est arrivé à cause de l'une d'elles, je suis content d'être à ma place. » « Moi, je me demande ce que ça peut être cette femme-là. Elle doit se sentir drôlement mal à l'aise. En fait, tout ça, c'est de sa faute. Les femmes, ça devrait pas exister... » - « J'ai une idée qui ça peut être. J'ai entendu dire quelque chose par un de mes amis... »

J'avais envie de leur dire de fermer leur gueule au lieu de faire de la projection, et d'asperger les gens de leur venin pour le plaisir de se défouler, sans avoir la moindre idée de ce qui s'était passé. Je me suis fait poser des questions tout l'après-midi. Mais j'en avais eu assez de la session du matin. Je me contentai de répondre qu'on m'avait questionné sur Roberto et sur ses agissements, c'est tout.

Il y en avait d'autres qui disaient qu'il avait été descendu par erreur. « Tu sais bien, Roberto ne se tenait jamais dans ce coin-là. Il a dû avoir à faire une course là-bas et quelqu'un l'aura pris pour un autre. Je peux pas voir d'autres possibilités. » - « C'est trop bête de mourir comme ça, par erreur! Ça prouve qu'on sait jamais ce qui nous attend. Mon vieux, tu peux être assis ici et quelqu'un rentre et te tire dessus. Tu te retrouves de l'autre côté et puis tu sais même pas pourquoi. » - « C'est quand même curieux. Ça aurait pu arriver à n'importe qui; à toi, par exemple. Bien oui, mon vieux. Tu sais pas ce qui t'attend. Pauvre Roberto. Je sais pas qui va le remplacer ici? » - « Si on pouvait avoir Roland comme autrefois. Ça, c'était le bon temps. » T'en rappelles-tu? Toujours de bonne humeur, mon vieux. » « Je pense bien qu'on retrouvera pas ce temps-là. On dirait que les années sont de plus en plus difficiles, de la chicane, des meurtres. On dirait que les gens sont plus capables de s'entendre. C'était pas comme ça, il y a quelques années. » - « Moi, mon vieux, je me demande où on s'en va avec tout ça. À peu près le seul temps où je me sentais en sécurité, c'est quand j'étais ici en train de prendre ma petite bière. Et puis là, je m'aperçois que c'est aussi dangereux que de traverser la rue dans la circulation le vendredi soir. » - « C'est pas un cadeau de vivre à présent. Tu sais jamais quand est-ce que tu vas mourir et comment. On vient encore d'en avoir la meilleure preuve aujourd'hui. » - « En tout cas, j'espère bien qu'ils vont mettre la main sur le gars qui a fait ça, parce que Roberto, il méritait pas de finir comme ça. Je pense qu'il avait droit à autre chose que ça. » - « Si ça avait été un autre gars qu'on connaît pas ou bien un gars comme Tom, ça aurait pas été pareil, mais Roberto, on était habitués à lui, puis je trouve que c'est écoeurant de l'avoir abattu. »

Fred avait l'air particulièrement surexcité et inquiet. Il n'avait jamais été un grand ami de Roberto, mais ça le touchait quand même de près. Je lui demandai pour remplacer Roberto ce soir-là, mais il me répondit qu'il ne pouvait pas, qu'il avait un engagement qu'il ne pouvait absolument pas remettre. Je décidai donc que ce serait moi qui resterait ce soir-là pour servir les clients.

Un autre bruit qui circulait et qui parvint jusqu'à moi assez rapidement était celui à l'effet que Roberto faisait partie de la petite pègre locale. Il avait été parti par des gars qui avaient fait affaire avec lui évidemment et il fit boule de neige. Ce ne fut pas long que tout le monde était au courant du petit commerce de Roberto mais il prenait tout à coup de l'ampleur.

— Moi, je sais qu'il faisait de la distribution d'alcool frelaté. Je l'ai vu souvent en apporter ici à des gars qui en demandaient. C'est quand même pas tellement grave.

— Non, mais il faisait d'autres choses que ça. Il vendait de la lingerie aussi: toutes sortes d'articles. Moi-même, je lui ai acheté une chemise, une fois. T'avais juste à lui demander ce que tu voulais et puis quelques jours après, il te l'apportait. Je sais pas pour quoi ni pour qui il travaillait mais je peux te dire que ça ne lui prenait pas de temps à avoir la marchandise. À part ça que c'était du bon et il faisait des bons prix, le Roberto. C'était un bon type. Il essayait toujours d'arranger ça pour que ça fasse notre affaire.

— Oui, mais je pense qu'il y a des choses que vous savez pas, les gars.

— Qu'est-ce que tu veux dire par là?

— C'est peut-être mieux que j'en dise pas trop.

— Écoute, on voudrait savoir ce que tu veux dire. Ce qu'on sait pas, on veut le savoir. De toute façon, Roberto, il est plus là; il y a plus personne qui peut lui faire du tort.

— Eh bien. Je veux dire que la marchandise, il allait pas l'acheter au magasin, vous comprenez?

— Qu'est-ce que tu veux dire? Que c'était de la marchandise volée? C'est bien possible, ça, mais c'était pas lui qui la volait, alors ça a pas d'importance. Lui, il payait pour ça, alors il avait bien droit de la revendre.

— Qu'est-ce qui te dit qu'il la volait pas la marchandise, hein? Tu le sais pas, mon vieux. Roberto avait pas mal d'heures libres. Il avait le temps de faire toutes sortes de choses qu'on sait pas. Moi, je lui ai jamais posé de questions.

— Ah non. Il avait pas l'air de ça. C'est pas un gars qui aurait été voler le monde. Tu le sais, il a toujours été correct avec nous autres. On s'en serait aperçus si ça avait été un voleur. Pas Roberto. Jamais de la vie. C'était un gars comme nous autres. Il avait rien de plus et puis, il parlait comme nous autres. Un voleur, c'est pas un gars comme ça.

— Bien, moi, mon vieux, je pourrais te conter pas mal de choses sur les activités de Roberto parce que je le connaissais pas mal intimement. Puis, je suis au courant de toute l'affaire. Mais, j'aime autant pas parler. Il y en a qui seraient surpris.

— Voyons, voyons. Nous autres, on est des amis. Je pense que tu peux tout nous dire. Je vois pas pourquoi tu nous cacherais quelque chose. De toute façon, ça reste entre nous.

— On va prendre une bière et puis après, on pourra parler plus sérieusement. Envoie huit bières, Mike. T'as l'air débiné, mon Mike. T'en fais pas. Tu vas trouver quelqu'un d'autre pour le remplacer. Roberto, c'était pas un mauvais type mais c'était pas le meilleur waiter que tu peux trouver. Tu vas voir, Mike que ça sera pas long que tu vas pouvoir en trouver un meilleur.

—Laisse faire, c'est moi qui paye. Je suis intéressé à entendre « ton histoire ».

— À votre santé, les gars et puis à Roberto.

— Continue, continue. On veut en savoir plus long sur cette affaire-là.

— Bon, correct. Roberto, il ne volait pas la marchandise, mais je peux vous dire qu'il avait des gars qui la volaient pour lui et qui étaient engagés par lui. Lui, il se chargeait de la refiler ici à des gars comme nous autres. Et puis, il faisait pas ça pour vos beaux yeux.

— Oui, mais il était forcé de faire faire ça par quelqu'un d'autre. C'est pas de sa faute s'il était obligé d'écouler de la marchandise. Je suis sûr que s'il avait pu...

— Non, non, non. C'est lui qui était en charge de toute l'affaire. Il faisait voler le stock, il l'écoulait et il le faisait écouler par d'autres. Il était en charge de tout le réseau. Le fait qu'il ait été trouvé à une autre taverne prouve qu'il avait des relations à différents endroits. Au fait, il était le chef de l'organisation de tout un réseau qui s'étendait un peu partout.

— Tu veux dire que c'est lui qui aurait dirigé la petite pègre ici? Moi, je peux pas croire ça. C'est une affaire qui ne tient pas. Voyons donc.

— T'es pas obligé de le croire, mais c'est un fait. Je pourrais même te nommer des gars qui ont travaillé pour lui. Il y en a qui sont encore ici. Je suis au courant de pas mal de choses. Je pourrais vous en conter pendant longtemps.

— T'aurais pas travaillé pour lui, par hasard? T'as l'air bien renseigné, il me semble.

— Non, mon vieux. Moi j'étais pas intéressé à finir comme il a fini. Je le savais que c'était pour arriver tôt ou tard. Ces gars-là, ça finit toujours par s'entretuer.

— Tu veux dire que c'est un de son organisation qui l'a descendu, si je comprends bien?

— C'est pas nécessaire d'être un expert pour savoir ça. J'ai même une idée de qui ça peut-être. Je sais qu'il devait de l'argent à des gars: j'ai l'impression qu'ils en avaient peut-être assez d'attendre. De toute façon, je veux pas en dire trop parce que j'ai pas envie de me faire ramasser par la police pour me faire questionner. S'ils ont des choses à trouver, qu'ils les découvrent par eux-mêmes; ils sont là pour ça. Moi, j'ai rien à leur dire.

— Ah bien, ça, mon vieux, tu me renverses. J'aurais jamais cru ça de Roberto. Je trouvais qu'il avait l'air d'un bon type. C'est vrai qu'à certains moments, je le trouvais étrange, à bien y penser. Même des fois que je me posais des questions à son sujet.

— Moi, j'ai toujours pensé que ce gars-là avait quelque chose à cacher. Je savais que c'était pas un des nôtres. Ça se sent une chose comme ça, mais ça s'explique pas.

— Oui, c'est vrai, il a toujours été fuyant. Il était toujours pressé de partir après l'ouvrage.

— Moi, je l'ai vu souvent parler à des gars que je connaissais pas. Je m'étais jamais passé la remarque. Mais c'était certainement des gars avec qui il faisait ses affaires.

— Dans le fond, c'était un maudit beau salaud. Il nous refilait de la marchandise volée et c'est nous qui aurait pu se faire prendre avec ça. Lui, tout ce qu'il voulait, c'était de se débarrasser de ses cochonneries. C'est pas honnête.

— Oui, à part ça pour du stock volé, il nous vendait ça quand même pas mal cher, si tu considères que lui, ça lui coûtait à peu près rien; parce qu'il devait certainement faire travailler ses gars pour pas cher. C'est peut-être pour ça qu'il s'est fait tirer aussi. Moi, j'ai pas tellement de pitié pour lui.

— En fait, il a eu exactement ce qu'il méritait. Il a couru après. Quand tu mènes une vie comme ça, tu peux t'attendre de mal finir, un jour ou l'autre.

Les commentaires continuaient ainsi entre deux bières. Roberto qui n'était, en fait, qu'un pauvre petit receleur, au champ d'action très limité, était devenu tout à coup une sorte de personnage extrêmement important qui dirigeait des activités aussi importantes. Je me demandais s'il eût été content de cette forme de promotion.

Il y avait aussi ceux qui avaient soulevé le rappel de l'accrochage qui avait eu lieu entre Roberto et Ti bumm. J'avais espéré que personne n'en reparlerait mais l'inévitable se produisit. Bien sûr, lors de la dernière bousculade entre les deux, il n'y avait que Tom de présent mais la nouvelle s'était répandue et Roberto, d'ailleurs, n'avait pas été sans se vanter d'avoir eu le meilleur dans cet échange. Il avait aussi parlé de l'état de sa voiture à certains et n'avait pas hésité à dénoncer celui qu'il croyait le responsable. Ce qu'il y avait de curieux dans cet échange, c'est que ceux qui avaient été partisans d'une théorie se ralliaient souvent à une autre dépendant surtout de la force de persuasion de ceux qui la défendaient le plus farouchement. Et je constatai ainsi que la thèse voulant que Ti bumm soit le coupable souleva peut-être le plus de discussions et rallia en même temps le plus de partisans. J'étais quand même écoeuré de cette forme d'enchère. Ti bumm n'avait pas grand monde pour le défendre car il avait été sympathique à peu de gens dans sa vie et il était d'autant plus facile de le démolir qu'il n'était pas présent et ne pouvait se disculper. Les seuls qui refusaient cette possibilité étaient ceux qui avaient avancé eux-mêmes une théorie et qui, après l'avoir soutenue, ne voulaient pas avouer la faiblesse de leurs arguments. La théorie « Ti bumm » prit peu à peu de la force, car il y avait des gars qui avaient été aux nouvelles au « Tonneau » et qui s'empressèrent de rapporter ce qu'ils avaient entendu là-bas, tout en prenant bien soin d'y ajouter leurs propres commentaires, bien sûr.

— Moi, j'ai un ami qui m'a dit que Roberto lui avait raconté qu'il avait aperçu Ti bumm autour de sa voiture la veille. Tu sais que Ti bumm haïssait Roberto. Il avait déjà sauté dessus une couple de fois. Il était capable de n'importe quoi.

— C'est un petit maudit sauvage. J'ai toujours su qu'il était dangereux. C'était pas un gars d'ici. Il a jamais voulu parler à personne ici. Vous le savez, les dernières fois qu'il est venu ici, il s'installait dans son coin et puis il disait pas un mot. Il devait certainement mijoter des mauvais plans.

— Moi, la première fois que je l'ai vu, j'ai trouvé qu'il avait une face de tueur.

— De toute façon, il a toujours été sournois. C'est officiel que c'est lui qui a massacré la voiture de Roberto. Il faisait des menaces à tout le monde. Il a même menacé Mike, un soir. J'étais ici ce soir-là. Et pourtant, je pense que Mike avait pas mal pris soin de lui.

— En fait, il avait toutes les raisons du monde de descendre Roberto. Si vous vous rappelez, c'est Roberto qui l'avait fait barrer d'ici et puis ça, il lui a certainement jamais pardonné. Il y a une chose que je me demande; c'est comment il se fait que Roberto était rendu dans ce coin-là. Je peux pas voir ce qu'il allait y faire.

— Bien, moi, je sais que Roberto a parlé à des gars ici, hier soir, puis apparemment il savait où était Ti bumm puis il voulait lui casser la gueule.

— Voyons, Roberto pouvait pas savoir que Ti bumm était au « Tonneau ». Il s'était jamais tenu là. Et puis le « Tonneau », c'est pas assez proche pour que les nouvelles se rendent ici. Et puis, à part ça, Roberto, c'était pas un type pour casser des gueules, tu sais. Non. Moi, j'ai plutôt l'impression qu'il a été attiré là-bas.

— Comment veux-tu qu'il ait été attiré là-bas?

— Voyons donc. Il y a toutes sortes de façon pour attirer quelqu'un à un endroit. C'est pas tellement compliqué. Il a pu faire appeler quelqu'un d'autre qui a fixé un rendez-vous à Roberto: son gros copain, par exemple. Ces petits sournois-là, mon vieux, ça peut être rusé des fois: quand ça a quelque chose dans la tête, ça peut trouver toutes sortes de moyens pour réussir.

— C'est bien sûr. Il y a des dizaines de raisons pour lesquelles Roberto pouvait être là. Mais c'est évident que c'est Ti bumm qui s'est arrangé pour le faire venir, parce que Roberto se tenait pas dans ce bout-là. Moi, je pense que Mike aurait dû le mettre dehors au début. Il avait pas d'affaire ici. Il venait seulement pour faire du trouble.

— Mike, il est trop doux avec des gars comme ça qui méritent seulement de se faire traiter à coups de pied dans le cul. Ce qu'il lui manquait, c'est une bonne correction. Roberto aurait dû en profiter pour le massacrer quand il l'avait à sa portée. Un chien, il faut que tu le traites en chien et puis s'il essaie de te mordre, tu frappes encore plus fort. C'est la seule façon de le dompter.

— En tout cas, j'espère qu'il va se faire ramasser et puis qu'il va payer cher pour ça. Moi, mon vieux, des gars comme ça, j'aurais pas de pitié pour eux. On devrait les mettre sur la place publique puis les fouetter au sang pour donner un exemple à ceux qui auraient envie de faire pareil.

— C'est vrai ça! Il faut que tu sentes que t'es protégé. Sans ça, n'importe quel morveux peut te tirer une balle dans le dos et puis t'as rien à dire là-dedans.

— En fait, on est bien trop doux pour des types comme lui. Ces gars-là, ils ont chambre et pension payées par nous autres. On devrait avoir le droit de déterminer ce qu'on va faire avec eux. Moi, il faudrait pas qu'un gars comme Ti bumm me tombe dans les mains, parce que je te garantis qu'il souffrirait le martyre pendant un bout de temps.

— En tout cas, c'est pas juste de voir des gars comme ça, qui ont eu toutes les chances, s'en tirer aussi facilement. Il faudrait pas que je sois juge, moi.

— T'aimerais pas ça, toi, voir Ti bumm suspendu par les pattes en face de la taverne ici comme avertissement pour les autres? Tu penses que ça ferait pas un bon exemple?

— Moi, en tout cas, ça me ferait plaisir parce que je l'ai toujours haï, ce petit chien-là!

— T'es pas tout seul. Je pense qu'il y a pas un gars ici qui était capable de le digérer.

— Il y a juste Mike qui l'endurait, mais c'était juste pour la bière parce que je suis sûr qu'il avait envie de cracher dessus, dans le fond. Je suis sûr qu'il y a personne qui peut aimer un gars comme Ti bumm.

— Bien oui. Il y a le gros Gil qui était toujours avec lui puis qui le suivait comme un petit chien.

Les gars se mirent à rire et à se moquer de Gil et de Marc.

— Ah oui! Mais lui, c'est pas pareil. Il est pas intelligent. Il sait pas ce qu'il fait. On peut pas lui en vouloir. Un gars qui n'a pas de cerveau, il peut pas avoir de sentiments.

— Il se sent utile parce qu'il peut protéger le petit: sans ça, tout le monde lui taperait dessus.

— En tout cas, j'espère qu'il restera pas en liberté trop longtemps parce qu'il est dangereux. Il peut se venger de n'importe lequel d'entre nous parce qu'il nous déteste tous. Moi, je suis sûr qu'il peut pas être loin: il a nulle part où aller.

Ce genre de conversation se poursuivit toute la veillée. C'est moi qui servis les clients seul, ce soir-là. Je n'avais guère l'habitude et je me sentais gauche, d'autant plus qu'il y avait pas mal de va-et-vient: des curieux venaient se renseigner de ce qui s'était passé et repartaient, contents d'avoir satisfait leur curiosité, colporter l'une des versions qu'ils avaient entendues. J'étais constamment dérangé dans mon travail par ceux qui voulaient avoir des détails sur l'affaire. Je me contentais d'une réponse brève et évasive. La veillée me parut extrêmement longue et j'avais hâte que cette histoire ne fasse plus les manchettes de la taverne. J'arrivais à peine à fournir les clients et je me sentais complètement exténué.

Si seulement, cette journée pouvait finir. Si seulement cette semaine, cette année, cette vie pouvait finir.

Pendant cette période-là, on eut droit à une série de sermons et de méditations sur la mort, au pensionnat. Ce fut une période lugubre où l'on avait supprimé les jeux. Nous, on ne comprenait pas trop pourquoi on devait être puni pour le grand gars car il était plutôt détestable. Moi, pendant tout ce temps, je me sentais extrêmement mal à l'aise parce que j'étais directement responsable de ce qui était arrivé et le soir, j'avais peine à m'endormir car je revoyais constamment le fameux trou devant moi. J'essayais de me fermer les yeux plus dur, mais ça ne changeait rien. Même avec la couverture par-dessus la tête, comme je le faisais souvent, le trou était encore là. Ce fut l'aumonier qui vint nous faire le premier sermon. Nous étions tous réunis à la chapelle: c'était le soir et il n'y avait que les lampions comme lumière; on n'avait pas tellement envie de faire les fous, ce soir-là, comme on le faisait d'habitude. Puis on entendit une voix sortir de l'abîme: « Mes chers enfants. Levius fit patientia quidquid corrigere est nefas. » On savait que lorsqu'il commençait ainsi, c'était pour être extrêmement sérieux, donc long et ennuyeux. Déjà à cet instant, il y avait plusieurs oreilles qui s'étaient fermées. « Il faut se résigner; l'un des nôtres est parti. Il représentait l'innocence et... » Il avait une drôle de notion de l'innocence, le curé. C'est vrai que je l'avais toujours considéré comme un « maudit innocent », le grand cave. Puis, je regrettai d'avoir eu cette pensée dans un tel endroit. « La mort se présente comme un voleur. Vous ne savez ni où ni comment elle viendra vous chercher. Il faut que vous soyiez prêts. Elle aurait pu se présenter à Pierre, à Paul, à Serge, à Michel. Est-ce qu'ils auraient été prêts à faire face au Créateur? Demandez-vous... » Il venait de me donner un frisson, le curé, car je savais bien que ça aurait pu être moi, qui aurais foutu le camp dans le trou. La seule raison pour laquelle j'étais là, c'est que j'étais moins lourd que le grand. Je demeurai songeur. J'entendais vaguement sa voix en sourdine « ...mais le Seigneur avait fait son choix. Il avait déterminé l'instant où il viendrait chercher son petit serviteur parce qu'il avait besoin de lui ailleurs... » Je me demandais bien ce qu'il pourrait lui faire faire, parce que le grand avait jamais foutu grand'chose à part d'emmerder les autres. « La seule chose que nous puissions contre la mort, c'est de se tenir toujours prêts à la voir apparaître. Quis, quid, ubi, quibus auxiliis, cur, quomodo, quando? Amen. » Je me dépêchai de réveiller le petit gars qui s'était endormi à côté de moi.

Puis ce fut le tour de la direction de venir nous servir son sermon sur l'obéissance. Nous étions réunis dans la grande salle de récréation. « La désobéissance est toujours punie, nous en avons un exemple tragique devant nous, qui devrait faire réfléchir profondément chacun d'entre nous. Si votre compagnon n'avait pas succombé à la tentation de franchir cette barrière défendue, nous aurions encore le bonheur de l'avoir parmi nous aujourd'hui... » Je trouvais qu'ils exagéraient tout de même un peu de parler de « bonheur », quand du temps qu'il était là, il s'était fait dire constamment: « Si tu continues comme ça, je vais faire un malheur. » A la fin, nous eûmes le privilège d'avoir une période de réflexion pendant laquelle je me dis que, au fond, ça n'avait pas tellement d'importance qu'il ait désobéi ou non, car le Seigneur avait déterminé l'instant où il viendrait le chercher, de toute façon, il aurait disparu même s'il n'avait pas traversé la clôture. Mais je me demandais bien comment il aurait pu disparaître s'il ne l'avait pas franchie ou si, par hasard, il m'avait attrapé avant!

XXI

Arthur, comme laveur de planchers, n'était pas mal du tout. L'ouvrage était bien fait et je n'avais pas à me plaindre de son comportement. Évidemment, on prenait la précaution de fermer les lignes de bière, le soir, en partant. Arthur avait repris quelque peu confiance, et on ne le voyait plus attablé des journées complètes devant un verre. Il se cherchait un emploi pour le jour. J'étais quand même content de sentir que j'étais un peu responsable de ce qui lui arrivait. Il m'avait confié récemment que sa femme avait l'intention d'essayer de reprendre la vie avec lui. Ça faisait du bien de voir un gars remonter la pente tandis que j'en voyais tant d'autres en train de la dégringoler. C'étaient les seuls rayons de soleil que je pouvais entrevoir pendant cette période difficile que j'avais à traverser. Ce soir-là, comme on était samedi, il m'avait demandé pour ne venir faire le ménage que le lendemain matin: il voulait se coucher plus tôt. Je n'avais aucune raison de lui refuser. J'insistai cependant pour que tout soit très propre le lendemain après-midi. De sorte qu'à la fin de la veillée, je me retrouvai complètement seul. J'étais rendu à bout de force. Il me semblait que je ne pourrais pas faire un pas de plus. J'aurais voulu faire le vide absolu à l'intérieur de ma tête. Il y avait eu tellement d'événements et de commentaires dans ces dernières heures que je crois que je ne savais plus très bien où commençaient les uns et où se terminaient les autres. J'avais besoin de temps pour tout digérer ça. Il fallait que je fasse l'inventaire mais je décidai de m'asseoir quelques instants pour prendre une bonne bière. Il m'arrivait beaucoup plus fréquemment maintenant de me servir une bière surtout lorsque je savais que j'étais sur le point de quitter la taverne. Au début, je m'étais fait un point d'honneur de ne pas me servir de bière sur place. Je me disais qu'elle était tellement à ma portée et que l'habitude était tellement facile. Mais je connaissais maintenant des heures pénibles, si pénibles que j'en avais oublié tous mes principes. Il faut dire qu'il y avait bien des idées que j'avais au point de départ que j'avais bien vite mises au rancart. J'essayais d'oublier les derniers événements mais ils revenaient d'assaut dans mon esprit. Je revoyais encore la dernière image que Roberto m'avait laissée, image de haine et de mépris. Il est dommage, il me semble, de mourir avec de tels sentiments au coeur. Je retrouvais aussi la dernière image de Marc qui venait me trouver pour me supplier de le laisser entrer, et dans ce seul contact qu'il avait avec le monde, je devais lui imposer la loi du silence. Je ne pouvais oublier non plus tous ces visages devant moi qui attendaient pour mordre et déchirer les gars impliqués. Ce qui avait pu se passer se déroulait dans ma tête comme un film sans fin que je ne pouvais plus arrêter et qui tournait, tournait, tournait. Je pris une autre bière. J'étais en train de perdre le contrôle de mes pensées. Je ne savais plus comment arrêter ce mécanisme. C'est peut-être pour ça que des gars venaient se saouler la gueule chaque jour chez nous. Encore une bière. Il me semble que je me sentais mieux, que j'oubliais un peu où j'étais. Il fallait que je fasse l'inventaire mais je n'en avais pas envie. Il fallait que j'aille me coucher, mais j'avais peur que la nuit m'apporte encore des images semblables. J'avais envie de me saouler et que le diable emporte l'inventaire et le sommeil. Quand j'aurais pris assez de bière, je pourrais certainement dormir plus facilement. Je me sentais vraiment mieux. Tiens, une autre bière, et je ferais mon inventaire après celle-ci. Je me levais pour aller me servir, en sentant l'effet de la fatigue et de la bière, quand je crus entendre frapper à la porte arrière. C'était impossible à cette heure-là. J'allai me servir mais j'entendis frapper plus fort. Ça devait être un ivrogne qui avait oublié quelque chose chez moi ou bien Tom qui se croyait rendu au matin. Il n'était même pas une heure. J'essayai de voir à travers les barreaux de la fenêtre arrière mais il faisait trop noir. J'ouvris la lourde porte de métal qui servait à protéger la porte vitrée contre les cambrioleurs et j'aperçus Ti bumm qui était là et et qui frappait encore dans la porte. Je fus tellement surpris que j'oubliai de lui ouvrir pendant un instant. Il me regardait l'air féroce et continuait de cogner plus fort. Enfin, je me décidai à lui ouvrir.

— Je pensais que vous vouliez pas m'ouvrir. Je vous ai regardé un bout de temps par la fenêtre et puis j'ai hésité avant de frapper. Il y a pas grand monde qui est intéressé à me voir, surtout de ce temps-là. J'ai pris une chance quand même parce que vous m'avez toujours écouté. Vous êtes à peu près le seul qui m'avez pas dit de fermer ma gueule et puis, il faut que je parle à quelqu'un. Il faut absolument que je parle.

— Reste pas là. Pousse-toi qu'on referme la porte. Viens que je te serve une bière. J'étais justement en train de m'en servir une. On va aller à l'arrière du comptoir pour être à l'abri. Je n'ai pas envie que tu te fasses repérer ici.

— Pour une fois dans ma vie, je suis pas trop intéressé à la bière, même si je la refuserai pas. J'en ai pas pris depuis un bout de temps: je veux dire, j'en ai pas pris de la journée.

Je lui servis une bière et il me présenta un verre vide avant que je n'aie pu dire quoi que ce soit. Je le servis à nouveau et l'invitai à s'asseoir mais il refusa.

— Écoutez, M. Laudais. Je suis mal pris. Tout le monde me court après. Je peux pas rester caché indéfiniment. Il fallait que je sorte. J'ai essayé d'aller voir ma mère, mais la maison était surveillée par des détectives en voiture. Je sais plus trop où aller. Je suis poursuivi de tous les côtés. J'ai guetté ici un bout de temps, caché à la noirceur et puis la place avait pas l'air d'être surveillée, alors je me suis enfin décidé à venir frapper à la porte.

— Qu'est-ce qui t'a poussé à venir ici? J'aurais bien pu ne pas te répondre?

— Vous m'avez toujours aidé auparavant. Je vois pas pourquoi vous me laisseriez tomber.

— Oui, mais aujourd'hui, c'est différent. C'est quand même pas mal plus sérieux. Je ne peux pas te sortir de tous les pétrins, Marc. Il y a des problèmes que je ne peux pas régler. Je ne sais même pas ce qui s'est passé. Je voudrais quand même que tu me racontes toute l'affaire.

— J'ai pas besoin de conter rien. Ça a pas d'importance. J'ai besoin d'aide. J'ai besoin d'argent. Il faut que vous me prêtiez de l'argent pour disparaître, sans ça je suis un gars fini. Tout le monde attend pour me tirer dessus.

— Où vas-tu aller avec cet argent, Marc? Je ne crois pas que c'est l'argent qui va t'aider. Il faut que tu me racontes ce qui s'est passé. Je te dirai ce que je peux faire après ça.

— O.K. Je vais vous conter ce qui s'est passé, mais après ça, vous allez m'aider. Vous pouvez pas me laisser dans le trou. Est-ce que je pourrais avoir une autre bière.

Je le servis et me servis en même temps. J'avais besoin de ça. Pour une fois, il ne me faisait pas peur et pourtant il était seul avec moi et il était plus menaçant que jamais.

— J'avais fait du temps supplémentaire à l'ouvrage mais j'avais fini un peu plus tôt que prévu et j'étais arrivé au « Tonneau » un peu avant, quand Gil est venu me trouver pour me dire de m'en aller au plus vite sans poser de questions, mais moi j'ai voulu savoir pourquoi. C'est ça qui m'a perdu. Il a pas voulu me répondre mais il a fini par me dire que c'était Mike qui me faisait dire ça. Alors j'ai pensé qu'il pouvait y avoir quelque chose de sérieux. J'ai voulu finir ma bière pendant que Gil me disait de me dépêcher. Au « Tonneau », quelqu'un qui est stationné à l'entrée de la ruelle peut surveiller la sortie avant et celle du côté. Alors quand je suis sorti par la porte de côté, une voiture a foncé sur moi dans la ruelle. J'ai eu juste le temps de me jeter par terre et quand j'ai essayé de me relever, j'ai vu Roberto descendre de sa voiture et foncer sur moi. Je savais que je pouvais pas me défendre et quand je l'ai vu au-dessus de moi, j'ai sorti mon revolver et j'ai tiré deux fois, puis je me suis mis à courir et à courir sans regarder ce qui était arrivé. J'ai été me cacher dans un hangar abandonné que personne ne connaît sauf Gil. On allait se réfugier là de temps en temps tous les deux quand on en avait assez de voir le monde; le gros est resté là-bas. Il a peur, il veut pas se faire embarquer par la police. Il dit qu'il les attend avec ses poings. Il est venu me rejoindre un peu plus tard pour m'apprendre ce qu'il avait entendu au sujet de Roberto. Là, j'ai eu peur. Je savais plus quoi faire. Puis quand j'en ai eu assez, j'ai décidé de sortir.

— En fait, tu t'es défendu, Marc? C'est lui qui t'a attaqué. La seule accusation contre toi, c'est celle d'avoir porté une arme offensive illégalement.

— Oui, mais personne croira que je me suis défendu. Tout le monde va dire que c'est moi qui l'a attaqué. J'ai personne pour me défendre à part Gil. Et puis lui, c'est pareil comme s'il était pas là. Je suis complètement seul.

— Je suis là avec toi, Marc. Je sais que Roberto est parti de chez nous avec l'intention de te blesser. Je sais qu'il t'en voulait et qu'il voulait t'attaquer. C'est pour ça que je me suis rendu là-bas avec Gil pour t'avertir. Tu pourras certainement plaider que tu t'es défendu.

— On est tout seul, M. Laudais. Il y a personne d'autre avec nous. Il y a personne qui va croire ça. Tout le monde m'haït, partout. Je peux pas m'en sortir. J'ai besoin d'argent pour me sauver.

— Je vais t'aider moi, Marc. Je peux le dire que c'est Roberto qui t'a attaqué deux fois et que c'est lui qui a été au devant de toi le soir de l'accident.

— Il y a personne qui va croire ça. Ils sont tous contre moi.

— Écoute, Marc; le plus que tu peux prendre, c'est peut-être deux ans pour port d'arme illégal et puis après, tu pourras recommencer à vivre.

Il me regarda avec un air chargé de haine et de mépris.

— Vous avez jamais été en prison, vous. Vous savez pas ce que c'est d'être deux ans en dedans. J'y ai déjà été et je veux plus y retourner. C'est plein de gars comme Roberto là-dedans qui attendent seulement de faire payer quelqu'un pour ce qui leur arrive. Ils prennent ordinairement un gars qui peut pas se défendre comme moi. Le premier soir que je suis entré là, les gars m'ont donné une raclée parce qu'ils disaient que ce que j'avais fait, c'était pas respectable. J'ai dû être transporté à l'infirmerie. Là, aussitôt que j'ai été capable de me tenir debout, ils m'ont mis à la porte. Quand je suis retourné, il y a eu du trouble et les autres ont dit que c'était moi. Les gardiens ont dit comme eux, même si je savais même pas ce qui s'était passé. Alors ils m'ont mis dans le trou. J'ai passé sept jours à la noirceur à penser que j'étais en train de devenir fou, à entendre des bruits et à avoir faim. Quand je suis sorti, j'étais marqué. La moindre chose qui se passait, ils me fourraient dans le trou à nouveau. J'ai braillé, j'ai crié, j'ai eu froid. A certains moments, j'ai dû chier à terre, j'ai vomi parce que ça sentait le moisi et la pourriture et je me suis juré que la prochaine fois que j'y retournerais, je me cognerais la tête sur les murs assez fort pour en crever. Mais j'y suis retourné et j'ai pas pu me fendre la tête. Pendant ce temps, il y avait des gros messieurs qui purgeaient dix ans et qui pouvaient sortir régulièrement. Ils revenaient les poches bourrées de drogue et quand ils rentraient, ils la refilaient aux gardiens et aux autres prisonniers. Ces gars-là étaient considérés: ils allaient jamais au trou. Même qu'on se chargeait de leur envoyer des compagnons pour leur amusement personnel. Tout le monde le savait mais si on disait un mot, on s'attirait un paquet de troubles. Moi, j'essayais de pas dire un mot mais les autres s'arrangeaient pour m'embarquer. Une journée, il y avait eu un couteau de volé et puis quand il y a eu des recherches, les gars se sont organisés pour le lancer dans ma cellule et me faire blâmer. J'ai encore été au trou. Il y avait des gangs en-dedans et il fallait appartenir à un gang. Moi, j'étais pas intéressé, je voulais faire mon affaire et sortir au plus vite. Je voulais recommencer à neuf après ça. Mais quand on appartenait pas à un gang, il nous arrivait toutes sortes de choses. Les gardiens vous trouvaient toujours responsable de ce qui arrivait d'irrégulier. Pendant ce temps-là, les autres, ils préparaient leurs coups pour quand ils sortiraient. Il y en a des grosses affaires qui sont organisées en dedans, je vous le dis. Moi, j'ai jamais voulu embarquer avec eux autres. Mais quand j'ai été assez écoeuré, je me suis dit que j'organiserais mon affaire à moi et puis quand je sortirais, je pourrais rire d'eux autres tant que je voudrais et que si jamais je revenais, moi aussi je serais considéré comme un gars important. Mais aujourd'hui, j'ai descendu un gars comme eux autres et puis si jamais je retourne, c'est eux autres qui vont m'aplatir. Je veux pas retourner, Mike. J'aime mieux crever que de retourner là. Et puis, il y en a juste un pour me sortir de là, c'est toi, Mike.

Je pense que c'était la première fois qu'il me tutoyait et me disait Mike.

— Écoute, même si je te donnais de l'argent, tu ne saurais pas où aller et puis tu risquerais de me mettre dans le pétrin, moi aussi. Est-ce que c'est ça que tu veux?

— C'est pas ça que je veux. Je veux m'en tirer, c'est tout. Vous, vous êtes un type respectable, vous risquez pas grand'chose. Moi, je risque de finir mes jours en-dedans et je suis pas intéressé. Tout ce qui m'intéresse...

J'entendis frapper à la porte avant. Le coeur se mit à me débattre. Je demandai tout de suite à Marc d'aller se réfugier à la cave et je me dirigeai vers la porte. Je demandai qui était là et on me répondit: « Police ». J'ouvris aussitôt mais j'étais très nerveux. Le petit avait dû être suivi et il était cerné. Je demandai:

— Qu'est-ce qui se passe?

Ils étaient deux. L'un d'eux me répondit:

— On était en tournée d'inspection et on se demandait comment il se faisait qu'il y avait de la lumière ici à deux heures du matin. Vos papiers, s'il vous plaît.

Je sortis en tremblant mes cartes d'identification.

—Est-ce qu'on peut voir les permis?

Je les amenai vers la descente de cave à l'arrière du bar où étaient affichés les permis.

— Vous êtes bien le propriétaire de la place?

— Oui.

— Est-ce que vous avez été dérangé? Est-ce qu'il y a quelque chose d'anormal?

— Non. J'ai eu une grosse veillée, vous comprenez et je faisais mon inventaire tout en replaçant différentes choses. Tout va bien. Je suis seulement fatigué et j'ai hâte de pouvoir aller me coucher; c'est tout.

— C'est bien; on s'excuse M. Laudais. On ne voulait pas vous déranger.

— Vous avez fait ce que vous aviez à faire. Je crois qu'il est normal que vous veniez voir pourquoi il y a de la lumière dans un établissement à deux heures. Je vous en remercie. Bonsoir, messieurs. Est-ce que je peux vous offrir une bière? J'étais justement en train d'en prendre une avant de partir.

Je remarquai tout à coup la bière de Marc qui était resté sur le comptoir.

— Non, merci. Nous sommes en devoir. Vous la prendrez à notre santé. Vous en avez déjà une d'avance; chanceux.

Ils me saluèrent et je me remis à respirer. Je venais de cacher un fugitif recherché par la police sans même m'en rendre compte. J'ouvris la trappe qui menait à la cave: Ti bumm était là le revolver à la main.

— J'ai plus le temps de discuter. J'ai besoin d'argent et je veux m'en aller.

Il tremblait et je me rappelai alors les premiers temps où je l'avais rencontré.

— Je ne t'aiderais pas si je te donnais de l'argent, Marc. C'est là que tu te ferais tirer dessus. Viens avec moi, on va aller à la police et je vais leur raconter tout ce que je sais. Je crois que tu vas pouvoir t'en sortir...

— Pas question. Donnez-moi l'argent de la caisse. Tout de suite.

Il avait changé d'attitude et il se montrait maintenant menaçant. Il ne me faisait pourtant pas peur. Il me faisait surtout pitié.

— Moi, je ne te donnerai certainement pas l'argent, Marc, car ça ne serait pas te rendre service. Si tu penses que je ne t'ai pas donné assez d'argent depuis que tu es ici et que je ne t'ai pas suffisamment aidé, tu sais ce que tu as à faire. Tu n'as qu'à te servir. Mais je te dis que ce n'est pas comme ça que tu vas t'en sortir.

— Vous, vous croyez encore à l'égalité des gens parce que vous n'avez jamais eu de misère. Vous pensez que moi, je peux être traité comme tout le monde. Mais c'est pas vrai. Je suis toujours coupable, moi. J'ai toujours été coupable. Avec de l'argent, je vas pouvoir m'en sortir. Je vas pouvoir payer du monde.

— Tu penses qu'avec les $200 qu'il y a dans la caisse, tu vas pouvoir changer de vie?

— $200! C'est tout ce qu'il y a là-dedans! Je pensais qu'il rentrait plus d'argent que ça!

— Tu t'imagines que je fais une fortune ici, hein, Ti bumm. Tu t'imagines que la vie est belle et que l'argent rentre et que tout ce que j'ai à faire, c'est de le dépenser. Eh bien, change d'idée et vite.

J'avais changé de ton et j'étais devenu agressif.

— Si tu veux savoir, c'est l'enfer ici. Je suis écoeuré d'être ici à essayer d'aider des gens comme toi qui ne veulent pas s'aider. Je suis écoeuré d'avoir le sourire continuellement quand j'ai des gars comme toi qui viennent baver devant moi. Je suis écoeuré, dégoûté, tanné de voir des gars comme toi qui pensent qu'ils me font vivre et qui, au fond, me font crever. Je suis écoeuré d'avoir à rire des farces de gars comme toi qui ne sont pas drôles et qui me font brailler.

Je le regardais fixement. Il avait la mâchoire crispée, l'oeil hagard. Un moment, je pensai qu'il allait sauter sur moi. Mais je profitai de l'élément surprise, car c'était la première fois qu'il me voyait parler ainsi et je continuai:

— Tu penses que je suis obligé d'endurer des types comme toi, chez nous? Tu penses que ce n'est pas plus facile de les faire mettre dehors par un autre à coups de pied au cul? On te donne $1 et tu en demandes $10. Et puis après, tu as le culot de venir me voir et de me mettre un revolver sous le nez. J'aurais pu te laisser dehors tout à l'heure et refermer la porte. J'aurais pu faire signe à la police que tu étais en bas et mes problèmes étaient réglés. La première fois que tu as mis les pieds chez nous, j'aurais pu te faire jeter à la rue: Roberto ne demandait pas mieux. Mais moi, j'ai essayé de te considérer comme un homme. J'ai pensé que je pouvais t'aider. Tout le monde me blâmait mais j'ai continué quand même. J'ai essayé de t'aider jusqu'à la dernière minute, lorsque j'ai été là-bas avec Gil, et encore maintenant, je ne demande pas mieux que de t'aider, et tu ne trouves pas mieux que de me menacer! Si tu veux mon avis, je trouve ça écoeurant. Si j'avais à recommencer, des gars comme toi, je les mettrais dehors la première fois que je les verrais. Si tu veux savoir ce que je pense de la place ici et des gens qui sont dedans, ils me donnent envie de vomir. À chaque fois que je rentre ici, je souhaite que ce soit la dernière fois. Je souhaite ne jamais plus me retrouver en face de gars comme toi. Ça ne vaut pas la peine d'essayer d'aider un gars qui ne veut pas s'aider lui-même. Tu penses que tu as eu de la misère dans ta prison à être tout seul contre tout le monde. Tu penses qu'il faisait noir dans ton trou. Eh bien, dis-toi bien que moi aussi, j'ai ma prison et que moi aussi, j'ai mon trou et puis que moi, je ne passe pas seulement sept jours dedans. Moi, je suis toujours dedans et je ne peux pas m'en sortir.

Il avait baissé son arme et changé de figure.

— Dis-toi bien une chose. Je suis plus prisonnier que n'importe quel condamné dans sa prison. Lui, au moins, il a une date en tête où il pourra sortir. Moi, je ne sais même pas jusqu'où et jusqu'à quand je suis condamné à être ici. Je rêve du jour où je pourrai me retrouver loin de tout ce monde qui se regarde et qui s'haït.

Va te rendre, Marc. C'est tout ce que tu as à faire.

Il me regarda dans les yeux. Je ne sais pas quel sentiment l'avait traversé à cet instant. C'était peut-être de la haine, de la compréhension, une certaine forme de pitié, ou un mélange imprécis de tout cela: je ne le saurai jamais. Et puis il se dirigea précipitamment vers la porte arrière et se mit à courir. Je restai un instant à regarder dans le noir. Il pleuvait.

Moi aussi, j'avais couru, couru à en perdre le souffle, puis je m'étais caché. Un jour, j'en avais eu assez de cet endroit d'enfer, de cet endroit que je ne pouvais plus supporter, de ce maudit pensionnat et de tous ceux qui l'habitaient. J'avais besoin de retrouver autre chose. C'est beaucoup trop jeune pour souffrir aussi intensément. Je m'étais ramassé un peu d'argent en vendant mes jeux favoris et en jouant des tours pour les autres. Ça m'avait pris quelque temps à ramasser le montant nécessaire mais j'y étais enfin parvenu. Puis, un jour, à la récréation, je m'étais éloigné discrètement du groupe d'élèves, puis je m'étais caché derrière une grosse roche. À la fin de la récréation, j'avais franchi la clôture et je m'étais mis à courir sans regarder en arrière. Devant moi, il n'y avait que des champs avec des grandes herbes et des marécages. Je courus jusqu'à ce que je fusse incapable de faire un pas de plus, puis je me jettai dans les grandes herbes. Je n'entendais que mon coeur battre et le tic tac de ma montre contre laquelle j'avais la tête appuyée. Il me semblait que j'avais les oreilles bouchées et que tous les bruits provenaient de l'intérieur de moi-même. Au fait quelle heure était-il? Il était 16 heures 10 et le train quittait à 16 heures 30 je le savais car je l'avais déjà pris pour partir en vacances alors que mes parents ne pouvaient venir me chercher. Je me remis à courir mais avec moins d'ardeur; j'en étais incapable. De toute façon, je ne pouvais me permettre d'arriver à la gare à bout de souffle; je me ferais repérer tout de suite. Je me devais d'être le plus naturel possible. Qu'est-ce que j'allais répondre si on me posait des questions? Bah! Je trouverais bien quelque chose à dire. Je me surpris tout à coup à marcher. Je pouvais voir le village approcher. Il était maintenant 16 heures 20. Je marchai un peu plus vite, courant un peu de temps à autre. Puis je me retrouvai au coeur du village. Il me semblait que tout le monde me regardait. Puis tout à coup, j'eus peur; ce qui m'avait paru si simple, me semblait maintenant une aventure insensée. Pas de doute, j'allais me faire attraper et je savais quelle sorte de punition m'attendait au retour. J'étais maintenant rendu à la gare. Je restai caché derrière la bâtisse observant le train qui était prêt à se mettre en marche. Je pouvais voir la vapeur sortir de chaque côté et je me sentis tout étourdi. Je ne pouvais me décider à avancer. J'avais élaboré tout ceci inutilement. J'étais incapable de bouger. Puis, quand j'entendis le sifflet de la locomotive, je me précipitai en courant vers le guichet des billets et je le reçus sans hésitation. La surprise de dernière minute m'avait probablement sauvé.

Puis je me retrouvai en route et je dégustai les instants de liberté magnifique qui se déroulaient à ma fenêtre. Je n'avais jamais vu ce paysage, il me semblait. J'aurais aimé avoir une cigarette pour pouvoir la savourer, mais de toute façon, il était plus prudent que je n'en aie pas. Puis le voyage me devint très familier et je fus pris d'une espèce de trac. J'avais préparé ma fuite, mais je n'avais pas préparé mon arrivée. À mesure que j'approchais de la maison, une espèce de chaleur me montait à la figure. Lorsque je me retrouvai devant la porte, je tremblais et quand je vis apparaître ma mère, je ne pus que me jeter dans ses bras en fondant en larmes.

J'eus froid et je pensai à refermer la porte. Je me demandais si j'aurais dû parler ainsi à Marc. Je ne pouvais savoir quel effet je lui avais produit et quelle serait sa réaction. Qu'allait-il advenir de lui maintenant? On en était tous les deux rendus au même point: on se retrouvait dans une situation insoutenable et on se demandait ce qui allait maintenant arriver. Lequel de nous deux allait pouvoir s'en sortir, maintenant?

Il fallait que je finisse mon inventaire, que je mette un peu d'ordre et que j'aille essayer de dormir. J'avais encore une bière à finir. Je n'avais plus le goût de la prendre après ce qui s'était passé. J'avais surtout envie de dormir, de dormir profondément sans rêve, longtemps, longtemps. J'allais pour jeter ma bière quand retentit la sonnerie du téléphone qui me fit sursauter. Qui pouvait bien m'appeler à cette heure? C'était mon épouse.

— Qu'est-ce qui t'arrive? Je me suis réveillée en sursaut et j'ai constaté que tu n'étais pas là à 3 heures. Est-ce qu'il y a quelque chose qui ne va pas?

— Non, non. J'étais tout seul pour servir et j'ai eu beaucoup d'ouvrage. Je m'étais assis quelques instants après la fermeture et je crois que je me suis endormi. J'ai fait un mauvais rêve, mais maintenant je suis bien éveillé.

— J'étais inquiète. Tu n'as pas l'habitude de rentrer si tard. Tu vas être fatigué pour rencontrer ton acheteur demain. Est-ce que tu t'en viens?

— Je finis mon inventaire et je pars immédiatement après. J'ai besoin de sommeil.

— J'espère que tout va bien marcher pour toi, demain. Ça n'a pas de sens d'être obligé de mener une vie comme ça. On ne te voit plus et je trouve que tu es méconnaissable. On était si bien auparavant. J'espère qu'on va pouvoir se retrouver bientôt. On est en train de tout perdre ce qu'on avait réussi à bâtir ensemble. Ça n'a pas de bon sens d'être pris à mener une vie comme ça.

— Oui, c'est vrai. Moi aussi, je souhaite que ça achève. C'est moi qui l'ai voulu et maintenant je dois payer pour. Mais, tu sais, je ne suis pas tout seul à être pris comme ça. Il y en a d'autres qui sont dans le même pétrin que moi et eux autres, ils ne l'ont pas nécessairement voulu. Bonsoir. Je vais te retrouver.

Cette nuit-là, je crois que je ramassai tous les arguments en ma possession afin de réussir à convaincre mon acheteur du lendemain que c'était l'endroit dont il avait besoin.

XXII

Ma nuit fut extrêmement brève et agitée. Si je ratais cette occasion, je ne voyais plus comment je pourrais m'en sortir. J'appartiendrais désormais à la même catégorie que mes clients: les condamnés, ceux qui ont peut-être déjà essayé, mais qui ne le peuvent plus parce qu'ils ont perdu la croyance et surtout la force de pouvoir combattre, ceux qui se laissent aller au gré des événements et qui se retrouvent finalement toujours au même endroit, ceux qui se suicident graduellement comme pour mieux exposer aux autres ce que la vie a fait d'eux. Il est tragique de voir que la vie d'un homme peut être rattachée à un événement, un événement qui peut transformer toute son existence tout à coup et faire de lui un nouvel homme. Je sentais ce jour-là, que c'était pour moi le moment de vérité. Il fallait que je réussisse. J'étais rendu au bord du précipice: si personne ne venait à ma rescousse, j'étais condamné à tomber dedans. Je ferais toutes les concessions possibles. Peu importe si je perdais de l'argent. L'argent me semblait alors bien peu de choses pour me libérer d'un joug qui m'écrasait un peu plus chaque jour.

J'aurais voulu à certains moments appartenir à cette catégorie d'êtres dont le coeur a cessé de battre et qui ne peuvent plus s'émouvoir du malheur des autres. Seulement, à ce moment-là, je n'aurais plus été un être vivant; mais au moins, je n'aurais pas enduré ce que j'endurais maintenant. J'étais éveillé mais je n'osais m'ouvrir les yeux. Que m'apporterait cette fin de journée? J'aurais voulu prier; j'avais besoin de l'aide de quelqu'un mais je ne pouvais transmettre à personne ce que je ressentais. Peut-être que quelque part, quelqu'un pourrait comprendre. Je ne me souvenais pas de mes prières mais une phrase me vint à l'esprit et je ne fis que répéter celle-là: « Délivrez-nous du mal. Délivrez-nous du mal. » Je croyais inutile d'ajouter autre chose. J'aurais pu dire que je regrettais que je me proposais, mais si quelqu'un m'écoutait je n'avais pas besoin d'ajouter autre chose; il savait tout ce que ces mots contenaient pour moi et pour les autres: « Délivrez-nous du mal. »

Je me rappelais un de mes clients, je ne sais plus lequel, qui m'avait dit que la souffrance et la misère étaient contagieuses. Cette remarque m'avait peut-être fait sourire de la part d'un ignorant mais comme elle me semblait profonde à présent. Je n'avais pas vraiment vu ce qu'était la misère humaine auparavant mais maintenant, je l'avais attrapée et je voulais m'en débarrasser avant que cette maladie ne devienne incurable. Il fallait que je réussisse. C'était probablement ma dernière chance. Je m'ouvris enfin les yeux et la lumière du jour m'aveugla un instant. Je retrouvai mes enfants mais un sentiment de tristesse m'étreignit en les regardant.

— Est-ce que c'est vrai papa que tu dois vendre la taverne aujourd'hui?

— C'est-à-dire que j'espère pouvoir y arriver. Mais ça ne se règle pas si vite que ça.

— C'est dommage. On ne pourra plus aller jouer là le dimanche quand tu vas faire ton inventaire. C'était intéressant pour nous autres. Pourquoi as-tu acheté et maintenant tu veux vendre?

— Parce que je ne peux pas être suffisamment avec vous autres. Je ne vous vois presque plus. En plus de ça, je suis très fatigué. Je n'ai pas assez de temps pour me reposer.

— Est-ce qu'on va pouvoir y retourner encore après que tu vas avoir vendu?

— Non, ça ne sera pas possible. Je vous emmènerai juste avant de partir définitivement.

— Mais toi, tu vas pouvoir retourner visiter les messieurs qui vont te voir chaque jour?

— Non, je ne retournerai pas. Ça sera fini pour moi. Vois-tu, il y a des étapes dans notre vie où l'on doit essayer de laisser tout le reste en arrière et où l'on doit tenter de recommencer autrement. Cette vie-là pour moi sera finie et j'en recommencerai une autre avec vous autres. Au lieu d'aller à la taverne, on ira à d'autres endroits qui seront plus intéressants, ensemble.

— Est-ce que tu vas acheter un autre endroit où on pourra aller tout seuls, le dimanche?

Je regardai mon épouse avec tristesse avant de répondre:

— Non. Je crois que je me contenterai de vivre avec vous autres. On n'a besoin de rien d'autre pour être heureux ensemble.

J'étais frappé par le fait que cet endroit était pour eux synonyme de gaieté et de vie tandis que moi, je ne songeais qu'à une chose: m'en départir au plus vite.

C'était un peu comme ce pensionnat que je détestais et où mes parents semblaient croire que je me plaisais puisqu'ils insistaient pour m'y laisser. Depuis des semaines, j'essayais de leur faire comprendre que j'en avais assez, que je n'en pouvais plus de rester là. Après ma fugue, je m'étais bientôt retrouvé là-bas, mais ils n'avaient pas voulu me réaccepter. Ça avait été le grand drame à la maison: avoir un enfant qu'on ne voulait plus accepter dans une institution respectable. Moi, j'avais baissé les yeux pendant qu'on me réprimandait, mais au fond, j'avais le coeur tellement joyeux de me retrouver dans mon foyer. Les moments de retour avaient été pénibles. C'était la première fois dans la famille qu'un cas semblable se produisait et j'en avais entendu parler tout le long du voyage. Seulement, j'avais obtenu ce que je voulais et bientôt, je vis apparaître ma maison. Le premier soir, après que ma mère vint m'embrasser, il me fut impossible de dormir tellement j'étais surexcité. Je revoyais aussi ma fuite en détail et je m'en félicitais. J'avais connu des moments pénibles, mais tout ça c'était fini maintenant. Je me disais que je pourrais oublier tout ça, bientôt. Puis je finis par m'endormir. Le lendemain, lorsque je m'éveillai, j'étais dans un monde nouveau. Je n'avais plus à entendre cette maudite cloche qui m'éveillait chaque matin, depuis des mois. Puis, je pouvais flâner sans crainte de me faire pousser en bas du lit. Il n'y avait pas l'interminable office du matin. Je pouvais simplement dire: « Bonjour, mon Dieu. Merci de m'avoir sorti de cette maudite place, excusez-moi, de cette sale place. » Puis, je n'avais pas ces gens qui me poussaient dans le dos à chaque instant. Évidemment, le premier jour, je ne fus pas reçu à bras ouverts, mais je ne pouvais pas m'attendre au festin de l'enfant prodigue: de toute façon, je n'en demandais pas tant. J'étais de retour chez nous et pour moi, c'est tout ce qui pouvait compter. C'était fantastique. Je goûtais chaque instant de cette liberté à laquelle j'avais tellement rêvé depuis des semaines et des mois. Je comparais chaque instant que je vivais avec les moments que j'avais connus. Je pensais aussi à mes copains encore enfermés dans la « prison » et je revivais avec eux le déroulement de leur journée en connaissant une certaine jouissance. Ma mère était plus grosse que je ne l'avais d'abord vue et je fus surpris d'apprendre qu'elle était sur le point d'aller chercher ma petite soeur. J'avais hâte de la connaître mais en même temps, j'avais une certaine appréhension et je ne pouvais dire pourquoi. Je retrouvai des jeux que j'avais oubliés depuis longtemps, des jeux avec lesquels j'avais joué lorsque j'étais bébé ou presque; et pourtant, ils présentaient pour moi un attrait particulier. Je leur découvrais un nouvel aspect. Cette première journée fut pour moi une révélation. Je retrouvais avec émotion chaque objet que j'avais quitté. Je m'endormis avec le sourire ce soir-là. Lorsque je m'éveillai le lendemain matin, je fus surpris de voir ma valise à côté de mon lit. Puis, je fus pris d'une crainte effroyable et même si je me couvris par-dessus la tête, je ne pus m'empêcher d'entendre: « Allez vite, mon gars, dépêche. On se met en route pour ton nouveau collège dans un instant. »

J'avais donné rendez-vous à mon type à 14 heures à la taverne. Je me rendis un peu plus tôt afin que tout fut prêt pour son arrivée. Je fus surpris en ouvrant la porte de trouver Arthur à l'intérieur. Le ménage n'était pas fait: il était à placer les chaises sur les tables. Il vint tout de suite me trouver:

— Je m'excuse, M. Laudais. Je sais que j'étais censé faire le nettoyage ce matin. Mais je sais que vous allez comprendre. J'ai eu une surprise hier:

ma femme est venue me retrouver pour passer la nuit. Elle dit qu'elle est prête à faire un essai avec moi. Alors vous comprenez que j'ai été dérangé ce matin. Il a fallu que je mette un peu d'ordre dans la cabane. Quand vous êtes habitué à vivre tout seul, ce n'est pas la même chose. Je dois dire que j'ai même oublié que vous m'aviez demandé de venir ce matin. Je suis assez content que je me sens pas mal perdu, vous savez. Mais vous allez voir, je vais mettre de l'ordre, ça ne sera pas long. Vous pouvez travailler, je ne vous dérangerai pas.

J'étais très déçu que le ménage ne soit pas fait, mais juste à lui voir l'air, je ne pouvais pas l'engueuler. J'avais souhaité qu'Arthur retrouve son épouse au plus tôt. Je n'étais quand même pas pour lui en faire le reproche. Je lui répondis seulement: « Laisse faire, Arthur. Tu reviendras ce soir. J'ai quelqu'un à rencontrer dans quelques minutes. C'est pour ça que je voulais que ce soit propre. »

— Je m'excuse. Je ne savais pas que c'était si important. J'espère que ce n'est pas quelqu'un pour acheter la place parce qu'à ce moment-là, je ne pourrai peut-être pas garder mon ouvrage. Vous n'avez pas envie de vendre, j'espère?

— Tu n'as pas besoin de t'inquiéter, Arthur. Tu ne perdras pas ta place. Dépêche-toi à partir. Mon type va arriver d'un instant à l'autre. Je te souhaite bonne chance avec ton épouse. Reviens après le souper pour le ménage.

— Vous allez voir que vous n'allez pas regretter ce que vous avez fait. C'est grâce à vous si j'ai pu retrouver ma femme et je ne suis pas prêt de l'oublier. Seulement je ne veux pas que vous partiez parce que ça va revenir comme avant et il n'y a personne qui veut que ce soit comme avant. On a besoin d'un gars comme vous pour nous aider. Si vous saviez comme je suis content d'avoir repris avec ma femme.

— Va vite la retrouver, Arthur. Salut. Dépêche-toi.

Quand j'entendais dire des choses comme ça, je me sentais un peu coupable, un peu lâche d'abandonner des gars comme Arthur, de les laisser à eux-mêmes. Mais moi aussi, j'avais le droit de m'en sortir, j'avais le droit de vivre. Je n'eus que quelques minutes pour remettre de l'ordre, mais lorsque j'entendis frapper à la porte, je constatai d'un coup d'oeil que l'aspect que présentait la place n'était guère attirant. Je me dirigeai vers l'entrée et constatai en ouvrant qu'ils étaient deux, dont l'un un peu plus en retrait était très costaud. Ils pénétrèrent et le plus grand des deux ne me fut pas présenté. L'autre s'appelait Alfonso L.

— Je m'excuse, messieurs, de l'état dans lequel vous trouvez cet endroit, mais j'ai eu un problème avec mon laveur de planchers. Il a pris congé et fera le ménage ce soir.

— Ce n'est rien ça, M. Laudais. Je crois que nous pourrons régler ça assez facilement.

— Est-ce que vous aimeriez faire le tour avant qu'on ne s'assoit et parle affaires?

— Non, ce ne sera pas nécessaire. Une taverne ressemble à une autre; elles sont toutes semblables. Ce n'est pas tellement ce qui nous intéresse. Nous aimerions discuter immédiatement, notre temps est précieux, à nous tous.

Je les invitai à s'asseoir et leur offris une bière. Le grand ne disait pas un mot, il ne faisait que suivre l'autre.

— Nous pourrons prendre une bière ensemble lorsque nous en serons venus à une entente, M. Laudais.

Je sentis un petit pincement au coeur en pensant que nous pourrions arriver à nous entendre dès aujourd'hui. J'avais apporté tous les papiers nécessaires, les factures d'achat, les chiffres de vente, les quotas depuis deux ans ainsi qu'une formule d'offre d'achat, que j'avais fait rédiger par un notaire. Je me dirigeai vers le bar afin de prendre le paquet, mais dès que je mis la main dessus, il me dit:

— Ça ne sera pas nécessaire. Nous sommes au courant de tout ce que vous pouvez avoir là-dedans. Je me retournai et les regardai l'air surpris et probablement incrédule aussi, toujours prêt à apporter les papiers. Il me dit sans broncher:

— Nous sommes au courant de tout. Je peux vous dire, par exemple, que la journée d'ouverture, vous avez fait $247. Vous avez eu à payer des tournées, mais étant donné que la bière était fournie par les brasseries, les profits étaient nets. Vous avez eu à payer $50 de salaire; il vous restait donc $197. En enlevant les autres petites dépenses de la journée, je peux vous dire que vous vous en êtes sorti avec un profit de $170. Évidemment pour être précis, je devrais faire le calcul de votre loyer, des taxes et autres dépenses régulières, ce qui n'est pas très difficile. Cette journée vous a permis d'englober environ $100. Je demeurai stupéfait.

Il y avait des chiffres qu'un acheteur pouvait facilement se procurer, mais il y en avait d'autres qui étaient vraiment confidentiels. Il est vrai que ce soir-là, je ne m'occupais pas du bar et il avait pu se commettre des indiscrétions.

— Je vois que vous avez suivi le commerce de près.

— De beaucoup plus près que vous ne croyez, M. Laudais. Le jour où vous avez fait réparer la tuyauterie de la toilette, parce qu'un malencontreux accident s'était produit, vous aviez vendu pour $47 de bière dans la journée. La réparation vous a coûté $112 plus les dépenses régulières, soit une perte de $125 environ dans la même journée. Le soir du bris de vitre, vous aviez vendu pour $73; or, cet accident vous a coûté $280. Est-ce que vous désirez que je continue?

Et en me disant ceci, il sortit un petit carnet qu'il brandit devant mes yeux ébahis. Je m'étais approché de la table mais je ne savais comment réagir. Je venais de comprendre que mon acheteur n'était pas qu'un vulgaire acheteur. Il profita de ma surprise pour me dire:

— Si vous êtes intéressé à m'entendre, je peux vous donner un état de compte de ce qui est entré et sorti ici depuis que vous y êtes.

Et en me disant ceci, il ouvrit son carnet et me produisit quelques chiffres que moi-même, j'avais oubliés mais qui me revenaient tout à coup à l'esprit.

— Le 24 novembre: ligne de bière mal ajustée, un baril qui coule. Une malheureuse perte de $36.

Je répondis sèchement:

— Vous n'avez pas besoin de continuer. Je connais ces chiffres aussi bien que vous. Il remit son carnet dans sa poche et me fixa dans les yeux. Je compris que ces gars étaient de l'Organisation, qu'ils connaissaient très bien ma situation financière et qu'ils étaient envoyés pour acquérir la place à un prix dérisoire. Je ne pus que dire:

— Combien m'offrez-vous?

— On vous offre de transformer la place, d'en faire une place qui fonctionne et qui vous rapporte des gros sous.

— Qu'est-ce que j'ai à faire? Quelles sont vos conditions?

— Rien. Absolument rien. C'est tout ce que vous avez à faire, M. Laudais. Continuez à opérer comme vous opérez dans le moment et laissez-nous faire. C'est tout ce qu'on vous demande.

Je voulais en savoir davantage. Je ne voulais pas encore m'embarquer dans une situation qui me mènerait je ne sais où. De toute façon, ce n'était pas les gros sous qui m'intéressaient pour le moment; c'était bien plus de retrouver la paix et la quiétude.

— Écoutez, monsieur, je ne m'adressai qu'à un, car j'avais maintenant compris le rôle de l'autre muet, je croyais que vous veniez ici en tant qu'acheteur intéressé. Moi, ce que je veux, c'est de vendre et de foutre le camp d'ici. Rien d'autre. Vous ne savez peut-être pas que...

— Oui, on sait que vous êtes écoeuré, que vous avez des problèmes avec vos clients parce que vous les écoutez trop, que vous êtes un professeur et que vous ne pouvez plus continuer à faire deux ouvrages en même temps. Oui, on sait, on sait tout ça et encore bien d'autres choses. Je pense qu'on pourrait vous apprendre pas mal plus de choses que vous pourriez nous en apprendre. Mais si vous voulez, d'ici très peu de temps, vous pourrez quitter l'enseignement et vous faire un revenu intéressant, seulement en étant ici.

Je me sentais devenir furieux. Je lui criai:

— Vous ne comprenez pas. Je ne veux pas rester ici quelles qu'en soient les conditions. Je veux faire mon métier qui est d'enseigner, d'éduquer des jeunes, d'en faire des hommes valables, pas des gars comme ceux que je rencontre ici chaque jour.

Il esquissa un sourire et je criai plus fort.

— Je veux quitter cette place. Je veux vendre. Je demande seulement qu'on me laisse tranquille. Il me semble que c'est peu.

Je criais de rage et de désespoir, en songeant que je venais encore de perdre une chance de partir de là.

— Il ne faudrait pas vous emporter, M. Laudais. On est ici pour s'entendre et pour vous aider. Sachez bien que vous ne pourrez pas vendre pour le moment. Nous avons besoin de vous ici et vous devrez encore rester ici pour un certain temps. Donc, il serait préférable que nous nous entendions le mieux possible pendant ce temps. N'avez-vous pas remarqué que vos acheteurs décidaient tous de ne pas revenir tôt ou tard? Si vous vous entêtez à vendre, ce sera encore la même chose. Il serait donc préférable d'abandonner cette idée pour un certain temps. Vous sauveriez ainsi de l'argent et des efforts inutiles, et vous nous faciliteriez la tâche. Autant sommes-nous généreux pour ceux qui comprennent rapidement, autant pouvons-nous être, comment dirais-je, fermes pour ceux qui s'entêtent à ne pas nous écouter. Roberto était très fier de sa voiture: ce qui lui est arrivé est extrêmement dommage. Mais voyez-vous, nous lui avions demandé poliment de cesser son petit commerce à l'intérieur de chez vous, ça dérangeait nos plans en attirant l'attention d'indésirables chez vous. Nous étions prêts à lui offrir des compensations mais il a refusé et a préféré continuer à travailler à son propre compte. Il avait reçu son premier avertissement juste avant de se faire descendre par un pauvre imbécile qui risquait de tout mêler en faisant jeter le blâme sur nous. Heureusement qu'il a été aperçu par des témoins. Roberto était un bon type, mais un entêté; il n'a pas voulu nous écouter et ça risquait de finir mal pour lui. Je crois que nous pouvons parvenir à nous entendre beaucoup plus facilement. Je sais que vous n'êtes pas du type de Roberto.

J'avais mal au coeur de penser que Ti bumm était caché quelque part en train de crever et qu'il n'était pas coupable de ce qui était arrivé. L'histoire de la voiture de Roberto avait tout déclenché et Marc n'avait rien à voir là-dedans. Roberto s'était entêté à trouver un coupable et à se venger mais il n'avait pas trouvé le bon. J'avais essayé de trouver toutes les excuses possibles mais moi aussi, au fond, j'avais toujours cru que c'était Marc qui avait fait ça à la voiture de Roberto. Il y avait de ces gars marqués par le destin et qui ne se sortent d'une mauvaise situation que pour retomber dans une pire. Marc était de ceux-là et je me demandais si moi-même je n'étais pas né que pour me débattre perpétuellement et lutter sans arrêt contre des gens qui ne désiraient que m'engloutir, m'écraser pour arriver à réaliser leurs propres fins. J'étais maintenant devant ce type et je savais que je n'étais plus libre de penser et d'agir comme je le voulais. Il pouvait me manipuler comme bon lui semblerait. Je pouvais refuser mais je savais alors ce qu'il adviendrait de moi. Il m'avait déjà anéanti et il en était parfaitement conscient.

— Pourquoi avez-vous choisi cet endroit-ci plutôt qu'un autre? demandai-je avec une voix qui ne parvenait presque plus à sortir.

— Nous avons suivi vos activités et nous savons que vous ne serez pas inquiété par qui que ce soit. Vous n'avez jamais trempé dans rien de louche et vous n'êtes pas surveillé par des indésirables. Roberto a attiré l'attention de la police ici pendant un certain temps et c'est pourquoi nous l'avons averti, mais il n'y avait que lui de concerné. Maintenant, nous allons être tranquilles pour opérer: le bon nom de la place nous suffit. Ailleurs, nous commençons à être dérangés régulièrement et on ne peut plus travailler en paix. Il nous faut déménager. Combien de temps serons-nous ici? Il est impossible de le prévoir. Ça dépendra des activités. Je peux vous dire que si tout va bien et qu'il n'y a pas d'indiscrétions, votre commerce pourra subir des transformations et devenir important. On a des plans précis pour ça. On pourrait très bien acheter la place: la clientèle que vous avez ici nous intéresse particulièrement. Mais à ce moment-là, on va être surveillé nuit et jour. Il est préférable que vous continuiez pendant quelque temps.

— Je peux vous demander à quel type d'activités vous songez?

— Je crois que ça ne vous concerne en aucune façon. Vous n'avez rien à voir là-dedans. Vous continuez votre commerce comme si de rien n'était.

— Pourquoi ne me laissez-vous pas la possibilité de vendre? Vous pourriez prendre des arrangements avec l'autre. Peut-être que lui serait d'accord?

— Nous sommes très pressés, M. Laudais. Nous n'avons pas le temps d'attendre et de plus, nous ne pouvons pas prendre le risque de tomber sur n'importe qui. L'autre propriétaire pourrait peut-être attirer trop d'attention ici. De toute façon, vous n'avez rien à changer, vous n'avez qu'à continuer discrètement. Nous vous offrons l'occasion d'améliorer votre chiffre de vente.

— Et si par hasard, je refuse votre « offre » ou que je réussisse à vendre?

— Nous savons que vous avez trop à coeur le bien-être de votre famille, de vos enfants pour ne pas nous écouter. Il est impensable que vous refusiez une telle offre, M. Laudais. Votre famille en souffrirait certainement si vous décidiez de nous dire que vous n'acceptez pas de nous apporter votre collaboration. Pensez à eux, M. Laudais. Vous ne pouvez penser qu'à vous.

Je comprenais très bien le message et j'en étais dégoûté. J'avais les mains liées. Ils pouvaient maintenant faire ce qu'ils voulaient chez moi, je n'avais aucune possibilité d'intervention. J'essayai de protester encore quelque peu mais chaque phrase ne venait que confirmer plus fermement ma défaite.

— Il me manque maintenant un waiter. Je ne connais personne et je ne peux demander au syndicat car j'ai des problèmes avec eux dans le moment.

— Oui, je sais, mais vous n'aurez plus de problèmes avec le syndicat. Nous avons quelqu'un à vous suggérer comme waiter. Il aurait pris la place de Roberto de toute façon si celui-ci n'avait pas compris notre message. C'est un type qui est habitué avec des gars durs et vous allez voir que ça va être bien tenu ici. Nous, on n'est pas intéressé à ce qu'il y ait du tapage chez vous pour attirer l'attention. On veut que ça soit tranquille et ça va l'être. On va s'occuper de le payer et il va faire ça comme si le commerce était à lui. Je ne pense pas qu'il va endurer que des pouilleux aillent vous insulter. La place n'aura jamais été aussi bien tenue, vous n'aurez rien à regretter.

Il me déclina alors les noms et qualités de mon nouveau waiter et m'expliqua ce que je devais dire à son sujet si jamais on me posait des questions. De toute façon, il s'agissait que je sois le plus discret possible. Je lançai à tout hasard:

— Qu'est-ce que Fred fait dans tout ça? Il risque de mêler les cartes.

Il mordit en répondant:

— Ne vous en faites pas pour Fred. Il a ses défauts, mais c'est un bon travailleur. Il sait ce qu'il a à faire.

Je savais maintenant ce que je voulais savoir. Cette dernière phrase venait de confirmer les doutes que j'avais eus tout à l'heure. Je comprenais mieux maintenant pourquoi l'Organisation avait tant d'informations sur ce qui se passait à l'intérieur. Ils avaient un informateur très précieux en la personne de Fred. J'étais cerné de toutes parts. Il ne me restait plus qu'à me rendre. Mais à la première chance, j'essaierais de me libérer.

— Oh! un dernier point avant que nous nous quittions, M. Laudais. J'ai remarqué en entrant le désordre qui régnait ici. J'ai quelqu'un qui viendra faire le ménage ici chaque soir. Il travaille très bien et vous pouvez vous fier à lui.

Je protestai:

— Non, non. Aujourd'hui, c'est exceptionnel; il a pris congé. Mais il fait du bon ouvrage et la place est toujours propre.

— Nous ne pouvons accepter un tel désordre, M. Laudais. Il faudra le congédier.

—Mais il n'en est pas question; il vient de commencer et je suis satisfait de ses services. Je ne peux pas lui faire ça: c'est un pauvre type et il a besoin de ça pour vivre.

— Vous vous débrouillerez comme vous le pourrez, mais il est congédié et je vous enverrai demain votre nouvel employé. Vous recevrez les informations nécessaires à son sujet et d'autres instructions par l'intermédiaire d'Alfredo, votre nouveau garçon de table. Je crois que je vous ai dit tout ce que j'avais à vous dire. Si j'ai à vous rejoindre, je procéderai de la même façon. Je suis content que nous en soyons venus facilement à une entente.

— À partir de quand allez-vous vous installer ici? lui demandai-je avec dédain.

— Graduellement, à partir de demain. Vous recevrez alors votre nouveau waiter. Vous allez alors constater peu à peu qu'il y aura du changement mais vous n'avez à vous occuper ou à vous préoccuper de rien. Si, par hasard, il y avait quelque chose qui survenait, il faudrait en avertir Alfredo immédiatement.

— Je tiens à vous dire que je ne suis pas d'accord avec ce que vous faites et que vous me forcez à accepter vos conditions. Si vous êtes satisfait de ce que vous avez accompli aujourd'hui, moi j'en suis écoeuré. Vous n'avez réussi qu'à détruire une personne de plus. Mais ça ne compte probablement pas dans votre système.

Le gros costaud avait fait un pas en avant, mais l'autre lui fit signe de ne pas bouger.

— M. Laudais, nous n'avons pas la même conception des affaires. C'est tout: nous n'avons pas à en discuter. Je respecte votre point de vue mais comme nous sommes les plus forts, vous devez accepter le nôtre.

— Moi, quand je vois la misère, j'essaie de la soulager. Vous, quand vous la voyez, vous cherchez alors comment vous pourriez l'exploiter.

— M. Laudais, il y a des gens qui sont faits pour diriger, d'autres qui sont faits pour se faire mener. Les forts n'ont pas à demander aux faibles comment ils veulent se faire conduire.

— C'est ce qu'Hitler a essayé de faire, monsieur: se débarrasser des faibles pour créer une race d'élites. J'espère que vous réussirez là où il a échoué. Mais que vous vous serviez de moi comme instrument pour parvenir à vos fins, je trouve ça très bas. Il est tellement facile de tirer sur un gibier déjà blessé.

Il me regarda fixement avant de franchir le seuil et me dit:

— Je vous souhaite bonne chance, M. Laudais. Il est dommage que nous appartenions à deux mondes différents.

— Moi, j'en suis extrêmement fier, monsieur.

Je les vis partir mais je savais maintenant qu'ils étaient toujours là. J'avais presque toujours eu envie de me battre, de me défendre mais là, je me demandais comment je pourrais y arriver avec les mains attachées derrière le dos. Moi qui avais cru encore une fois en une bonne étoile, je me retrouvais maintenant sans aucun espoir. Comment pourrais-je apprendre ça à ma femme?

Je décidai de ne lui parler de rien pour le moment: je ne voulais pas la mêler à ça. Vous ne savez pas quelle sorte de réaction une femme peut avoir et ces gens-là étaient prêts à tout. J'avais peur. Je n'étais plus le maître de la place et je n'étais plus le maître de moi-même. De plus, il fallait que j'annonce à Arthur qu'il était renvoyé et je n'avais aucune explication à lui fournir. Il fallait que je trouve quelque chose. Je ne pouvais poser un tel geste dont je comprenais très bien la conséquence immédiate. Il fallait que je retrouve Ti bumm aussi. Maintenant que je connaissais les responsables des dommages à la voiture de Roberto, c'est comme si je les avais vus. J'étais prêt à témoigner que j'avais vu quelqu'un endommager la voiture de Roberto et qu'il avait quitté la taverne pour se venger sans vouloir m'écouter. Il fallait que je sorte Marc de là, que j'essaie de lui faire comprendre, mais je ne savais où le rejoindre. J'essayai de chercher, de trouver, mais il n'y avait rien qui ne me venait à l'esprit. J'avais l'impression que la tête allait m'éclater. J'avais tellement de problèmes à régler et j'étais totalement impuissant devant tout ça; tout comme un spectateur baillonné devant un massacre qui va se produire. Mais je n'étais pas que spectateur, j'étais aussi participant. J'entrevoyais maintenant tout ce qui pouvait se produire et j'étais horrifié à la pensée que je faisais partie de la mise en scène d'une tragédie dont je devais respecter les moindres détails de l'auteur. Je connus alors profondément ce qu'étaient la faiblesse humaine et la souffrance humaine. Et j'ose espérer que jamais, je ne connaîtrai ou que vous ne connaîtrez un sens de l'isolement aussi grand que celui qui m'envahit à cet instant.

XXIII

Lorsque j'entrai à la maison, j'étais complètement démoli. Ma femme comprit tout de suite que ça n'avait pas marché. Mais je ne voulais lui fournir aucune explication et je n'avais surtout pas envie de parler. Je lui bredouillai cependant que le type n'était pas sérieux et qu'il m'avait fait une offre complètement ridicule. Elle essaya de m'encourager.

— Demain, nous allons communiquer avec un agent et nous allons faire le plus de concessions possibles afin de lui offrir les meilleures conditions pour qu'il puisse vendre au plus tôt. Tu vas voir, ça va bien aller. Même si on perd de l'argent, on va recommencer à vivre convenablement. Avec un agent, ça peut aller assez rapidement.

— Non. C'est une très mauvaise période pour vendre dans le moment. Nos chances sont presque nulles. Je crois qu'il vaut mieux renoncer à cette idée et essayer un peu plus tard. De toute façon, je suis capable de me débrouiller encore pour quelques mois.

— Tu n'es pas sérieux. Tu veux blaguer, non? Tu es rendu complètement à bout et encore hier, tu parlais de ton espoir de pouvoir réussir à vendre. Tu n'as pas pu changer d'idée aussi rapidement à cause de l'échec de cet après-midi. Même si l'offre était ridicule, tu avais quand même trouvé un acheteur. On va bien finir par trouver quelqu'un, voyons. Je suis sûr qu'on va réussir.

J'étais nerveux.

— Et moi, je te dis que je ne veux pas la mettre en vente pour un certain temps. Je suis écoeuré des téléphones et des visites du dimanche après-midi. Ça ne sert qu'à entretenir de faux espoirs. J'aime mieux ne plus me faire d'illusions.

— Ce n'est pas possible, Mike. Je ne te crois pas. Tu me fais marcher. Ça fait des semaines et des semaines qu'on parle de vendre et qu'on s'encourage mutuellement et quand ça risque de débloquer, tu parles d'abandon. Ce n'est pas possible.

Je me sentais devenir irritable. Il est extrêmement pénible de faire passer une idée à laquelle vous ne croyez pas: vous manquez d'arguments et ceux que vous invoquez sonnent faux. Le seul argument de valeur est alors celui d'autorité. Mais je ne m'en étais jamais tellement servi et je me sentais mal à l'aise.

— Et moi, je te dis qu'on ne mettra plus la place en vente pour un certain temps parce que c'est mieux ainsi et je ne veux pas en discuter plus longuement. Un peu plus tard, quand nos chances seront meilleures, on pourra en reparler ensemble. Mais d'ici ce temps-là, je ne veux plus en entendre parler. C'est moi qui ai voulu cette situation, c'est à moi de la diriger maintenant. Après tout, c'est moi qui suis pris là-bas, donc c'est à moi de décider.

Elle me regarda avec un air qui en disait long sur ses sentiments intérieurs et je fus incapable de soutenir son regard car j'aurais trahi rapidement le secret que je ne voulais pas divulguer. Je me levai comme je le faisais quand je ne voulais pas continuer à discuter mais elle me dit cependant:

— Tu me déçois profondément. Je t'ai aimé parce que tu as toujours été capable d'envisager la réalité, que tu étais capable de te battre quand c'était le temps, que tu étais capable de discuter, d'écouter les autres et de prendre une décision réfléchie à la fin. Pendant des années, on a tout partagé ensemble; tu acceptais de m'écouter, et je savais que je pouvais me fier à toi. On a eu des moments difficiles qu'on a toujours traversés parce qu'on marchait la main dans la main. Et maintenant, je ne te reconnais plus. Tu prends une décision illogique sur un coup de tête, à partir d'un événement particulier, et tu refuses d'en discuter, tu refuses de m'écouter. Je peux à peine le croire. Je suis tellement déçue de ta façon d'agir! Tu me peines beaucoup, Mike. Je savais que tu avais changé, que ces derniers temps avaient été durs pour toi et pour nous tous, mais c'est maintenant seulement que je réalise jusqu'à quel point le milieu t'a profondément transformé. Quant à dire que c'est toi qui es pris là-bas, je crois que tu es très injuste. Car sache bien qu'on a tous ici à souffrir de la situation, autant que toi. Tu dois être bien fatigué et je crois que ce n'est pas vraiment mon mari qui vient de parler. Quand tu seras reposé, je crois que nous pourrons en discuter plus longuement.

Je me retournai brusquement:

— Je t'ai dit que je ne voulais plus en discuter, que je sois fatigué ou reposé, ça n'a pas d'importance, je crois que c'est assez clair. Quand je serai à nouveau intéressé à vendre, je t'en reparlerai. C'est tout.

—Eh bien! Je t'ai apporté le maximum d'aide à ce jour. Mais sache bien que si tu le prends comme ça, je ne suis plus intéressée à continuer. À partir de maintenant, tu te débrouilleras tout seul, et quand tu voudras vendre, tu t'arrangeras pour vendre. Les démarches que j'ai entreprises, je ne les referai plus.

Je sortis de la pièce plus accablé qu'auparavant, et je savais très bien que quelque chose venait de se briser entre nous. Je comprenais bien la gravité de ce que je venais de faire. En quelques phrases, j'avais changé l'image que ma femme se faisait de moi et je venais de creuser un fossé entre nous deux. Je me trouvais séparé d'elle au moment où j'aurais eu le plus besoin de sa présence, de son appui, de ses conseils. Et maintenant, je me retrouvais complètement seul et je ne voulais pourtant pas la mêler à ce qui se passait là-bas: j'avais trop peur. Je n'étais qu'un pauvre petit pion manipulé par des gens qui pouvaient faire de lui ce qu'ils voulaient. Il ne me restait maintenant personne au monde avec qui je pouvais échanger et c'était un sentiment terrible. Je me retrouvais dans la même situation que Ti bumm caché quelque part coupé du reste du monde et pour qui personne ne pouvait rien maintenant. Je comprenais maintenant son désarroi lorsqu'il s'était présenté chez moi, la panique qui le saisissait à ce moment-là, et j'aurais tellement voulu à cet instant même le retrouver et l'aider, car je vivais maintenant ce que lui vivait aussi. Je saisissais enfin vraiment ce que les habitués venaient chercher chez nous, pourquoi ils venaient s'écraser pendant des heures. Je partageais maintenant les sentiments qui les habitaient, sentiments de délaissement, d'abandon, d'isolement, de solitude. Je faisais désormais partie de leur catégorie. Je ne savais plus où j'allais. J'étais laissé au gré du vent et je ne pouvais savoir où il pourrait m'emporter et avec quelle violence je pourrais être projeté. Mais je savais aussi qu'en même temps que moi, d'autres seraient happés par le même tourbillon, d'autres qui m'étaient chers et que j'allais encore devoir faire souffrir. Quand donc ce tourment allait-il se terminer? Est-ce que j'étais condamné comme Ulysse à errer et à lutter contre le destin encore pendant longtemps?

Je retrouvais le sentiment qui m'avait pénétré à mon arrivée à mon nouveau collège, comme on l'avait appelé. Quand je m'étais retrouvé seul, j'avais eu une réaction de panique au sein de ce nouveau groupe. Les gars se connaissaient déjà depuis un bon moment et moi, j'arrivais comme un intrus et je ne pouvais trouver ma place. On regardait alors comme un suspect un gars qui arrivait à cette période de l'année et de plus, je savais que les autorités m'auraient à l'oeil. Je ne savais où aller, je ne savais que faire: les habitudes de cette institution n'étaient pas les mêmes qu'à l'autre endroit. Il me semblait que je n'apprenais pas. Dès le début, je fus pris constamment en défaut: j'étais une fois à demander une information à un compagnon quand j'entendis le surveillant me crier: « Laudais; la mort et le mourant. »Je me retourne à nouveau vers le gars pour lui demander: « Qu'est-ce que c'est que ça? », quand j'entends encore une fois: « Laudais, la mort et le mourant en double. » Je me demandais quelle sorte de code il employait, et comme je ne pus avoir d'explication, je décidai de laisser tomber. C'est ainsi que je devais découvrir la merveilleuse poésie de La Fontaine et tout le sens de ses fables car je dus passer mon congé de samedi à copier quatre fois ce qu'on m'avait enfin expliqué qu'était « La mort et le mourant. » Je sentis dès lors que j'allais me plaire autant en cet endroit que je m'étais plu à l'autre, et à partir de cet instant, je me repliai sur moi-même.

L'enterrement de Roberto fut d'un vide effarant. Quelques curieux qui n'avaient rien d'autre à faire s'étaient hasardés à l'intérieur de l'église. Il n'y avait pas de gens que je connaissais ou peut-être quelques figures déjà aperçues. Je crus reconnaître sa femme même si je ne l'avais jamais vue. Il y avait peu à dire à son sujet. De l'autre côté, il y avait sa fille dont il m'avait parlé quelquefois. Elle était accompagnée d'une personne, probablement du couvent où elle demeurait. À aucun moment, il n'y eut quelque rapprochement entre la mère et la fille. Même dans la mort, Roberto continuait à les séparer. Il était triste de voir ainsi une enfant regarder la mort d'un être qui aurait dû lui être cher avec autant d'indifférence, d'absence de sentiment. Qu'avait-il fait? Qu'avait-il apporté pour qu'on puisse lui rendre un dernier hommage? Pourquoi quelqu'un se serait-il préoccupé de sa mort quand il s'était si peu préoccupé de la vie des autres? Je n'avais jamais assisté à un enterrement où il n'y a pas de larmes, pas de derniers soubresauts d'amour et d'amitié, où l'on ne sent que froideur. J'avais toujours cru que le plus dur des hommes possédait quelque part un ami. Et pourtant, je n'en trouvai point ce jour-là. Peut-être moi? Non, l'amitié est un sentiment beaucoup plus étroit, beaucoup plus profond que ce que je ressentais. La mort me laissait froid: c'est la vie qui me bouleversait. Et Roberto n'avait jamais vécu. Il ne laissait rien derrière lui qui fait que la vie d'un être continue à l'intérieur des autres. Ce que je ressentais surtout, c'était de la pitié, peut-être pas autant pour lui que pour ceux qui avaient été autour de lui. Cette cérémonie était le symbole de sa vie. J'avais hâte de quitter cet endroit. En partant, je m'approchai de la femme de Roberto afin de lui offrir mes sympathies. Elle avait vieilli prématurément et elle avait le même regard que bien des gars que je rencontrais chez nous et qui n'attendaient plus rien de la vie. Je crois qu'elle avait dû souffrir intensément mais maintenant, plus rien ne pouvait l'affecter. Ses paroles étaient glaciales et elle réussit même à me dire:

— N'oubliez pas, monsieur, que tout ce que vous devez à mon mari, vous me le devez maintenant à moi. Roberto m'a déjà parlé de vous lors d'une de ses visites et je crois que nous réussirons à nous entendre facilement. La mort de mon mari ne change pas grand'chose à ma vie. Il y a longtemps que nous n'existions plus l'un pour l'autre, même si nous nous rencontrions quelquefois. Je communiquerai avec vous très bientôt, monsieur.

C'était peut-être le seul intérêt qui lui restait: avec cet argent maudit, elle pourrait s'acheter quelques heures d'illusion en flacon pour pouvoir se retrouver encore plus bas, s'il était possible, peu de temps après.

En retournant à la taverne, je pensais qu'il était triste de mourir ainsi dans l'abandon mais je me disais cependant qu'il était encore plus triste d'y vivre.

Là-bas, lorsque j'arriverais, une tâche écrasante m'attendait: je devais congédier Arthur. Je n'avais pas le choix. J'avais toujours présentes à l'esprit les menaces que j'avais reçues. Toutes sortes d'idées insensées m'étaient venues. J'avais même songé un instant à continuer à verser le salaire à Arthur et à lui expliquer que je devais cependant prendre quelqu'un d'autre pour faire l'ouvrage. Mais c'était de la folie. J'avais déjà de la difficulté à joindre les deux bouts et je me demande si Arthur aurait accepté de telles conditions: il avait quand même son orgueil. Quand j'entrai, Fred vint me trouver:

— Est-ce que vous avez trouvé quelqu'un pour remplacer Roberto, M. Laudais? Parce que j'ai quelqu'un à vous proposer qui ferait bien l'affaire.

— Non. Je te remercie, Fred. J'ai déjà trouvé un type pour le remplacer.

— Moi, c'est un de mes amis et ça vous ferait un excellent waiter. Le gars est habitué, vous auriez pas à l'entraîner et vous pouvez lui faire confiance: c'est un bon ami à moi. On a travaillé ensemble déjà. Je pourrais vous le présenter. Il pourrait venir aujourd'hui. Il travaille pas dans le moment et il aurait voulu venir avec moi. Je suis sûr que vous le regretteriez pas. C'est un bon travailleur. Moi, je fais ça pour vous rendre service parce que je sais que vous connaissez pas tellement de gars dans ce domaine. Je peux l'appeler maintenant.

— Non, Fred. J'ai déjà engagé quelqu'un qui doit commencer à travailler à 16 heures

— Ah bon! Ça a pas été long à remplacer Roberto. Je croyais que vous auriez de la difficulté. Est-ce que c'est un gars du coin ou bien un type que je connais?

— Ce n'est pas un gars du coin et je ne sais pas si tu le connais, Fred.

— Vous pouvez me dire comment il s'appelle. Je connais plusieurs gars dans le métier.

Je devenais impatient:

— Écoute, Fred, est-ce que tu fais une enquête? Je te dis que j'ai engagé un nouveau waiter et que tu vas le rencontrer à 16 heures lorsqu'il va se présenter au travail. Je n'ai rien de plus à dire. J'arrive des funérailles de Roberto et je suis fatigué.

— Je m'excuse, M. Laudais. Je voulais pas être indiscret. Je voulais seulement me renseigner et essayer d'être utile. Je savais pas que vous connaissiez des gars du métier. Et je sais que ça prend pas n'importe qui pour travailler ici. Il faut avoir les nerfs solides avec le tas de vauriens qui se promènent ici. J'espère que le gars se laissera pas écoeurer par eux autres. De toute façon, je pourrai peut-être lui donner quelques conseils et lui dire comment ça fonctionne ici: il faut leur montrer que vous êtes en charge et jamais vous laisser embarquer. Si vous les écoutez, ça vous mène à des histoires comme celle de Roberto. Ces gars-là, il faut leur donner à boire, les écouter deux minutes, si vous avez le temps, et puis ça finit là. Après ça, salut. Moi, leur vie, je veux rien savoir de ça. Il va falloir que votre gars, il comprenne ça tout de suite au début et puis qu'on marche tous les deux de la même façon.

— Je ne pense pas que tu aies besoin de lui enseigner ça, Fred. Il le sait déjà et ce n'est pas moi qui lui ai montré.

— De toute façon, s'il fait pas l'affaire, il y a toujours mon copain qui peut vous donner un coup de main. Il va être déçu le pauvre gars. Il pensait bien qu'il pourrait recommencer à travailler.

Je savais que les paroles de Fred étaient chargées de reproches quant à ma façon d'agir avec les clients. Nous n'avions pas les mêmes vues là-dessus. Il me tenait même un peu responsable de ce qui était arrivé à Roberto et ça, je le sentais bien à son attitude. Les deux m'avaient toujours reproché, du moins intérieurement, d'avoir laissé entrer Ti bumm: pour eux, j'aurais dû le barrer au point de départ. Tout ce qui était arrivé par la suite à cause de lui était un peu de ma faute. Mais je savais aussi que Fred venait de me faire une mise en scène et de me jouer une comédie à laquelle j'avais mordu au début tellement elle semblait réelle. Il voulait me faire croire qu'il n'avait aucun lien avec ces gars et je regrettais maintenant de ne pas avoir joué son jeu et de ne pas avoir accepté sa proposition de me trouver quelqu'un. Je me demande comment il aurait réagi alors? Comme j'étais stupide: j'avais encore eu un réflexe bête de confiance. J'aurais pu tout au moins lui faire sentir que je connaissais son jeu et qu'il était inutile de continuer à jouer ce double-jeu. Et je m'étais contenté de marcher bêtement! Je me promettais de me reprendre à la première occasion. Un peu plus tard, en passant près du bar, il me dit:

— Ça a été notre meilleur lundi à date, aujourd'hui. J'espère que ça va continuer. Il fait moins froid. Il y a des nouveaux clients qui commencent à venir nous voir. Ça devrait être bon d'ici quelque temps.

— Oui. C'est certainement parce qu'il fait moins froid que les gens éprouvent tout à coup le désir de venir faire un tour « chez Mike ». Ils viennent chercher ici un accueil chaleureux. C'est certainement ça.

Et je regardai Fred d'un air sarcastique.

Je n'avais pas entrevu Arthur encore, mais je savais que tôt ou tard j'aurais à lui faire face. Je ne pouvais prévoir encore comment je réagirais car je savais que tout se passerait sous l'impulsion du moment. Tout ce que je savais, c'est que j'allais devoir le blesser, bien malgré moi. Je me pris une bière pour chasser une pensée ou en préparer une autre. J'avais pris la journée de congé car j'avais plusieurs choses à régler et je voulais être là quand le nouveau waiter se présenterait. J'essayai de réfléchir mais ce n'était pas possible. Peut-être qu'une autre bière pourrait m'apporter l'inspiration.

Puis je le vis arriver et je fus pris d'une sorte de trac. Je savais qu'il viendrait me voir directement. Il avait l'air transformé, propre et rasé; mais surtout quelque chose dans sa figure, dans sa façon de marcher, de regarder les gens faisait voir qu'il n'était plus le même. Et j'allais devoir tout démolir ceci en un instant. Il s'arrêta pour dire quelques mots à quelqu'un et j'espérai qu'il demeurât assis longtemps et qu'il ne vint pas me voir tout de suite. J'étais pris d'affolement et je ne pouvais prévoir ce que je lui dirais. Chaque fois que je commençais à chercher les phrases, il y avait un blanc qui se produisait. Et j'étais incapable de continuer. Il se leva tout en parlant et j'avais envie de descendre à la cave avant qu'il ne se dirige vers moi. Mais ce n'eut été qu'un sursis et tout aurait été à refaire. Il fallait que je donne le coup et tout de suite. Il se retourna et je pensai un instant qu'il allait sortir. Le coeur me débattait comme à mon premier rendez-vous. Il se pencha pour échanger quelques mots avec deux gars qui étaient près de lui et j'en profitai pour me servir à nouveau une bière. Il fallait que j'aie quelque chose à regarder, quelque chose à toucher en lui parlant. S'il pouvait me donner encore un instant, peut-être pourrais-je réussir à rassembler enfin mes idées et à trouver ce que je lui dirais. Mais je le vis se diriger vers moi et je fus pris de panique. Je ne sais quel aspect je pouvais présenter à cet instant, mais j'étais affolé. Je ne savais plus si je devais me mettre à courir ou me montrer impassible.

— Salut, Mike. C'est une belle journée aujourd'hui. Je pense que le printemps va venir de bonne heure, cette année. L'hiver a été dur mais il achève.

Je pris une grande gorgée de bière pendant qu'il parlait, puis une autre, comme j'avais vu tant de fois les gars le faire devant moi, puis:

— Écoute, Arthur, j'ai une mauvaise nouvelle pour toi. Je ne peux pas te garder comme laveur de planchers. Ce qui est arrivé hier est inacceptable. Je t'avais demandé quelque chose et tu ne l'as pas respecté. À cause de ça, j'ai eu des problèmes.

Je le regardai seulement l'espace d'un instant et il n'avait pas eu le temps de changer de figure. Il avait gardé son sourire figé.

— Mike! Tu veux rire, non? Tu m'as dit encore hier que ça n'avait pas d'importance, que je pouvais revenir seulement le soir. Ce n'est pas possible. Tu veux m'agacer? Est-ce que tu n'es pas content du ménage que j'ai fait hier?

Oui, Arthur. Je veux dire, tout aurait été correct s'il avait été fait à temps. Mais vois-tu, j'avais un rendez-vous important et j'ai tout gâché à cause de ça.

— Oui, mais c'est la première fois. Donnez-moi une chance. Je peux me permettre une erreur. J'ai fait de mon mieux depuis que j'ai commencé.

—Il y a eu d'autres choses, Arthur, des petits incidents. Mais c'est suffisant...

— Je sais, j'ai pris une bière une fois puis j'ai laissé l'argent à Fred sur le comptoir avec une note. J'ai essayé de faire fonctionner les lignes de bière, une autre fois, mais ça n'a pas donné grand'chose. Peut-être que j'ai dérangé quelque chose dans le fonctionnement, mais je n'y ai pas retouché; c'est la seule fois que ça m'est arrivé, car j'ai eu peur de me faire prendre et je ne voulais pas perdre mon emploi.

— Oui, mais Arthur, ces petites choses-là, c'est assez pour vous faire perdre confiance en quelqu'un. Je t'avais dit au point de départ que je ne voulais avoir aucun incident. Il faut que je puisse me fier à quelqu'un continuellement.

— Mike! C'est pas possible. Ce n'est pas toi, ça. Tu as toujours essayé de me donner un coup de main puis juste au moment où je commence à prendre le dessus, tu me fous dehors. Je ne peux pas te croire, Mike.

J'avais essayé de ne pas le regarder. Mon coeur avait cessé de battre comme avant, mais maintenant j'étais couvert de sueurs. Lorsque je le regardai à nouveau, son visage avait changé et je reconnus le même Arthur que j'avais toujours vu devant moi auparavant.

—Écoute, Arthur, je regrette. J'ai essayé, mais ça n'a pas marché. J'ai une affaire à mener et il faut que ça marche rondement. Je ne peux me permettre d'hésitation. À partir de maintenant, je veux essayer quelqu'un d'autre. Je ne te chasse pas parce que tu as été un mauvais employé mais, vois-tu, je cherche autre chose que ça. C'est strictement au point de vue affaires et ça n'a rien de personnel, Arthur. Peut-être que plus tard...

— Vous ne comprenez pas, M. Laudais, ce que ça voulait dire pour moi. Vous ne comprenez pas ce que je viens de perdre. Ce ne sera pas plus tard. C'est maintenant que j'ai besoin de ça.

Il n'y avait aucune espèce d'agressivité chez lui. Je reconnaissais cette espèce de défaitisme qui l'avait toujours habité. Je crois que j'aurais préféré qu'il se révolte, qu'il devienne menaçant comme Ti bumm savait si bien le devenir. Il était là devant moi, l'air défait, abruti, sans aucune défense. Et il me faisait pitié. J'étais devenu comme ceux que je détestais, qui s'acharnaient à frapper et à démolir les faibles.

— Je comprends très bien, Arthur. Mais vois-tu les affaires et les sentiments, ça ne se mêle pas. A présent qu'on a réglé ça, est-ce que je peux t'offrir une bière? Ça me ferait extrêmement plaisir de pouvoir prendre une bière avec toi.

— J'imagine que je dois dire oui, Mike, même si je ne suis plus ton employé.

240

— Tu ne dois dire oui que si tu veux encore prendre un verre avec moi, c'est tout.

Mais je savais qu'il avait déjà accepté à l'avance et je me sentais d'autant plus coupable que je lui avais fait accepter l'idée qu'il avait une part de responsabilité dans son congédiement, qu'il avait commis quelques erreurs et qu'il devait maintenant payer pour. Je lui offris un verre, puis un autre et je savais qu'il était maintenant un homme fini. Et moi aussi, j'avais envie de me saouler la gueule car ce que je venais de faire était tellement bas. Puis il alla s'asseoir et sa vie d'auparavant venait de recommencer et il ne m'en voulait même pas.

J'avais une autre rencontre à faire et celle-là m'inspirait du dégoût. Devant lui non plus, je ne savais pas comment j'allais réagir. Mais j'avais moins de crainte et d'appréhension que j'avais eues à rencontrer Arthur. Je pris une autre bière. J'étais complètement abruti.

Puis un peu avant 16 heures, je le vis apparaître: tout de suite, je sus que c'était lui. C'était une espèce de boeuf qui, dès son premier pas à l'intérieur, sembla dominer le monde par le regard qu'il jeta dans la place. Quelques-uns s'arrêtèrent de boire pour le regarder mais il n'était pas du type qu'on regarde longtemps. Il demeura un instant près de la porte, puis se dirigea lentement vers moi.

— Salut, Mike. Je suis Alfredo.

Puis il commença à se déshabiller pour révéler des épaules d'une carrure exceptionnelle. Je savais qu'il n'aurait pas de problèmes à se faire respecter. Il était habillé très proprement et portait la chemise blanche et la boucle noire. Je lui tendis le tablier pour la monnaie qui avait été à Roberto et dans lequel j'avais préparé la monnaie nécessaire. Fred s'était dirigé vers le bar pour commander une dernière fois avant de quitter et l'autre le salua en l'appelant par son nom. Avant de commencer à travailler, il me dit:

— Tu vas voir, Mike, que t'auras pas de problèmes à partir de maintenant. La place va être bien tenue et puis les pouilleux vont disparaître, ça sera pas long.

Puis il prit un plateau et la place de Fred pendant que celui-ci se préparait à faire son inventaire. Je le regardai s'avancer au milieu des clients et je songeai tristement que c'était le début d'une ère nouvelle.

XXIV

Je m'étais présenté à un concours de promotion en vue de devenir assistant-directeur d'une école. Au début, ce concours avait été important pour moi. On me disait que mes chances étaient bonnes et j'avais bon espoir de réussir. J'avais encore de l'ambition à ce moment-là et je pensais pouvoir transformer le monde par mon influence. J'avais toujours cru que les relations humaines étaient très importantes et je voulais miser sur cet aspect lorsque j'aurais à rencontrer le comité de sélection. J'avais élaboré des plans, des idées sur ma conception et la façon dont je pourrais la leur présenter. Ce poste avait été pour moi un objectif à atteindre et j'avais rêvé d'y parvenir. J'avais reçu une lettre du comité de sélection fixant mon entrevue à mercredi de la présente semaine. Mais maintenant, ça ne voulait plus rien dire pour moi. Je savais que je n'avais plus la force d'accomplir cette tâche, je n'avais plus l'ambition d'y parvenir. J'étais désabusé, vidé. Je n'attendais plus rien des autres et je n'avais plus rien à leur donner. Ce que j'avais élaboré comme plan me semblait irréalisable et la simple idée de m'être présenté me paraissait maintenant ridicule. Tout ce que je voulais à présent, c'était la quiétude, la tranquillité d'esprit que j'avais perdues le jour où j'étais entré dans ce maudit endroit de perdition. Je n'avais plus rien de nouveau à aller chercher et je n'étais surtout plus intéressé à tenter d'expériences: j'étais plongé à l'intérieur de l'une dont j'essayais de me sortir désespérément et je ne pouvais y parvenir. Je pris la décision de faire parvenir une lettre au comité leur expliquant qu'en toute honnêteté, je ne pouvais me présenter à un tel poste, étant donné l'état actuel de ma santé. Je ne savais comment un tel geste pourrait être interprété et quelle conséquence il pourrait avoir dans le futur si je décidais de me présenter à nouveau à un autre concours. Mais ma décision était prise et je ne voulais pas y revenir. Il me paraissait impensable de me présenter devant des gens sensés dans l'état d'esprit où je me trouvais. Ce fut surtout mon épouse qui fut surprise et déçue de mon attitude: « Je ne te comprends plus. C'est toi-même qui me disais jusqu'à quel point c'était important pour toi. Et maintenant, tu veux tout abandonner. Je trouve ça inconcevable. Tu pourrais au moins essayer. Tu m'as exposé à plusieurs reprises ta philosophie et il me semble que tu pourrais quand même tenter d'aller la leur présenter. L'important n'est pas que tu réussisses, mais que tu essaies au moins. »

— Je ne crois plus en ce que je t'ai déjà dit et pour moi, ça ne serait que mentir d'aller leur parler de l'importance des relations humaines. Ce qui, pour moi, a déjà été important, ne l'est plus dans le moment. J'ai changé, je le sais et je ne serai plus jamais l'homme que j'étais auparavant.

— Mike, tu peux me répondre honnêtement? Qu'est-ce que tu attends de la vie? J'ai déjà connu tes ambitions mais maintenant, j'aimerais savoir où tu t'en vas au juste. Je ne te comprends vraiment plus, Mike.

— Tout ce que j'attends de la vie, c'est qu'elle me laisse tranquille, qu'elle arrête de s'acharner contre moi. J'aimerais avoir la paix. Je n'ai pas d'autre ambition.

Et je savais qu'en disant ceci, je venais de sceller le mur qui s'était peu à peu élevé entre nous deux et qui nous séparerait peut-être pour longtemps maintenant, sinon pour toujours. Je me demandais vraiment ce qui me restait à attendre de la vie et je fus, à partir de ce moment, assailli par une idée qui se mit à me poursuivre avec acharnement. Je ne voyais maintenant qu'une façon de me sortir de ce pétrin et surtout de sortir ceux que j'avais entraînés avec moi. Ça m'apparaissait comme la seule solution et j'étais prêt à l'envisager froidement. Je pourrais contrer les gars de l'Organisation sans pour autant qu'ils ne harcèlent ma famille. Désorganisés, ils devraient quitter la place et permettre qu'elle soit vendue à quelqu'un d'autre. Oui, c'était ça. C'était la seule façon de les faire sortir de chez nous et de délivrer non seulement les miens mais encore bien d'autres gens de leurs sales griffes. Je ne connaissais pas particulièrement leurs activités et j'avais refusé jusqu'à présent de me questionner à cet effet mais je savais pertinemment qu'il s'agissait d'exploiter la faiblesse de pauvres gens incapables de se défendre et je ne voulais pas en savoir plus. Je pourrais peut-être ainsi aider un bon nombre de gens. Je me devais de m'arracher de cette emprise et si ce n'était fait maintenant, je devrais traîner cette situation pendant combien de jours, de semaines et de mois encore, et la faire endurer à d'autres qui n'étaient pas responsables en même temps. J'avais cherché, pendant des heures et des nuits et je n'avais rien trouvé et pourtant tout à coup, je savais ce que j'avais à faire. Il n'y avait pas d'autre façon et pourtant je réalisais pleinement jusqu'à quel point, il était tragique d'examiner ainsi en face aussi objectivement la seule solution que j'avais pu trouver: la mort.

Je retournai le lendemain midi et fus surpris de constater l'activité qui régnait dans la place. On n'avait jamais eu autant de clients, c'était vrai. Il y avait un tas de figures nouvelles mais je n'étais pas intéressé à les rencontrer ni à savoir ce qui les attirait tout à coup chez nous. Il y avait aussi les vieux fidèles mais déjà, ils n'étaient plus comme avant. Auparavant, lorsque j'entrais, je pouvais tous les reconnaître du premier coup d'oeil. Ils m'attendaient, ils me saluaient, ils étaient contents de savoir que j'étais là.

On n'échangeait pas toujours mais il y avait une présence et ils savaient que j'étais près d'eux. Mais aujourd'hui, en entrant, j'eus peine à les retrouver, tellement ils étaient dispersés et anonymes. Il n'était plus question de salut comme à l'accoutumée. Ils ne m'attendaient pas mais j'avais plutôt l'impression qu'ils m'épiaient. Je me sentais très mal à l'aise. J'essayai de m'occuper tout de suite en entrant. Alfredo vint me trouver. Il avait l'air très à l'aise:

— Salut, Mike. Il faudrait penser à faire aménager une cuisine. Ça va commencer à valoir la peine de servir des repas. Il va falloir y songer bientôt, Mike. Je suis certain que d'ici peu de temps, on va avoir pas mal de nouveaux clients. Il faudrait être prêt à les recevoir. Servir des langues et des oeufs, c'est pas suffisant: les gars veulent avoir plus que ça et je les comprends. Il va falloir en parler sérieusement, Mike. Il y a des nouveaux clients ici aujourd'hui. Tu devrais aller les saluer, Mike. C'est bon pour les affaires. Les gars seraient contents de te connaître.

— Je n'ai pas le temps aujourd'hui. J'ai juste le temps de mettre un peu d'ordre et de repartir.

— C'est pas tellement long et je suis sûr que tu devrais y aller, Mike.

Il avait dit cela avec un ton qui me fit décider justement de ne pas y aller. Je ne voulais pas recevoir d'ordres de lui, même si au fond, je savais que moi, je ne pouvais plus guère en donner que pour sauver les apparences devant tous. Ce n'était que le minimum de liberté qui me restait mais j'entendais bien le garder jusqu'au bout. Je me contentai de le regarder pour lui signifier clairement ma position. Il se dépêcha d'enchaîner:

— Il va falloir faire du changement ici. Les pouilleux, on va les éliminer peu à peu. C'est pas bon pour les affaires. J'ai commencé hier soir à en placer quelques-uns. L'ivrogne qui avait commencé à se saouler un peu trop de bonne heure, hier, il était trop saoul à mon goût dans la veillée: ça risque de nous attirer des ennuis. Je l'ai déposé sur le trottoir. Je pense que ça serait mieux qu'il ne remette pas les pieds ici.

— De qui veux-tu parler? Est-ce que tu sais lequel c'est?

— Oui, je crois que c'est lui qui lavait le plancher ici avant. Des gars comme lui, on en a pas besoin ici. Ça fait que nous attirer des ennuis.

J'étais furieux. Chez nous, c'était peut-être la seule chaleur qui lui restait, à ce pauvre Arthur. Non seulement, on lui avait enlevé son emploi, mais aussi sa maison. Je me contentai de dire le plus calmement possible:

— Il n'a jamais causé d'ennuis ici. C'est un gars tranquille. Il n'y a aucune raison de le mettre à la porte.

Puis très lentement, en le regardant fixement, j'ajoutai:

— Je veux que tu le laisses entrer. Il va se présenter à nouveau et je veux que tu le laisses revenir sans quoi c'est moi qui vas faire du bruit.

Il hésita avant de répondre:

— Je vais lui donner une chance, juste une.

Mais je savais très bien qu'il disait cela à contre coeur et qu'il était furieux.

— Mais le chanteur va devoir fermer sa gueule, par exemple. Il a commencé à piauler hier soir et je l'ai averti de fermer sa gueule ou de déménager. C'est pas un théâtre ici. On veut pas de spectacle. Je l'avertirai pas à nouveau. Ou bien il se ferme la gueule ou bien il décolle d'ici.

— Les clients avaient l'habitude de s'amuser quand Vincent chantait. Il n'y a jamais personne qui s'est plaint. Je ne vois pas pourquoi tout à coup…

— Eh bien, là, c'est différent. Il y en a qui voulaient que ça arrête et moi, le premier. Piauler, c'est bon pour les poulets et puis moi, j'aime pas ça les poulets. Tu veux quand même pas m'empêcher d'avertir les gars qui dérangent. De toute façon, ces gars-là, c'est pas des bons clients. Prends le petit vieux qui est installé devant sa télévision. Je l'ai remis à sa place hier. Il m'a pris pour son serviteur tout à coup. Il voulait que je change la télévision au poste de son choix et puis il m'a demandé ensuite de changer sa bière parce qu'elle était trop chaude. Je lui ai dit:

—Écoute, bonhomme, si tu veux un traitement spécial, tu iras le chercher ailleurs qu'ici, parce que d'où je viens, les gars comme toi, ils servent de paillasson à la porte. Arrange-toi pour que je t'oublie le plus possible.

Il a pas eu l'air de tout comprendre mais je pense qu'il a assez compris pour s'écraser à présent. Fie-toi à moi, Mike. Tu vas avoir une place bien tenue. Il y a personne qui va venir faire du trouble ici. Les pouilleux, ils vont sortir un par un et puis tu vas avoir des bons clients à la place. Fie-toi à moi, Mike. Oh oui, pendant que j'y pense, si on devient trop occupé, il va falloir avoir un barman à plein temps. Il faudrait reparler de ça, Mike.

Quand je retournai à 17 heures, Alfredo n'y était plus et j'étais content, mais Arthur y était. Il ne vint pas me trouver mais demeura attablé et ne leva même pas les yeux de sa bière. Même dans ses moments les plus pénibles, il était toujours venu me voir; ça m'avait dérangé quelquefois mais maintenant, j'aurais voulu rétablir ce contact, même si ce n'eût été qu'un regard échangé. Le comptoir qui n'avait jamais été un obstacle entre les clients et moi était tout à coup devenu une barrière qui nous séparait. Je savais qu'ils ne me regardaient plus de la même façon. J'avais encore ressenti ce malaise profond dès mon entrée. Je pris deux bières et je décidai malgré tout d'aller rejoindre Arthur. Il ne bougea pas lorsqu'il me vit approcher de lui. Je m'assieds, même si j'étais extrêmement mal à l'aise et que je savais que les autres me regardaient. On saurait bien vite que je m'étais assis avec Arthur même si j'avais refusé d'aller m'asseoir avec d'autres personnes beaucoup plus intéressantes. Il ne leva pas les yeux; il ne semblait même pas avec moi. M'était-il possible d'avoir perdu le contact avec tous les êtres qui m'entouraient? Je lui dis à voix très basse:

— Je m'excuse pour Alfredo, hier soir.

— Hier soir! Quoi, hier soir? Ce n'est pas hier soir, c'est ce matin qu'elle est partie sans me laisser un mot. Et cette fois, c'est pour de bon.

Il parlait tellement bas et sans me regarder qu'il avait l'air de se parler à lui-même. Je le laissai aller, il ne fallait pas intervenir.

— Elle m'avait dit au point de départ qu'elle me donnait une chance et qu'il n'y en aurait pas d'autres. Hier, je l'ai ratée et je ne me souviens même pas de ce qui est arrivé. Je ne me souviens même pas de l'avoir vue une dernière fois. J'aurais voulu au moins la voir partir, lui dire quelque chose une dernière fois, mais là, je n'ai eu connaissance de rien. Je ne me rappelle plus d'hier. Mais je sais que c'est fini. Je sais que je ne la reverrai plus jamais.

Puis il leva légèrement les yeux sans rien dire et eut l'air de chercher pendant quelques instants. Je pus reconnaître dans son regard un air qui m'effraya car je le connaissais bien: c'était celui des gars qui n'ont plus rien à gagner. Puis il continua en regardant autour de lui d'un seul mouvement des yeux:

— J'ai déjà travaillé ici. Je me souviens; mais je suis content d'avoir abandonné parce que ce n'était pas une place pour moi. Je voulais rendre service mais je savais que je ne ferais pas cela longtemps. Ce n'était pas mon domaine; j'ai toujours travaillé dans d'autre chose que ça: moi, je travaillais avec ma tête et puis mes mains ne sont pas tellement habiles. Mais j'ai accepté de rendre service pour quelques jours. On peut faire toutes sortes de choses pour un ami. Mais maintenant, je ne serais plus capable de faire de l'ouvrage comme ça parce que j'ai vieilli et que mes mains tremblent. Mais à présent, je n'ai plus besoin de travailler. Je peux arrêter et me reposer. Il n'y a plus de raison pour que je travaille. Je n'ai plus personne à faire vivre.

Puis il fixa à nouveau son verre et je n'existais plus pour lui: ni moi, ni personne d'autre d'ailleurs. Je restai un instant debout à le regarder puis me décidai à le quitter en sachant très bien que je n'aurais plus aucun contact avec lui.

J'avais moi aussi perdu contact avec le monde pendant un certain temps là-bas dans mon collège. J'avais commencé par me sentir faible et puis j'avais perdu conscience tout à coup. Il faut dire que depuis quelque temps, je mangeais très peu et j'avais peine à digérer le peu que j'avalais. De plus, je n'arrivais pas à trouver le sommeil et lorsque je m'endormais, je faisais des cauchemars affreux. Après un certain temps de ce régime, je devins complètement exténué et sans m'en rendre compte, je me retrouvai tout à coup à l'infirmerie. Je refusai la nourriture et les remèdes qu'on me présentât: je voulais qu'on me laisse tranquille. J'avais besoin de repos, je me sentais fiévreux. Il y avait d'autres gars avec moi à l'infirmerie, mais je n'étais pas intéressé à eux. Eux étaient là pour des maladies bénignes. Ils avaient le goût de s'amuser, de rire, de se battre avec leurs oreillers. J'avais déjà aimé ce genre de jeux avec les autres, mais maintenant ça ne m'intéressait plus. Dès mon arrivée au collège, les grands s'étaient moqués de moi et m'avaient appelé « feuille de chou », en raison de mes oreilles un peu trop décollées. J'avais été profondément humilié lorsque le nom m'était resté et j'avais décidé de rester loin des autres afin qu'ils me laissent tranquille. Tandis que je vis peu à peu mes compagnons d'infirmerie prendre du mieux et me quitter alors que d'autres venaient les remplacer, je vis aussi ma santé se détériorer de jour en jour. J'étais de plus en plus faible et simplement à la façon dont l'infirmier regardait le thermomètre et me regardait ensuite, je savais que mon état empirait. Je n'étais pas inquiet: j'étais plutôt dans une espèce d'état d'insouciance. Tout ce qui m'entourait me laissait indifférent. L'infirmier, qui avait été brusque au début avec moi, devint tout à coup beaucoup plus doux. « Tiens, prends ceci petit; ça va te faire du bien. » Il soulevait ma tête et me faisait boire. Puis il plaçait des serviettes sur ma tête. À certains moments, il venait pour me faire manger, mais je ne voulais aucune nourriture. Il était de plus en plus autour de moi, mais sa présence me rappelait trop où j'étais et je n'en voulais pas: ce n'était pas de lui dont j'avais besoin. On avait envoyé les autres gars qui étaient avec moi et j'étais maintenant seul: j'aimais autant ça ainsi car l'infirmier devait constamment venir leur dire de se taire et de rester tranquilles pour ne pas me déranger et lorsqu'il se retirait, les gars se moquaient en disant: « Feuille de chou est le chouchou de l'infirmier » ou bien « Il ne faut pas parler trop fort à cause des amplificateurs de feuille de chou. » Je n'avais même pas la force de réagir et je ne pouvais même plus en vouloir à ceux qui m'entouraient. Puis, un soir, je sombrai dans le délire. Je voyais des figures merveilleuses devant moi qui se transformaient tout à coup en monstres hideux. Je reprenais conscience un instant pour ensuite voir un grand trou avec quelqu'un qui s'enfonce dedans lentement, lentement, lentement; et il semblait que je me mettais à crier et à crier, et je voyais…

Au bar, Fred était occupé mais il avait un large sourire.

— Il va falloir que vous me donniez un coup de main, M. Laudais. J'ai de la misère à fournir les clients. Il va falloir que vous restiez avec moi ce soir.

Puis un peu plus tard:

— Savez-vous, la mort de Roberto, c'est un mal pour un bien! Roberto c'était un bon type, mais c'était pas un gars qui attirait tellement les clients. Je pense qu'à partir de maintenant, ça va bien marcher. Seulement dans quelques jours, on a attiré des nouveaux clients et il y a beaucoup plus de va-et-vient. Alfredo connaît son affaire et il sait comment en gagner des nouveaux.

— Il sait aussi comment renvoyer les anciens! Sais-tu Fred, je pense à quelque chose. Dans le temps de Roberto, toi non plus tu n'attirais pas tellement de clients. C'est surtout cette semaine que ta cote de popularité s'est remise à monter. Qu'est-ce que c'est ton secret, Fred? As-tu changé de style ou quoi? Tu voulais entraîner le nouveau waiter, tu m'as dit l'autre jour. Peut-être que c'est lui qui a commencé à t'entraîner! J'aimerais ça que tu m'expliques, Fred. Je suis très intéressé.

— Excusez-moi. Je vas servir les gars là-bas et je reviens.

Je savais que je l'avais pris pas surprise. Il voulait continuer à jouer son petit jeu, mais cette fois-ci, je comptais bien lui montrer que je n'étais pas dupe. Quand il revint, il me dit tout de suite:

— Avez-vous pensé à acheter de la mort-aux-rats? Ils ont recommencé à se promener en bas. C'est pas tellement intéressant de descendre.

— Oui, Fred. Il faudrait en mettre partout parce qu'il y en a qui se promènent en haut aussi. C'est vrai que ce n'est pas tellement intéressant de se promener parmi eux.

Il me regarda et se dépêcha à enchaîner:

— Vous savez pour ce que vous me demandiez tout à l'heure, je pense que le secret, c'est qu'Alfredo et moi, on s'entend bien et on fonctionne de la même façon. Avec Roberto, on avait chacun notre manière et les clients le savaient.

— C'est ça, Fred, bien sûr! Vous n'aviez pas un patron commun, toi et Roberto, tandis que maintenant, c'est différent. Ça fonctionne tellement mieux de recevoir des ordres de la même personne. À propos, Fred, comment vont les ventes?

— Vous devriez le savoir mieux que moi, c'est vous le patron, il me semble.

— Si c'est moi le patron, Fred, tu es congédié ainsi qu'Alfredo.

Il resta figé un instant, incapable de dire un mot. J'avais produit mon petit effet:

— Non, je ne pensais pas à la vente de la bière, Fred. Je pensais au reste, à ce qui ne me passe pas par les mains. Tu es mieux au courant que moi.

Il changea alors nettement d'attitude, comprenant qu'il n'avait rien à cacher:

— Si vous voulez de l'information, M. Laudais, vous savez à qui la demander.

Puis il se dirigea vers un groupe de clients. Nous n'avions plus rien à nous dire. Mais il savait maintenant qu'il était inutile de continuer à jouer.

Le mercredi, je reçus un appel d'Alfonso L., à la maison. Ma femme n'était pas loin de moi. Il me parla sèchement:

— Je croyais, M. Laudais, que vous aviez bien compris l'autre jour, ce qu'on attendait de vous?

— J'ai très bien compris, monsieur. Je crois que ça ne pouvait être plus clair.

— Ça ne devait pas être assez clair, M. Laudais, parce qu'aujourd'hui, je suis obligé de me répéter. Et je n'aime pas avoir à répéter. Soyez assuré que ça ne se reproduira pas, M. Laudais. Comprenez-moi bien cette fois-ci. J'ai trois choses à vous rappeler. D'abord, je vous avais bien dit qu'il était inutile de continuer à mettre votre commerce en vente: vous ne semblez pas avoir très bien saisi ce que j'ai voulu dire car j'ai encore trouvé une annonce aujourd'hui dans le journal.

Je jetai instinctivement un regard du côté de mon épouse et je répondis:

— J'avais déjà payé pour ces annonces avant que vous ne veniez chez nous.

— Il aurait fallu m'en parler, M. Laudais.

— J'ai oublié de le mentionner.

— C'est le genre d'oubli qu'il ne faudrait plus commettre, M. Laudais. Vous ne pouvez plus vous permettre ça maintenant. Est-ce qu'il y a d'autres annonces qui doivent paraître?

— Oui, je crois que j'en ai encore une ou deux.

— Vous savez ce que vous avez à faire?

— Oui, je vais les annuler.

— Non, si vous avez des appels, répondez que c'est vendu, c'est tout.

— Je vous remercie de me trouver un acheteur aussi facilement, monsieur.

— Deuxième point. Alfredo est engagé par nous; vous n'avez pas d'ordres, à lui donner. Il sait comment faire fonctionner un établissement. Vous pouvez vous fier à lui pour ne pas faire de gaffes. Les ordres viennent strictement de nous, M. Laudais. J'espère que vous comprenez bien ce point. Il est parfaitement libre de faire entrer ou sortir qui il veut. C'est à lui seul à décider. Il a fait ses preuves et il sait exactement ce qu'il a à faire. Vous m'entendez, M. Laudais?

— Je vous entends très bien.

— D'ailleurs, il va falloir commencer à penser à un barman. Vous ne pouvez pas fournir à la tâche. Je recommuniquerai avec vous à ce sujet très bientôt. Vous n'aurez pas de problèmes. Troisième point. Je vous avais demandé de ne pas vous occuper de nos affaires chez vous. Vous n'avez pas un mot à dire là-dessus ni aucune remarque à passer à personne. Vous vous occupez de la bière et on s'occupe du reste. Je ne veux pas qu'à aucun moment, il y ait quoi que ce soit de mentionné à ce sujet. On ne peut pas se permettre ce genre d'interférence dans nos affaires. Je sais que vous êtes un homme sensé, M. Laudais et que vous allez comprendre tout de suite ce que je viens de vous expliquer. Je suis très occupé, M. Laudais et je n'aime pas perdre du temps au téléphone. La prochaine fois, je devrai vous envoyer quelqu'un pour vous donner des explications plus précises. Au revoir, M. Laudais.

— Je vous remercie pour les explications très précises, monsieur. Vous m'apporterez une aide précieuse.

Mais il avait déjà raccroché. Mon épouse avait essayé de suivre la conversation. Elle me regardait et essayait de comprendre. Je lui dis simplement et très doucement:

— Je t'avais dit qu'il ne fallait plus essayer de vendre pour un certain temps. C'est que j'avais des raisons sérieuses de le faire. Maintenant, tu comprends? Ce n'est pas moi qui en ai décidé ainsi. Je n'ai plus le droit de penser à présent. C'est quelqu'un d'autre qui pense pour moi.

— Tu veux dire que...

— Oui, je veux dire que c'est l'Organisation qui mène à présent.

— Pourquoi ne m'en as-tu pas parlé auparavant, tout de suite au début? Ça remonte à ta rencontre de dimanche après-midi, j'imagine?

— Oui, c'est ça. Je ne voulais pas te mêler à ça. Il y a assez de moi qui suis pris avec eux autres. Et puis ça n'aurait rien arrangé: de toute façon, on ne peut absolument rien faire. Ils nous tiennent à la gorge. Tu comprends maintenant pourquoi c'est important que tu fasses exactement ce que je te dis.

Elle s'approcha de moi.

— Si tu m'avais dit cela tout de suite, ça m'aurait servi au moins à te comprendre au lieu de me laisser imaginer toutes sortes d'autres choses. Je me suis torturée à me demander ce qui t'arrivait pour que tu changes ainsi d'attitude aussi brusquement et j'ai pensé à toutes sortes de choses, excepté à ce que tu viens de me raconter. J'étais tellement déçue: je croyais qu'on ne pourrait plus jamais se comprendre. Je sais que cette situation est pénible, Mike, mais j'aime autant envisager celle-ci avec toi, que l'autre que tu me présentais l'autre jour où l'on devait marcher chacun de notre côté. Ensemble, je suis sûr qu'on va passer à travers, Mike. Je suis sûr qu'on va trouver une façon de s'en tirer.

— Oui, il va falloir trouver une façon de s'en tirer.

Pour moi, il n'y avait qu'une seule façon de s'en tirer. Je ne savais ni où, ni comment ça se produirait mais je savais que ce serait la délivrance pour tous. Malheureusement, je ne pouvais lui faire part de l'unique solution que j'avais pu trouver.

XXV

Il y en avait un qui ne m'avait pas tellement dérangé à ce jour: c'était le nouveau laveur de planchers. Je ne l'avais même pas vu et je ne connaissais que son nom. Alfredo m'avait demandé de lui laisser la clef afin de la donner à l'autre. Je me foutais pas mal de le rencontrer, je savais à quel groupe il appartenait et je voulais voir ces gens-là le moins possible. Le ménage était bien fait et c'est tout ce qui m'importait. Au point de vue travail, je n'aurais eu aucun reproche à lui faire, ni à Alfredo d'ailleurs. Comme Alfonso m'avait dit: « Vous allez voir que ça va marcher. » Au fait, la place n'avait jamais été aussi bien tenue. C'était propre, en ordre, et je n'avais constaté aucun « oubli » comme j'étais tellement habitué de le faire auparavant que je ne le mentionnais même plus. Les inventaires balançaient comme jamais je n'aurais pu l'imaginer, je n'avais même pas pu relever une erreur dans ceux de Fred. En fait, j'aurais pu laisser fonctionner la place sans être là et j'aurais pu enfin trouver le repos et la satisfaction. D'autant plus que je constatais une hausse de revenus. J'aurais pu être libre de presque tout souci et devenir fonctionnaire, c'est-à-dire exécuter des ordres sans me poser de questions et sans jamais laisser intervenir les sentiments personnels. Mais j'avais devant moi des hommes avec lesquels j'avais vécu des heures pénibles, que j'avais appris à connaî-tre, que j'avais tour à tour détestés, puis pris en pitié, essayé de comprendre et quelquefois aimés, je crois, parce qu'ils me ressemblaient; ils affichaient leur force pour mieux cacher leur faiblesse: ils riaient et chantaient pour mieux cacher leur tristesse; ils gueulaient afin de ne pas montrer et de ne pas sentir leur isolement, ils cherchaient quelqu'un avec qui monologuer afin de se libérer de cette effroyable tension qui vous pèse sur la poitrine et qui cherche à vous étouffer. Enfin, c'était des hommes qui criaient, qui braillaient, qui juraient, qui vous menaçaient et puis vous prenaient la main pour sentir que vous étiez toujours là. Il y avait en eux une chaleur, un désir de trouver l'autre qui saura vous écouter et peut-être même vous compren-dre. Ils étaient taillés à la hache: leurs sentiments étaient gros, gros comme eux. Pas question de raffinement et de beaux mots chez nous. On s'expri-mait différemment chez nous, par des jurons, des hurlements, des taloches, des verres brisés, des affrontements, des menaces, des grandes tapes dans le dos, et puis enfin une tournée offerte à crédit. Mais on venait y chercher quelque chose, peut-être la force de vous faire continuer, la petite étincelle qui fait que vous êtes encore là. C'est ce que j'avais essayé de leur apporter.

Mais aujourd'hui, je ne retrouvais pas devant moi les gars que j'avais connus. Ils étaient toujours là, ils étaient beaucoup plus disciplinés mais ils me regardaient avec amertume, et surtout peut-être avec indifférence. Il n'y avait plus ces gars qui me criaient en entrant: « Salut, Mike », qui m'invitaient à leur table, qui m'envoyaient une bière ou venaient en prendre une avec moi au bar, ni surtout ces gars qui venaient régulièrement se vider devant moi parce qu'ils savaient que je saurais les écouter. Ça avait été un temps dur pour moi; mais le fait de m'ignorer, l'isolement dans lequel ils me plaçaient étaient bien pire. Fred et Alfredo subissaient le même sort mais eux ne demandaient pas mieux.

Il y en avait un qui, par son comportement, ses sourires, ses déplacements, sa façon de fraterniser avec les waiters, m'intriguait et m'inquiétait. Il était le seul qui s'était intégré au nouveau groupe et qui semblait satisfait du changement de situation. C'était Christian. J'essayai de lui parler discrètement:

— Écoute, Christian, je n'ai pas à te dire quoi faire, mais tu devrais t'occuper de ton affaire. Tu te rappelles l'avertissement que tu as reçu? J'ai l'impression que tu peux t'attirer des ennuis.

— T'en fais pas, Mike. Je suis du bon côté. Ces gars-là, ils m'acceptent dans leur groupe. Moi, j'ai jamais été vraiment accepté ici. Des fois, les gars m'enduraient à leur table mais c'était seulement quand je payais une tournée. Autrement, je me retrouvais tout seul. Ah! au début, il y avait bien mon ami Roch. Mais quand les gros gars sont venus, il s'est mis à avoir peur puis il est pas revenu. À présent, c'est les autres qui m'appellent à leur table. Les farces que les autres trouvaient pas drôles, eux autres, ils les rient trois fois. J'ai pas besoin de leur raconter ma vie; ils m'acceptent toujours à leur table de toute façon. Tu comprends, Mike, pour moi ça représente quelque chose: j'ai jamais connu ça avant. Les anciens, ils peuvent crever: ils m'ont toujours repoussé. T'as vu de quoi ils ont l'air depuis que ça a changé, Mike? En tout cas, je peux te dire que la place s'est améliorée, Mike et puis que je voudrais pas que ça revienne comme avant. Moi, j'ai trouvé ce que je cherchais.

J'hésitai un instant mais je ne pus m'empêcher de lui demander à voix très basse:

— Et qu'est-ce que les gars te demandent pour tout ce qu'ils te donnent?

— Quoi, Mike? Tu crois que les gars font pas ça seulement pour moi, pour ma personne?

— Qu'est-ce qu'ils te demandent, Christian?, répétai-je très calmement. Je savais que cette question risquait de m'attirer des ennuis mais c'était plus fort que moi. Elle m'avait échappé au point de départ et maintenant, j'avais envie de continuer, j'avais envie d'en savoir plus long, à présent qu'un des anciens était impliqué:

— On dirait que t'es jaloux, Mike. On dirait que parce que ça fonctionne, tu veux démolir. Tu sens peut-être que tu perds de l'emprise et qu'il y en a d'autres qui sont plus forts que toi. Ces gars-là, ils me demandent de m'asseoir avec eux parce qu'ils ont envie d'être avec moi et moi, je leur rends des services parce que ça me fait plaisir de faire ça pour des gars qui m'acceptent. Moi, je suis prêt à faire n'importe quoi pour un ami.

— N'importe quel service, Christian, j'imagine; ça n'a pas d'importance!

— Exactement, ça a pas d'importance. Quand tu cherches quelque chose toute ta vie, Mike et qu'enfin tu le trouves, tu poses pas de questions. Quand les gars me demandent d'aller faire des commissions à tel endroit, moi je demande pas pourquoi j'y vas. Puis quand je reviens, je suis bien reçu: pour moi, c'est tout ce qui compte. J'ai commencé à vivre comme du monde.

— Tu sais que ça peut aller loin ça, Christian. Il y toutes sortes de services qui se demandent.

— Tu vas pas commencer à me faire la morale, Mike. Après tout, c'est toi qui les as laissé rentrer ces gars-là. Tu devrais t'occuper de tes affaires et savoir ce qu'ils font et puis si ça fait pas ton affaire, t'as seulement à les barrer. C'est pas à moi à me poser des questions, Mike, c'est à toi. Si tu les laisses entrer, moi je suis prêt à leur rendre service parce que c'est mes amis.

Il était inutile de continuer à discuter. Je m'étais engagé sur un terrain dangereux et je devais battre en retraite. Je savais maintenant que je ne réussirais jamais à le convaincre. Je me risquai à dire:

— Si jamais les gars t'offrent une bière pour me casser les bras, tu viendras me voir; je t'en offrirai deux pour chacun à qui tu pourras casser les jambes.

Il se retira pour rejoindre son groupe et je vis les gars rire et lui taper dans le dos lorsqu'il leur rapporta ma conversation. J'espérais qu'elle n'aurait pas de conséquences fâcheuses. Je n'avais pas peur pour moi: je savais qu'ils ne s'en prendraient pas à moi pour ne pas attirer l'attention des indésirables chez nous. En période d'organisation, on ne peut se permettre la moindre erreur et c'est pourquoi ils surveillaient le moindre mouvement chez nous: un faux pas et ils devraient recommencer ailleurs. Je craignais surtout pour ma famille et malheureusement je l'avais oubliée un instant en parlant à Christian. Je regrettais maintenant de m'être laissé aller à mes impulsions tout en me rappelant très nettement les paroles d'Alfonso.

Un soir que Gaspard avait pris un verre de plus que de coutume, il me fit signe d'aller le rejoindre à sa table. Il n'avait pas changé celui-là. Il continuait à promener son regard partout et à observer en silence. Il me dit:

— Pourquoi tu m'as pas écouté, Mike? Tu te rappelles ce que je t'avais dit quand on s'est parlé?

— Oui, je me rappelle très bien, Gaspard.

— Pourquoi tu m'as pas écouté, puis que tu t'es pas dépêché à foutre ton camp d'ici, Mike? Les gars auraient gardé un bon souvenir de toi. Tout le monde te considérait ici; toi, t'étais un type d'une autre catégorie: les gars auraient voulu devenir comme toi, quelqu'un de bien. Pourquoi t'es pas parti à ce moment-là?

— Je n'ai pas pu, Gaspard. Moi, je n'aurais pas demandé mieux.

— Dis-moi pas que tu veux encore vendre, Mike. Fais-moi pas croire ça. Il y a plus personne qui vient voir pour acheter: moi, je sais les reconnaître ces gars-là. Les nouveaux qui sont ici, ils sont pas ici pour acheter, en tout cas, pas la taverne. T'aurais été mieux de laisser l'image que les gars se faisaient de toi. Tu serais peut-être parti avec moins d'argent mais il y a des choses que l'argent ne peut pas acheter. Je te comprends pas, Mike. T'as toujours été un bon type, t'as souvent prêté de l'argent à fonds perdus à plusieurs gars d'ici; puis, tout à coup, tu changes ton fusil d'épaule. Toi, t'entends pas ce que les gars d'ici disent et puis je pense que c'est mieux comme ça.

— Qu'est-ce qu'ils disent les gars d'ici, Gaspard?

— J'ai pas d'affaire à te dire ça, Mike. De toute façon, moi je le crois pas. Je voulais seulement te dire que t'aurais dû m'écouter puis vendre ce maudit bordel.

— Tu ne crois pas quoi au juste, Gaspard? Vas-y. Il ne faut pas te gêner à présent que tu as commencé. Ça m'intéresse d'entendre le reste, Gaspard. Fred apporte deux bières ici.

— Tiens, Gaspard, prends ça. Ça va t'aider à parler. Tu disais que tu ne croyais pas ce que les gars disaient.

— Écoute, Mike, moi, je t'ai toujours considéré comme un ami. Ce que les gars disent, moi je le crois pas. Je suis sûr que tu t'es fait embarquer. Moi, je te regarde et puis je sais qu'il y a quelque chose qui ne marche pas. Ça se voit dans ta figure. Moi, je sais pas lire dans les livres, mais pour lire dans les yeux, je suis difficile à battre. Je me suis peut-être habitué à force de regarder mes enfants. C'est la seule façon que j'avais d'essayer de les comprendre. Et puis je comprends que même si tes affaires vont mieux, t'es pas heureux. Mike. Je sais pas pourquoi exactement, mais je sais que ta place est pas ici. Moi, je connais des gars qui viennent ici depuis longtemps et qui t'aimaient bien, Mike, et puis maintenant ils seraient contents de te casser la gueule.

— Pourquoi ils voudraient me casser la gueule, Gaspard?

— Parce que... parce qu'ils disent que t'es passé de l'autre bord, Mike; mais moi, je leur ai dit que c'était pas possible, que t'avais rien à faire avec l'Organisation.

— Je ne suis pas passé de l'autre bord, Gaspard. Je suis demeuré Mike et ce n'est pas moi qui ai changé. Tu te rappelles que tu m'avais laissé entendre que Roberto avait des activités particulières ici. Eh bien, j'ai appris par la suite quelles étaient ses activités. Tout le monde était au courant et j'ai peut-être été le dernier à l'apprendre. Ça ne veut pas dire que parce que ça se passait chez nous, j'étais le complice de Roberto. Il se passe toutes sortes de choses ici que je ne peux pas contrôler. Ça ne veut pas dire, que parce que je suis le patron, tout me passe entre les mains. Je ne suis ici que quelques heures par jour. Le reste du temps, il peut se passer n'importe quoi. On ne peut me blâmer pour ça.

— Je suis content, très content de t'entendre dire ça, Mike. J'ai toujours su, moi, que t'avais pas changé de camp. Mais il en reste pas moins que t'es plus le même avec les gars.

— Parce qu'ils ne sont plus les mêmes avec moi. Ils ne m'ont pas donné de chance. Ils m'ont jugé au point de départ et puis ils m'ont classé avec les autres parce que ça avait changé ici. Je pense que j'ai donné pas mal plus de chances que ça à chacun d'entre eux. Il me semble que j'aurais mérité de garder le respect de mes anciens clients; ils auraient pu me faire confiance, comme toi, tu m'as fait confiance, Gaspard, parce que tu savais qu'un gars ne peut pas changer comme ça du jour au lendemain. Tu essaies d'aider quelqu'un et puis, à la première occasion qu'il a, il te marche sur les doigts. Je ne croyais jamais en être rendu là un jour. Je suis très déçu, extrêmement déçu.

— Les gars aussi ont été très déçus, Mike, de voir le changement qui se faisait ici. Roberto avait peut-être son petit racket mais ça ne dérangeait personne ici. On était bien. C'était presque comme une famille quand on rentrait ici. On se sentait à l'aise. Ça faisait plaisir de te voir arriver, Mike. On se connaissait tous. Moi, je parle pas tellement, mais les gars aimaient bien pouvoir se promener d'une table à l'autre. On savait qu'on pouvait compter sur toi, Mike. Avant, on pouvait regarder alentour, on trouvait partout des gars qu'on connaissait. Moi, je fais pas grand bruit, mais j'aimais ça voir les autres bouger. Ça faisait du bruit mais on était à l'aise.

On savait que même quand t'étais pas ici, les waiters étaient pas pour nous sortir. À présent, tu regardes autour de toi et puis, il y a un paquet de gars que t'as jamais vu. Les anciens qui sont encore ici, t'as de la misère à les retrouver; ils sont assis puis ils bougent pas parce qu'ils savent que du moment qu'ils vont se mettre à grouiller, ils vont se faire sortir. Moi, j'ai déjà été à la taverne en face, avant de venir ici; puis ça me fait penser à quand ils ont commencé leurs activités avant qu'il y ait des descentes. C'est pour ça que je m'étais en venu ici. Même Tom qui est arrivé ici en même temps que les murs, il ne se sent plus chez lui. Il y a plus un gars qui ose lui envoyer une bière. Et puis il y en a plusieurs qui se demandent ce que les nouveaux viennent chercher au juste. J'ai l'impression que d'ici peu de temps, il restera plus personne de tes anciens clients, Mike. Peut-être que t'aimes autant ça comme ça; de toute façon, t'es peut-être plus tellement intéressé à voir les autres. Remarque que d'un côté, je te comprends parce que c'était pas toujours gai avec nous autres, mais au moins, on était honnêtes et on disait ce qu'on avait à dire.

— Je ne pense pas personnellement avoir donné l'impression de vouloir me débarrasser de vous autres, Gaspard. Les gars sont toujours les bienvenus de venir me voir au bar et parler avec moi. Il n'y a personne qui va intervenir. Moi, je n'ai pas changé, Gaspard, et la meilleure preuve, c'est que je suis assis avec toi dans le moment en train de parler. C'est la même chose pour tous les autres, je suis prêt à parler avec eux à n'importe quel moment.

— En tout cas, Mike, moi, ça va me faire de la peine de te voir partir, mais je te dis quand même « sacre ton camp avant qu'il soit trop tard. » Je sais que ça commence à être pourri ici. Il se passe des choses en arrière de toi, dans ton dos et il y en a qui pensent que t'es responsable. Écoute, Mike, sacre ton camp au plus vite.

Il m'avait pris la main et il me la serrait comme pour me l'arracher et il me regardait droit dans les yeux en répétant sa dernière phrase, comme s'il avait voulu m'avertir de quelque chose et qu'il ne le pouvait pas. Moi aussi, j'aurais voulu lui dire ce que je savais mais ça n'était pas possible. Je me contentai de lui dire:

— Oui, Gaspard. Je sais. Oui. Je vais essayer.

Il avait bien raison le Gaspard. La seule solution, c'était que je « sacre le camp », que je disparaisse pour laisser vivre les autres en paix, puisque moi, je ne pouvais pas la trouver, cette paix. Mais j'avais encore des attaches et il était extrêmement pénible de songer à m'en libérer brusquement. Pourtant, cette idée me hantait et ma conversation avec Gaspard n'avait fait que la renforcer. Bien sûr, il n'entrevoyait pas mon départ de la même façon que moi, mais il ne pouvait savoir que je n'avais guère le choix. Je savais que les gars me rejetaient parce que maintenant ils réalisaient que je leur ressemblais trop. À leurs yeux, j'avais toujours été quelque chose d'autre.

Je n'avais pas peur de la mort. Je l'avais déjà vue de si près lorsque je m'étais retrouvé à l'hôpital durant ma session de délire au collège. Lorsque je m'éveillai, il me semblait que j'avais été faire un tour dans un autre monde, et je ne reconnaissais pas non plus celui dans lequel j'étais maintenant. J'avais un grand tube qui semblait partir du plafond et qui me donnait l'impression de m'entrer dans le bras. J'essayai de me soulever mais la garde qui était à mes côtés me demanda doucement de ne pas bouger. Je me sentais perdu mais je n'avais plus la force de chercher où j'étais; de toute façon, je trouvais l'endroit plus sympathique que celui que je venais de quitter. Je dormais presque continuellement et lorsque je m'éveillais, il y avait toujours quelqu'un près de moi qui me parlait doucement: « Comment tu te sens, petit? » Mais je ne pouvais pas répondre; c'était comme si j'avais perdu la voix. Je me contentais de bouger la tête et d'essayer de sourire, comme pour leur montrer que j'étais encore vivant. Puis tout à coup, après avoir pris ma température et mon pouls, j'entendis l'infirmière se diriger rapidement vers la porte pour revenir un instant après avec quelqu'un que je devinai être un médecin. Je ne pouvais le voir, car je ne parvenais pas à ouvrir les yeux: je le sentis seulement m'ausculter et je l'entendis dire à voix très basse: « Prévenez les parents qu'ils viennent immédiatement. »

J'essayai pendant un instant de jouer leur jeu et de faire le dur mais je n'étais guère accoutumé à ce personnage. Ainsi, une fois que Vincent passait non loin du bar, je l'appelai et je lui dis assez sèchement:
— Écoute, Vincent, tu me dois de l'argent depuis un bon moment. Est-ce que tu as l'intention de payer ou bien...
—Ou bien est-ce que tu vas être obligé de me faire remettre l'argent par tes gars? C'est ça que tu veux me dire. Je pensais que tu faisais assez d'argent à présent que t'avais plus besoin de mes miettes.

— Écoute, Vincent, cet argent-là, je l'ai gagné durement; c'est à moi. J'ai le droit de l'avoir. Quand tu me l'as emprunté, tu me promettais que je l'aurais deux jours plus tard et maintenant ça fait à peu près un mois de ça. Je ne t'ai jamais dit que je te faisais un cadeau. Tout ce que je veux savoir, c'est quand tu penses me le remettre?
— Faut pas t'en faire. Tu vas l'avoir ton argent. Je vas l'emprunter à un autre pour te le remettre parce que je suis pas intéressé à te devoir rien et je suis pas intéressé à avoir rien qui soit à toi. De toute façon, de l'argent gagné comme ça, ça vaut pas cher.
— Ça veut dire quoi, ça, Vincent?
— Ça veut dire que moi, je gagne pas beaucoup d'argent, mais que ça m'empêche pas de dormir le soir.

Je n'avais pas voulu que la conversation aille aussi loin, mais il était en train de m'embarquer.
— Écoute, Vincent, je n'ai pas à te donner d'explications, mais l'argent que je gagne ici est gagné à la sueur de mon front et à l'humidité de mes joues, assez souvent.

Il se mit à rire, de son gros rire qui était chargé cette fois-ci de méchanceté et il avait attiré l'attention d'Alfredo qui, jusqu'à présent, l'avait ignoré. Il continua:
— Je t'ai cru longtemps Mike, mais à présent, ça prend plus. Tu es comme tous les autres. Tu essaies d'exploiter ton petit racket. Nous autres,

on existe plus là-dedans. Ce qui t'importe c'est de vendre ta marchandise et puis, si on ouvre la bouche, on se fait dire « ferme ta gueule ou sors. »

Alfredo s'était approché quelque peu, et j'aurais voulu que Vincent se taise et aille s'asseoir. Je me foutais pas mal de son argent; mais il continua:

— Tu peux me faire sortir par ton gros gars, Mike; ça a pas d'importance parce que de toute façon, j'étais écoeuré de venir ici et j'avais plus l'intention de revenir. Je regrette seulement de t'avoir fait confiance, Mike et de t'avoir conté des choses que j'aurais contées seulement à un ami. Je m'en vas mais au moins je vas t'avoir dit ce que j'avais sur le coeur avant de partir. L'argent que je te dois, je vas te l'envoyer porter par quelqu'un d'autre, parce que moi, je suis pas intéressé à remettre les pieds ici et surtout à te revoir la face.

Alfredo s'approcha et se plaça sur son passage en me demandant;
— Combien, il te doit, Mike?
— Laisse faire Alfredo, ce n'est pas important.
Il regarda Vincent du haut de sa grandeur et lui dit:
— Écoute, bonhomme, je te donne jusqu'à demain soir avant que je parte à 16 heures pour venir porter toi-même l'argent à M. Laudais, et il faudrait pas t'arranger pour que j'aille te chercher. Tu comprends?

Avant de quitter, Vincent me jeta un regard chargé de haine et je constatai encore une fois que j'avais joué la mauvaise carte. Je dis simplement à Alfredo: « J'aurais pu très bien m'arranger seul. »Et il ne me répondit pas.

Le lendemain pendant que j'étais là sur l'heure du midi, Vincent entra et se dirigea directement vers moi. Il compta l'argent devant moi sur le comptoir avant de me dire:

— J'espère que t'es content, M. Laudais. J'ai perdu une demi-journée d'ouvrage et la seule chose que j'ai trouvé à vendre, c'est la bicyclette du petit que je lui avais gagnée de peine et de misère. Il me reste $2, les veux-tu pour payer tes intérêts?

Alfredo s'approcha de lui:
— Le seul intérêt qu'on a, c'est que tu remettes plus les pieds ici et j'espère que c'est assez clair.

Il disparut et avec lui, il apportait une partie de l'histoire de la taverne « chez Mike ».

Il était vrai que Tom faisait partie des murs. Pour moi, il représentait quelque chose et j'aurais voulu essayer de le rejoindre. Je savais que Tom était le dernier pilier qui soutenait ce qu'avait pu être la taverne « chez Mike ». Je savais aussi que la seule façon de le rejoindre était de lui apporter une bière. Un soir, je me décidai d'aller le rejoindre. Il regardait la télévision. Je lui apportai une bière: « Salut, Tom. Je peux m'asseoir avec toi, un instant? » Il continua à regarder la télévision et je m'assis quand même.

— Tu veux parler avec moi un peu, Tom?

— Look, I'm busy. There's an interesting program on television;

—Ça ne fait rien. Je vais la regarder avec toi, Tom.

— I don't feel like talking.

— Ce n'est pas nécessaire de parler, Tom. J'ai seulement envie de m'asseoir. Je suis fatigué de travailler et j'ai envie de m'asseoir avec un ami.

— I don't feel like sitting with you.

— Je t'ai toujours considéré comme un ami, Tom. Je pense que j'ai toujours fait attention à toi, Tom. Je voudrais seulement m'asseoir, rien de plus.

— That's your place. There's nothing I can do to stop your from sitting here.

J'essayai de regarder la télévision pendant quelques instants sans dire un mot mais je me sentais plutôt mal à l'aise.

— Écoute, Tom, on s'est toujours bien entendu, j'aimerais que tu me dises ce qui ne va pas.

— I don't feel like talking, Mike.

— Écoute, Tom. Moi aussi il y avait des soirs où je n'avais pas envie de parler et je parlais quand même. Tu pourrais peut-être faire un effort.

— I don't want to do any effort, Mike.

— Je ne t'ai rien fait, Tom. Je ne sais pas pourquoi tu réagis comme ça avec moi. Je ne t'ai rien fait.

— No. I know, Mike. You did nothing for me. That's what I mean. You did nothing for me!

— Tu veux une bière, Tom? On pourrait parler un peu.

— Look' Mike. I'm interested in this program and that's all I'm interested in. Why don't you go and get yourself a beer? That's your place. But leave me alone. I don't want to talk with you right now. O.K.? Leave me alone.

— O.K. Tu ne veux pas me parler, mon Tom, hein? Je ne suis pas assez bon pour toi? Correct. Fuck you, my friend! Viendra peut-être un temps où tu auras encore plus besoin de moi. À ce moment-là, tu pourras me chercher, il sera trop tard. Et puis quand mes gars te mettront dehors à coups de pied au cul, ne viens pas me chercher, je ne serai plus là. Fuck you, and go to hell! Je ne suis plus intéressé à rien savoir de toi! Saoule-toi à ma santé, mon Tom.

C'était ça le bilan de ma semaine. Des gars qui me tournaient le dos et qui ne voulaient plus rien savoir de moi. Et pourtant, la place n'avait jamais été aussi bien tenue et je devais constater qu'au point de vue financier, c'était la meilleure semaine que j'avais connue de loin.

J'aurais pu être heureux et dormir en paix. Pourtant, je n'avais jamais eu autant de soucis et parmi ceux-ci, il y en avait un qui remontait à la surface: je me demandais bien ce qui avait pu advenir de Ti bumm. Il y avait maintenant une semaine que j'avais perdu sa trace. Il ne m'avait jamais inquiété outre mesure auparavant, mais maintenant, il se trouvait dans une situation identique à la mienne, traqué, désespéré, prêt au pire pour se sortir de cette impasse.

XXVI

Alfredo m'avait averti que le laveur de planchers ferait doréna-vant le ménage le dimanche avant-midi au lieu de le faire après la fermeture comme les autres soirs. Comme je faisais mon inventaire le dimanche après-midi, ça ne me dérangeait en rien, seulement, j'aimais mieux être prévenu afin d'éviter de le rencontrer. Le dimanche matin était le seul moment où je pouvais me reposer un peu. Je restais ordinairement couché et j'essayais de faire le vide à l'intérieur de ma tête. Il n'est pas facile d'arriver à supprimer toute pensée; pourtant, j'y étais parvenu maintes fois à force d'exercices de concentration. Se concentrer pour ne plus penser! Mais cette nuit-là, j'avais été incapable de me débarrasser de mes sombres pensées qui revenaient sans cesse comme la mer qui vient se briser inlassablement sur les rochers et qui semble toujours revenir à la charge avec plus de force et de fracas. Des images de toutes sortes étaient projetées devant mes yeux se rattachant à des événements récents ou à d'autres beaucoup plus lointains, sans suite logique apparente. Je revoyais des personnages de mon enfance au milieu des Roberto, des Arthur, des Vincent et des Marc. Chacun me regardait tour à tour en riant et puis l'air menaçant. Je n'avais plus le contrôle de ces images que j'aurais voulu faire disparaître à jamais. Je me demandais quelquefois en me levant, si je n'avais pas rêvé tout ceci et si tout ce que je croyais vivre en ce moment n'était pas qu'un affreux cauchemar. Je ressassais sans cesse différents événements de ma vie et je leur donnais maintenant une interprétation toute autre que celle que je leur avais donnée à ce moment-là. Tout se bousculait dans ma tête et je ne pouvais réussir à y mettre de l'ordre. J'avais passé une nuit affreuse et je me demandais si je ne m'étais pas assoupi quelques instants lorsque la sonnerie du téléphone me fit sursauter. Depuis quelque temps, le coeur se mettait à me débattre chaque fois que cette sonnerie retentissait et j'hésitais toujours un moment avant de répondre; encore aujourd'hui, je n'ai pu me défaire de ce réflexe. Il était très tôt même si déjà dehors, il faisait clair et que la nuit m'avait paru interminable. Cet appel ne présageait rien de bon et c'est avec appréhension que je décrochai le récepteur:

— Lieutenant Duquesne à l'appareil. Est-ce que vous êtes bien M. Laudais, propriétaire de la taverne « chez Mike »?

— Oui, c'est moi.

Je me demandais si j'allais pouvoir écouter le reste tellement mon coeur battait avec force. J'étais en sueur et j'avais froid. Mon épouse était à mes côtés et me regardait avec inquiétude.

— Est-ce que vous pouvez vous présenter immédiatement au 2237 rue Queen, pour une identification?

Instinctivement je demandai de répéter l'adresse comme pour avoir plus de temps pour réfléchir mais je me contentai de répondre:

— J'y vais tout de suite.

Puis je me demandai si je n'aurais pas dû trouver un prétexte pour refuser. J'avais été trop bête. Je n'avais même pas posé une question. Identifier qui? Identifier quoi? J'allais probablement encore être pris entre deux feux. Je devrais sans doute couvrir quelqu'un afin de me protéger moi-même et ma famille en même temps. Qu'est-ce qui avait bien pu se passer? Ce devait être sérieux pour qu'on m'appelle ainsi à cette heure. Tout en m'en allant, j'essayais d'envisager différentes situations et de prévoir comment je pourrais réagir, même si je savais très bien que ma réaction me serait dictée par l'impulsion du moment. J'étais très nerveux. J'essayai de me calmer en prenant de grandes respirations. Lorsqu'enfin j'arrivai devant l'édifice, je fus à la fois stupéfait et inquiet d'y lire l'inscription qui disait: MORGUE bureau du coroner. J'hésitai avant d'entrer. L'adresse était bien celle que j'avais inscrite sur un bout de papier. En entrant, après m'être identifié, l'officier me demanda tout simplement de le suivre. Nous arrivâmes dans une autre pièce où il y avait deux autres personnes présentes. Il ne m'est pas possible de me rappeler qui elles étaient tellement j'étais nerveux. Puis on me produisit ce qui me semblait être un cadavre et l'un d'entre eux me dit:

— Nous nous excusons, M. Laudais de ce moment pénible, mais vous étiez vraiment le seul qui puissiez nous aider.

Lorsqu'on lui découvrit la tête, j'eus mal au coeur. Bien qu'une partie de sa figure et plus particulièrement de sa tête eût été terriblement mutilée, je pus reconnaître immédiatement Ti bumm et je ne pus m'empêcher d'échapper « Marc! »

— Marc qui, M. Laudais?

— Marc B.

Un côté de sa tête semblait avoir été arraché et j'aurais préféré ne jamais voir ce spectacle que je ne pourrai maintenant jamais oublier même si je ne regardai qu'un court instant.

Vous comprenez, M. Laudais. Il était impossible qu'un membre de sa famille vienne l'identifier: sa vieille mère est très malade, au lit, et sa petite soeur est beaucoup trop jeune pour voir un tel spectacle. Pénible, n'est-ce pas?

Je fis signe que oui machinalement. Ainsi Ti bumm avait enfin trouvé la paix, même s'il l'avait trouvé dans la violence.

— Qu'est-ce qui s'est passé au juste?

— Si vous voulez bien venir avec nous au poste, M. Laudais, nous aimerions justement en parler avec vous.

Je ne pouvais effacer cette bouleversante image que j'avais eue devant moi; même dans la mort, Marc avait conservé un visage torturé. Cette affreuse plaie au côté de la tête lui redonnait cette expression tragique qui m'avait tellement frappé la première fois que je l'avais rencontré et qui avait fait que j'avais eu peur de lui. Je ne pouvais m'empêcher de penser qu'il y avait un mauvais sort d'attaché à mon établissement de même qu'aux personnes qui le fréquentaient. Quand donc ce défilé d'événements tragiques cesserait-il de se dérouler devant moi, sans que je puisse y faire quoi que ce soit! J'avais pensé profiter de cette journée pour essayer de refaire mes forces. J'avais terriblement besoin de repos. Et encore une fois, ce privilège m'était refusé:

— Vous connaissiez bien Marc B., dit Ti bumm, M. Laudais, n'est-ce pas?

— C'est-à-dire que c'était un client régulier chez nous et je crois que je le prenais un peu en pitié. Tout le monde lui en voulait au petit: personne ne voulait le voir. Je crois qu'instinctivement, je prenais sa défense même s'il ne m'était guère sympathique.

— Quelle est la dernière fois que vous l'avez vu, M. Laudais?

Je savais très bien que ça remontait précisément dans la nuit de samedi à dimanche de la semaine précédente, mais je me rappelais aussi qu'à cet instant la police était venue chez moi et que j'avais abrité un fugitif. J'hésitai un instant avant de répondre:

— Je ne me rappelle pas précisément, mais je sais que ça remonte au moment où Roberto l'avait mis dehors parce qu'il ne pouvait plus le voir. Ti bumm était alors venu me demander s'il pouvait entrer quand Roberto n'y était pas et j'avais accepté avec l'assentiment de Fred, mon autre waiter. C'est la dernière fois que je l'ai vu.

— Roberto, c'est bien Roberto D. qui a été descendu il y a un peu plus d'une semaine, n'est-ce pas?

— Oui, c'est bien ça.

— Marc B. a essayé de contacter quelqu'un chez vous hier après minuit. Est-ce que vous avez une idée de qui il peut s'agir?

— Aucune. Vous savez, je l'ai écouté parler maintes fois, mais je n'étais pas son confident. Je ne sais pas quels autres rapports il avait avec les gens de chez nous. De toute façon, vous savez que je ne suis là que le soir; il y a donc bien des choses qui m'échappent.

— Oui. Évidemment. Étiez-vous au courant que le petit se piquait?

— Quoi, qu'est-ce que vous dites?

— Vous savez qu'il se droguait?

— Je n'en avais pas la moindre idée.

— Vous n'avez jamais trouvé son comportement étrange?

— Bien sûr, il me faisait même peur, des fois. Mais ce n'est pas suffisant pour penser que... Il y en a plusieurs chez moi qui ont des comportements étranges et pourtant je ne les soupçonne pas de se droguer.

— Qui pouvait-il vouloir contacter à cette heure chez vous, M. Laudais?

— Je vous l'ai dit: je n'en ai pas la moindre idée.

— Il y a trois personnes possibles, M. Laudais: vous, un waiter ou le laveur de planchers. Celui qui avait le plus de chance de se trouver là vers 12 heures 30, était le laveur de planchers. Est-ce que vous savez si Ti bumm le connaissait?

— Il m'est impossible de répondre. Je ne sais pas du tout.

— Depuis quand avez-vous changé de laveur de planchers, M. Laudais?

— Ça fait une semaine.

— En même temps que vous avez eu votre nouveau waiter, si je comprends bien.

— C'est ça. C'est lui qui me l'a recommandé, d'ailleurs. Mon autre ne faisait plus l'affaire et je lui ai demandé s'il connaissait quelqu'un qui pourrait le remplacer. Son ouvrage est très bien fait et je suis pleinement satisfait de ses services. Quant à ses autres activités, je n'en connais rien.

— Vous n'avez pas peur de faire ainsi confiance à quelqu'un que vous ne connaissez pas, M. Laudais?

— Comme je ne suis pas du milieu et que je ne connais personne, je n'ai pas le choix. Il faut que je prenne une chance. Ça a été la même chose avec les autres et ça m'a déjà joué des mauvais tours.

— Vous voulez dire?

— L'un d'eux laissait entrer des clients de ses amis après la fermeture et leur payait un petit coup, à ma santé. Pourtant c'en était un que je connaissais, celui-là. Je n'ai aucun reproche à formuler à l'endroit de mon nouveau laveur, après une semaine d'ouvrage.

— Est-ce que vous pourriez nous fournir quelques informations à son sujet?

Je leur fournis alors quelques informations générales, telles que nom, prénom, adresse...

— Comment se fait-il qu'il n'était pas là hier soir après la fermeture pour laver le plancher?

— Parce qu'il m'avait demandé la permission de faire le ménage le dimanche matin.

— Quand vous avait-il demandé la permission? Je ne pouvais faire autrement que mentir.

— Dans la journée de samedi.

— Ce qui veut dire que Marc ne pouvait être au courant qu'il ne serait pas là. Depuis quand connaissez-vous le waiter qui a remplacé Roberto?

— Depuis dimanche dernier. Il avait appris la mort de Roberto et il se cherchait de l'ouvrage. Il est venu me rencontrer dimanche après-midi pendant que je faisais l'inventaire et il m'a semblé qu'il pourrait faire l'affaire. Alors je l'ai essayé et je n'ai pas à m'en plaindre.

J'essayais de reconstituer les événements tels qu'ils s'étaient déroulés mais en y ajoutant des éléments difficilement vérifiables. Je ne voulais surtout pas que l'Organisation use de représailles et j'étais obligé ainsi d'essayer de les couvrir. J'eus à donner les mêmes informations au sujet d'Alfredo. Ils continuèrent à me questionner au sujet de ces deux-là mais je ne pus leur apporter aucun autre renseignement valable, puisque je les connaissais si peu, en fait. L'un des policiers ajouta:

— Ti bumm devait avoir un besoin désespéré de drogue pour ainsi se montrer à découvert dans un endroit aussi dangereux pour lui et il devait savoir en plus qu'il avait de bonnes chances de pouvoir en trouver. Il fallait qu'il connaisse les gens à l'intérieur pour prendre ainsi la chance de sortir de sa cachette. De plus, comme Ti bumm avait disparu depuis le meurtre de Roberto, soit vendredi de la semaine passée et que vous avez changé vos gens seulement dimanche, il ne pouvait savoir qui vous aviez engagé. À moins que, désespéré, il ait déjà été chez vous auparavant et ait reconnu quelqu'un par la fenêtre qui pouvait lui fournir ce qu'il désirait. Or, il est évident qu'il ne se serait jamais présenté pendant qu'il y avait encore des clients: il y avait beaucoup trop de risques à y aller à ce moment-là. Comme il ne lui était pas possible de prévenir quelqu'un de sa venue, le seul qu'il pouvait s'attendre à retrouver là à cette heure était le laveur de planchers. Comme il ne l'a pas trouvé là hier soir, soit par découragement, soit parce qu'il se sentait traqué, il a eu un geste désespéré et il a retourné son arme contre lui-même, avec le résultat que vous avez vu tout à l'heure.

— Vous voulez dire qu'il ne s'est pas fait descendre?

— Du tout. La détonation a alerté les voisins qui nous ont appelés et quelques instants plus tard, une auto-patrouille le trouvait dans son sang à la porte-arrière de votre établissement. Il était recherché mais nous n'avions pas d'idée encore où il se trouvait. Maintenant que Marc n'est plus, Gil S. va probablement nous apparaître dès qu'il va apprendre la nouvelle. Il aura certainement des renseignements à nous fournir. Je crois que c'est tout pour le moment, M. Laudais. Je vous remercie. Nous aurons certainement encore besoin de votre collaboration. Au revoir.

Lorsque je me retrouvai seul, je pus revivre les derniers instants de Ti bumm. Je le revoyais tellement nettement, avec son air perpétuellement traqué, regardant par la fenêtre arrière en frappant désespérément à la porte sans recevoir aucune réponse. Il voulait me voir: il avait besoin de mon aide. Peut-être voulait-il se rendre et que je l'appuie? Non, pas possible. Il ne se serait jamais rendu. Que serait-il arrivé si j'avais été là? Aurais-je réussi à le sauver, à le convaincre? À le sauver de quoi, à bien y penser? Il était condamné à l'avance! N'était-il pas mieux où il se retrouvait maintenant! Plus de courses, plus de bousculades, plus de haine dont sa vie avait été remplie. Peut-être avait-il senti le besoin de me dire adieu avant de partir. Qui sait comment on réagit à ces derniers instants? J'avais connu de tels moments de désespoir et j'avais alors senti le besoin effréné de tenir et de serrer la main de quelqu'un, de sentir une dernière fois la chaleur de ce contact humain qui m'avait si souvent échappé. Oui, à bien y penser, j'étais content qu'il n'ait pu me rejoindre. Il avait enfin trouvé la paix. Mais tout à coup, une pensée qui ne m'avait pas effleuré dans mon désarroi me vint à l'esprit et me frappa avec tellement de force que je ressentis comme un malaise et je me demandai si je devais la chasser au plus vite ou m'y accrocher désespérément. Comment se faisait-il que ce n'était pas la première chose qui m'ait envahi, qui m'ait étreint jusqu'à m'en étouffer? C'était insensé. Je ne pouvais y croire. Je ne pouvais me permettre de telles illusions. Et pourtant, il le fallait: il fallait que je saisisse tout ce qui pouvait m'apporter la moindre lueur. Depuis des semaines, j'avais abandonné; je ne pouvais plus me battre et je ne le voulais plus car je n'avais plus la force. La seule solution que j'avais trouvée en était une de lâche car j'avais décidé de tout abandonner. Mais je voulais surtout par ma mort redonner la liberté aux autres, à ceux qui m'entouraient et que j'avais entraînés malgré eux dans cette aventure insensée. Et aujourd'hui, sans le savoir, c'était peut-être ce que Ti bumm venait de faire, me redonner ma liberté à moi et aux autres. Sa vie n'avait servi à rien, mais peut-être que sa mort viendrait nous délivrer. Moi qui avais tout essayé pour le sortir du pétrin et peut-être qu'aujourd'hui, c'est lui qui me sortirait enfin de cet enfer. Il fallait que ce soit vrai. Je voulais y croire absolument. Il n'était pas possible que la vie d'un homme soit totalement inutile: chaque être doit servir à quelque chose quelque part dans sa vie. C'était peut-être ça, sa mission à lui. Il s'était fait traiter suffisamment souvent de « p'tit Chris » chez nous, que je ne pus m'empêcher de penser et de dire à haute voix, mais avec beaucoup de respect et d'émotion: « Petit Chris, petit Chris, petit Chris. »

J'étais à peine rentré chez moi que je reçus un téléphone d'Alfonso L. Il semblait avoir perdu son assurance coutumière.

— Qu'est-ce qui s'est passé, M. Laudais?

— Ti bumm, un ancien client, que la police recherchait, s'est flambé la cervelle chez moi, hier soir.

Il semblait nettement impatient.

— Oui, je sais, je sais. Mais qu'est-ce que vous leur avez dit?

— Qu'est-ce que vous voulez que je leur dise? Je ne sais absolument rien.

— Au sujet d'Alfredo et de Ken?

—J'ai dit qu'Alfredo m'avait appelé et s'était présenté chez moi pour remplacer Roberto et que comme j'avais besoin d'un laveur de planchers, il m'avait suggéré Ken par la suite. C'est tout.

— Vous êtes bien sûr que c'est tout, M. Laudais?

—Vous pensez peut-être que je serais assez stupide pour vous mêler à ça. Je connais trop vos méthodes d'opération pour faire ça, voyons!

— Écoutez bien, M. Laudais. Je viens d'avoir un appel de Ken. Il est au poste de police. Il s'est fait ramasser chez vous ce matin. Je lui envoie un avocat et je dois savoir tout. Il est accusé de possession et de trafic de narcotiques. Comment ont-ils pu savoir?

— Le petit se piquait et il a essayé plus d'une fois de contacter quelqu'un après minuit chez nous. Et le seul qui pouvait se trouver là, c'est Ken.

— L'imbécile, le maudit imbécile qui a tout gâché. Vous êtes bien sûr que c'est tout, M. Laudais?

— J'en suis absolument sûr.

Puis il raccrocha. J'étais étonné de constater ma réaction. J'étais demeuré calme et sûr de moi-même; je n'avais rien à cacher et il avait dû le sentir, comme moi j'avais nettement senti qu'il était désespéré. Je me sentais comme soulagé tout à coup, malgré le rythme soutenu des derniers événements. Il me semblait que je respirais plus librement. Je dis simplement à mon épouse:

— Je crois que nous allons avoir une belle journée aujourd'hui. C'est le début du printemps.

Je retrouvais cette sensation de revivre que j'avais connue sur mon lit d'hôpital quand j'avais senti, en m'éveillant, une main chaude sur la mienne et que j'avais vu ma mère à mes côtés en m'ouvrant les yeux. J'avais alors compris par son regard qu'à partir de maintenant, elle serait près de moi.

ÉPILOGUE

C'était un dimanche après-midi. J'étais assis à une table « chez Mike », une bière devant moi. J'attendais mes gens. Je revoyais les derniers événements qui s'étaient bousculés et j'essayais d'y mettre un peu d'ordre. D'abord Fred qui m'avait dit en entrant qu'Alfredo ne reviendrait pas et qu'il faudrait que je me trouve quelqu'un d'autre, ensuite les annonces placées dans les différents journaux, la ronde des téléphones qui recommençait, les descentes de la police à la taverne, les questions, les accusations contre Ken trouvé en possession de narcotiques lors de son arrestation, encore des questions, la visite de la taverne par des acheteurs intéressés ou non, les moments de tension qui précèdent un grand espoir mais qui étaient quand même très différents de ceux que j'avais déjà connus et enfin le moment tant attendu, celui dont j'avais rêvé depuis maintenant six mois et une semaine, soit cent quatre-vingt-neuf jours d'anxiété et pas moins de nuits, quatre mille cinq cent trente-six heures de souffrance, le moment où je reçus ma première offre d'achat raisonnable. Je me souviens encore tellement clairement comment ça s'était produit. On s'était rencontré à la taverne pour la visite d'usage. J'avais fait un prix, ils m'avaient fait une offre. Ils étaient deux frères. Ils étaient censés me rappeler trois jours plus tard pour l'offre définitive. Or cinq jours plus tard, je n'avais pas encore eu de leurs nouvelles et je ne vivais plus, tellement j'étais nerveux. J'étais prêt à toutes les concessions. J'avais décidé de les contacter pour leur dire que j'acceptais leurs conditions quand le téléphone me fit sursauter:

— M. Laudais. Nous acceptons vos conditions et nous voudrions régler l'affaire au plus tôt. Quand pourrions-nous vous rencontrer?

Ce fut pour mon épouse et moi un instant de joie intense où les paroles sont inutiles et où seuls les gestes et les regards prennent toute leur ampleur. Nous pleurions du sanglot du jeune enfant qui retrouve sa mère après l'avoir perdue dans la foule et qui ne songe qu'à se serrer contre elle lorsqu'il la retrouve, sans rien dire. Puis ce fut l'attente des permis mais comme cette attente me semblait douce comparée à celle que j'avais déjà connue.

Aujourd'hui, j'étais arrivé tôt. C'était ma dernière journée « chez Mike »; on faisait le dernier inventaire. J'avais fait le tour plusieurs fois puis je m'étais arrêté devant la grande affiche derrière le bar qui disait:

« Taverne chez Mike » et qui m'avait été offerte par une brasserie. Je l'avais enlevée: c'était le dernier vestige de ma présence. Puis je m'étais assis et j'avais pris une bière pour la dernière fois: elle était moins amère, il me semble, qu'elle l'avait déjà été. Puis ils sont arrivés:

— J'ai hâte de commencer. Ça va être une place formidable. Tu vas voir qu'on va bien s'arranger, mon frère. Ça va être un bon endroit pour donner nos parties en fin de semaine. Est-ce qu'on commence l'inventaire tout de suite?

Je ne demandais pas mieux, j'avais hâte d'en finir.

— Prenez une feuille de papier et venez avec moi. Vous n'avez qu'à écrire: 20 caisses de grosses Molson; 15 caisses de petites; 18 caisses de grosses Labatt, 22 caisses de petites. Il ne faudra pas oublier de contacter les gars des brasseries; c'est important que vous preniez de bons arrangements. Je vous donnerai le nom des représentants tout à l'heure. 14 grosses O'Keefe, 18 petites, 6 grosses Dow, 10 petites; n'oubliez pas d'en faire rentrer un peu plus. 5 caisses de Coke, 14 caisses de Seven Up: ce n'est pas très populaire, mais il faut quand même en garder. Il reste 2 vadrouilles neuves dans la boîte; ordinairement, on garde la caisse dans cette boîte parce que le coffre-fort est défoncé. 12 néons jaunes, si jamais vous voulez changer l'atmosphère de la place; il y en a qui aimaient ça. On va aller au frigidaire. Il reste 5 barils plus un demi. On s'habitue à juger du contenu seulement en frappant dessus. C'est important pour votre inventaire quotidien. On va regarder les bouteilles vides. 207 grosses, 194 petites. Il reste un quart de réservoir d'huile. On va aller en haut maintenant, pour calculer la bière dans le frigidaire et la nourriture. N'oubliez pas de compter tout ça à chaque soir pour votre inventaire. 2 pots de langues, 3 pots de saucisses, 1 boîte de fromage moins 3 unités. Les gars mangent pas tellement ici: ils veulent surtout boire. Ils viennent ici pour ça. Il y en a qui vont essayer de vous conter leurs histoires, mais vous n'êtes pas ici pour ça. Vous êtes ici pour vendre de la bière: ne l'oubliez pas, autrement vous êtes foutus. Est-ce que vous savez comment servir la bière en fût? Non. Venez, je vais vous montrer. Et puis rappelez-vous que cette place est réservée au patron: vous n'avez pas à endurer personne ici. N'acceptez pas de clients à l'arrière du bar, jamais. Faites attention à la « soupe », c'est-à-dire la bière qui dégoûte: il ne faut pas la perdre. C'est pas une taverne de riches ici. Il n'y a rien qui se perd. Je vais vous montrer comment fonctionne la caisse enregistreuse: attention de ne pas vous tromper car ça fausserait vos inventaires. De toute façon, si vous avez des questions, vous savez où me rejoindre.

Puis, on s'est assis pour calculer l'inventaire. Lorsqu'on eut terminé, je dis au plus vieux:

— Je suis votre premier client. Apportez-moi donc une bière.

Il me l'apporta et poinçonna sa première entrée avec fierté. Puis après ma bière:

— Messieurs, je vous souhaite bonne chance. Mais n'oubliez pas une chose: quand vous entrez ici, il faut que vous laissiez votre coeur à la porte.

C'était fini. J'aurais dû être joyeux et pourtant j'avais la gorge serrée lorsque je me retrouvai seul à l'extérieur. Je ne devais plus jamais revoir cette place et pourtant j'y laissais des sentiments tellement profonds. J'y avais connu les heures les plus pénibles de ma vie et les hommes les plus…tourmentés peut-être? Oui, c'est ça, les plus humains.

En m'éloignant, j'entendais encore la voix terrible de Vincent qui chantait sur un air connu:

Mets de la bière dans le frigidaire,
Je reviens te voir
Et puis si tu veux me garder
Je pourrai rester.

Je viens juste d'aller au Club
Tu sais que j'en ai pas l'habitude
Je voulais m'en aller chez moi
Je m'aperçois que j'ai passé tout droit.
Maudit, essaye de me sourire
Tu sais bien que je vas me souvenir
Que t'as déjà fait quelque chose pour moi
Même si c'était du bout des doigts.

La dernière fois que je t'ai parlé
Tu m'a fermé la ligne au nez
Je sais bien que t'as d'autre chose à faire
Que de t'asseoir et de me voir.
Pourtant il y a déjà eu un temps
Où on était toujours contents.
À chaque fois qu'on se regardait
Il y avait quelque chose qu'on se disait.

T'as pas besoin de t'inquiéter
J'ai seulement envie de prendre l'air
Mais mon veston, je sais pas où il est
Je pense que je l'ai perdu ce soir.
Et puis j'ai rencontré des gars
Qui veulent m'aider à le retrouver
Mais il y a une chose que je comprends pas
C'est qu'ils ont pas l'air de bien chercher.

Ce soir je prends une résolution
C'est de ne plus prendre de boisson
Maintenant il faudrait fêter ça
Garçon, je veux un verre de vodka.
Je gagerais qu'il y en a qui ont pris un coup
Qui savent pas boire puis qui sont saouls.
Mais moi tu me connais
Je plaindrais le gars qui me saoulerait.

Maintenant j'ai plus envie de te parler
Pas plus que t'as envie de m'écouter
On va continuer comme avant
Ferme ta gueule et sois content.
Maudit, j'ai le coeur dans la gorge
Peut-être que j'aurais trop mangé
À bien y penser, moi je te gage
Que ton ragoût je l'ai mal digéré.

Ôte la bière du frigidaire
Je rentre pas ce soir
Pour passer ton maudit ragoût
Je m'en vais prendre un coup.